NonFiction
論創ノンフィクション 009

カルトの子

心を盗まれた家族

YONEMOTO Kazuhiro

米本和広

カルトの子　目次

＊登場人物の肩書きや所属は、二〇〇〇年に刊行された単行本のままとした。

プロローグ　「神の子」の骨折

東京の多摩地区に住む神野三千子（五九、仮名）が「統一教会」に入信したのは二九歳のときだった。ちょうど七〇年安保の時代、火炎瓶が飛び、学生と機動隊がぶつかり合うなど社会が騒然としていた頃である。入信以来、彼女は統一教会の政治組織・国際勝共連合に属し反共産主義運動に情熱を燃やすとともに、真のお父様と呼ばれる文鮮明《ムンソンミョン》への献金活動（霊感商法）に明け暮れた。

それから四半世紀を超えた三〇年後、神野は五九歳の誕生日を迎える前に、組織の間違いに気づき、自主的に退会した。

自分の人生のすべてをかけてきたものが間違いだった。そうなればこれまでの人生はたちどころに虚無と化す。恐ろしいことである。しかも神野の場合は齢《よわい》五九。もはや人生を取り戻すことのできる年齢ではない。その神野三千子から突然電話があったのは昨年（九九年）の秋頃だった。

「最近やめたんですが、私は三〇年間統一教会の信者でした。あなたの記事を読んで感じるところがありましたので、一度お目にかかってお話をしたいのですが」〈注1〉

気持ちは動いたが、傷ついているであろう彼女にどんな言葉をかけたらいいのか。会うのは少々気が重かった。

だが、彼女の精神状態は思ったより安定していた。

「もうそろそろ還暦でしょ。やり直しはきかないから、そりゃあ落ち込んだし、泣いたし、私を騙しつづけた組織に激しい怒りがわきましたよ。一年間はそんな状態が続いたでしょうか。でも、同じ境遇の人に会って、自分を取り戻すことができた。今ではいろんな経験をしたと……。それに私の場合、統一教会には勝共理論の部分に魅《ひ》かれたこともあったから、ベルリンの壁が崩壊（八九年）してからは組織の存在価値が少し薄れていました」

自分の人生の無を認めたくないがためにことさら強がっているようには聞こえなかった。話を聞くことになった池袋の喫茶店・滝沢でも、周囲を気にして声をひそめることなどなく、ときに笑ったり、ときに眉間に皺《しわ》をよせたりして、統一教会との出会いから退会に至るまで、若い頃に文鮮明と一緒に撮ったというスナップ写真を見せながら、包み隠さず語った。しゃきしゃきとした些事《さじ》にとらわれない性格が立ち直りを早めたのかもしれない。気が楽になって、聞きにくいことも平気で質問できた。彼女は嫌がることなく率直に答えた。

「街頭で花を売ったり、ヒマラヤで修行した霊能者という触れ込みで高額な印鑑や壺も売りましたよ。印鑑や壺のときにはサクラ役とセットでやるんですが、そのサクラ役もやった。三〇年間で一〇億円は献金したでしょうか」

「あるとき西友ストアで買い物をしているときにね、後ろから『あら、霊能者の先生！』って声をかけられたんです。まずいことに壺を売ろうとした人だった。近所の人だったんですね。それで恥ずかしくなって、霊能者はやめにした。ハハハ」

「一〇億円のうち三億円は親戚から集めました。ほんとうに申し訳ないことをした。私自身も

三〇年間で二億円以上は献金しました。家を担保にして献金したこともあった。神の国をつくるためにと信じてやってきたのに、文鮮明ファミリーや幹部の享楽に使われていたのが本を読んでわかった。ほんとうにバカなことをしたもんです。謝って済むことではありませんし、悔やんでも悔やみきれない」〈注2〉

話の中で、神野三千子には三人の女の子がいることがわかった。

夫とともに入信したときすでに二人の子どもが生まれた。既成祝福とは、すでに結婚している夫婦がメシアである文鮮明の下で再び合同結婚式をあげることを意味する。祝福後に誕生した子どもは、組織から汚れなき「神の子」と呼ばれた。

三人目の女の子はまさに「神の子」であった。

ひと通り話を聞き終えてから、子どものことを話題にした。

とたんに神野は表情を暗くした。そして、目にうっすらと涙を滲《にじ》ませ、「神の子」が描いたという一枚のイラストをテーブルの上に載せた。図柄はこうだ。

両サイドに高いビルディング、真ん中に一本の道が通っている。道の向こう側は何も描かれておらず、画用紙の素地のままの「白い世界」である。道の真ん中あたりに母親と小さな女の子がいて、母親は女の子の手を握って、白い世界に連れていこうとしている。母親は後ろ向きで、子どもはこちらを見ている。

一見すれば何の変哲もない構成だが、スカート姿の女の子の足は鉄の鎖でつながれており、その先には重そうな鉄の丸い塊がある。女の子は囚人として描かれていたのだ。母親は鎖の存在に

気がつかず、子どもの手を強引に引っ張っている。

神野に指摘されてよく見ると、女の子の手が折れているのだ。思わずぞくっとした。母親が強引に引っ張るから折れたということなのだろう。母親は娘の手が骨折したことも知らず、白い世界に連れていこうとしている。後ろ向きになっている母親の表情はわからないが、子どもの顔は苦痛で歪《ゆが》み、こちらに向かって小さな声で何かを訴えているようだった。

「助けて！」「何とかしてよ！」。そうつぶやいているように思えた。

イラストにそって解説すれば、ビルの向こう側にある白い世界は文鮮明が打ち立てようとしている「神の国」であり、鉄の塊は神の国に行きたくない彼女の「無意識」の抵抗、拒絶感である。鎖はいかに母に「神の国」に導かれようともそれができない、「無意識」との切り離せない結びつきを示し、手の骨折は彼女の「心の傷」、あるいは現在の自分と本来の自我との分裂を意味している。光の世に向かって歩こうとしている母親をあえて後ろ姿にしたのは、自分への愛を「喪失」した、あるいは自分に関心を示さなくなった存在であることを表現したかったのだろう。

題名をつけるとすれば「切り裂かれる私」ということになろうか。

末娘がこのイラストを描いたのは四、五年前。高校生時代のことだったという。

しかし、もはやイラストのモチーフとなったことはすべて消え去った。母親は統一教会と決別し、周囲に文鮮明ファミリーがいかに堕落した存在であるかを話すまでになっている。母親自らが鉄鎖《てつさ》を砕き、「神の子」は解放された。

だが、「神の子」の骨折は癒えるどころか、ますます重くなっていった。神野が涙を拭いながら打ち明けた。

「美大（美術大学）志望を諦《あきら》め看護婦になったんですが、先日病院でミスをして、患者さんを傷つけてしまった。娘はすっかり自信をなくし、アパートで安定剤を大量に飲んだんです。今でも副作用の強い精神医療の薬を飲まなければならない状態で、家に引きこもったままです。自殺未遂のきっかけはミスであっても、根っこにあるのは私だと思っています。娘が生まれたときから統一教会一筋。娘は親から捨てられた、誰も自分のことを守ってくれないという想いが強かったのだと思います」

話は変わる。

五年前のことだ。新宿の繁華街、ゴールデン街の入り口に、Oという店があった。薄暗い店内はコの字型のカウンターにテーブル席があり、ゴールデン街の店にしては広いほうだった。文壇系が多いわけではなく客筋は雑多だった。そこに、「住まいは東京湾が見えるところだ」という二〇歳前後の女の子がときおり顔を出していた。

彼女は酔うと店の客としばしば寝た。あるときは〝一夜の恋〟、付き合っても三カ月とは続かなかった。二人の間の雰囲気が重くなると、さっさと別れ、また別の男を求めた。相手は誰でも良かった。だが、彼女は快楽を求めて、「男漁り」（彼女の表現）をしていたのではなかった。

二五歳になった彼女はいま大学二年。五年前のことを振り返って話してくれた。

「あの頃はともかく人の温《ぬく》もりが欲しかったんだ。セックスなんて嫌いだった。でも、誰かそばにいてもらいたかった。横にいてくれるだけでいいのに、男の人は必ず体を求める。だから、セックスをした」

彼女は小学一年のときに、「ヤマギシ会」という集団農場に入った。むろん、彼女の意思ではなかった。両親がヤマギシ会の集団農場を理想郷と思ったからだ。そこで一八歳まで「仮面をかぶったまま」暮らし、飛び出した。アルバイトでようやく生活ができるようになってから、「男漁り」が始まった。神野の娘と違って、彼女は自ら鉄鎖を砕き、ヤマギシ会の軛《くびき》から逃れた。解放されたはずなのに、何らかの心的理由で〝男漁り〟をせざるを得なかったのだ。

どちらも鎖は切れたはずなのに、「神の子」は自殺未遂を図り、ヤマギシ会の子は夜な夜な男を替える。これはいったいどういうことなのか。

三重県で看護婦をしている下山和子（三三、仮名）は「エホバの証人」の二世だった。

和子が一歳のときに母親がエホバの証人の研究生となり、四歳のときにバプテスマ（洗礼）を受け正式にエホバの証人となった。エホバの証人には数えきれないほどの厳しい戒律があり、子どもがそれに背けば「愛の懲らしめ」が奨励される。ときには身体的暴力に及ぶこともある。和子は母親から暴力を受けて育った。

高校を卒業後、母親とエホバの証人から逃げるようにして、父方の祖父母が住む三重県の看護学校に入学した。看護の道に進むようになってから、エホバの証人とは一切縁が切れた。

二三歳のときに結婚し、二年して赤ちゃんが生まれた。とても可愛かったという。

「ところが、子どもが一歳ぐらいになってから殴るようになったのです。母親からひどい暴力を受けて育ったので、子どもが生まれたら絶対に手を出さないと決めていたのに、つい手が出てしまうんです。最初は軽く叩いていたのに、だんだんエスカレートして、激しくなっていた。夫が止めに入るほどです。夫はじゅんじゅんと暴力はいけないと説明してくれる。頭では理解でき

るし、叩くのはやめようといつも思うんですが、やっぱりやってしまう」

苦しそうに顔を歪めて話す姿は痛々しかった。

下山和子も自ら組織から逃れ、そして母親のように暴力を振るうことはしまいと決めていた。それにもかかわらず、子どもができると「イライラして殴る」ようになった。まるで和子の身体に悪魔が宿ったかのように。

オウム真理教のサリン事件をきっかけに「カルト」と呼ばれる宗教団体（宗教的団体）の存在が脚光を浴びるようになった。

法の華三法行の教祖・福永法源による大がかりな詐欺行為、ライフスペースのミイラ事件、宮崎県の加江田《かえだ》塾での子どものミイラ発見など奇怪な事件が起きるたびに、マスコミは事件をセンセーショナルに報道し、得体の知れない不気味な集団がこの社会に存在することを私たちに否応無しに意識させてきた。

しかし、世間が関心を持つのはあくまで集団と集団の成員、好奇心を誘う事件の怪奇な現象に限られ、決して成員（大人）が集団に引きずりこんだ子どもたちのことには及ばない。

九五年四月、山梨県・上九一色《かみくいしき》村にあるオウムの教団施設に警察の強制捜査が入り、五三人もの子どもが保護された。日本のみならず世界的にも稀有な出来事であった。テレビに映し出された、機動隊が子どもを抱きかかえて施設から出てくる光景、そしてオウムの母親たちが装甲車に向かって「子どもを返せ」と必死に追いかけていく姿はいまでも目に焼きついている。

だが、まだ五年しか経っていないというのに、オウムの子どものことは忘却の彼方に消え去っ

てしまったかのようだ。あれからオウムの子どもたちはどうしたのだろうか。新聞や雑誌の記事をめくってみても、サリン事件があまりにも衝撃的だったせいか、こと子どものことに関してはほとんどといっていいほど報道されていないし、取材している人もいないようだった。

私が「カルトの子」に関心を抱くようになったのは、ヤマギシ会を取材するようになってからである。いや、ヤマギシ会の集団農場で出会った子どもの目があまりにも印象的だったため、ヤマギシ会を取材するようになったといったほうがいいだろう。しかし、ヤマギシ会の入会条件である、特講（特別講習研鑽会）と呼ばれる七泊八日の「脳を洗うセミナー」が取材者である私の精神をもおかしくさせるほどに強烈だったため、『洗脳の楽園』では特講を媒介にしたヤマギシ会の構造の解明に力点を置き、子どものことは若干の虐待体験を報告しただけで終わった〈注3〉。

本を書き終えてから、虐待を受けたヤマギシ会の子どもは今頃どうしているのだろうか、そんな思いがときおり心に浮かんだ。そうすると、ヤマギシ会以外の子どものことも気になってくる。オウムの子は、エホバの証人の子は……。

子どもたちは自らの意思で特殊な集団に入ったわけではない。親の生き方の選択によって、普通の子どもがしたことのないような体験をさせられただけのことである。そんな子どもたちの将来が気になってしかたがなかった。カルト内での生活は、親子関係は、カルトから出たあとの生活は……。疑問は次々とわいてくる。カルトの子どもについて言及した日本の文献は一例を除きどこにもなかった〈注4〉。

そこで独自に調査を始めることにした。「カルトの子」を探すのは容易なことではなかったが、一人、二人と会っていくうちに、私の気分はだんだん重くなっていった。

冒頭に紹介した自殺未遂、〝男漁り〟、虐待の再現の一コマはその一部である。

「カルトの子」の物語を始める前に、いくつか注釈を加えておかなければならない。

カルトという用語は極力使わない。確立された定義がないからである。しかしながらここに登場する団体を一言で表現できる日本語はなく、まとめて表現する場合にはカルトという用語を使わざるを得ない。そのときには「カルトとは、組織や個人がある教えを絶対であると教え込み、それを実践させる過程で、人権侵害あるいは違法行為を引き起こす集団である」という、東北学院大学の元教授・浅見定雄へのインタビューをもとに私が考えた価値中立的な定義をもとに使う。

カルトの子の体験は多岐に渡るが、個々の組織を超えて共通するものが多い。そのため最初は、団体別にではなく子どもの体験や症状を整理・分類して記述しようと考えたが、私は心理学の学者でもなければ精神科医でもない。私の恣意的な分類が子どもたちが受けた心の傷の解釈を誤ってしまう可能性があると考え直した。その結果、あるカルトで受けた体験や後遺症が別のカルトのところでも登場する。煩雑な印象を持たれるかもしれないが、親がある教えを絶対であると信じ込んだ結果（これは宗教やイデオロギー、信条一般に通じる）、子どもにふりかかる不幸はどの組織でも同じことなのだということに気づかれるだろう。

なお、文中の敬称は略し、カルトの子どもと親についてはすべて仮名にした。

〈注1〉宝島社文庫『「カルト」の正体。』のルポ「ドキュメント『救出』」と座談会記事「『反カルト』も『カルト』じゃないの!?」。前者は拙著『教祖逮捕「カルト」は人を救うか』（宝島

〈注2〉この本とは、文鮮明の長男、孝進の妻だった洪蘭淑の著書『わが父　文鮮明の正体』（林四郎訳、文藝春秋）。

〈注3〉『洗脳の楽園　ヤマギシ会という悲劇』（洋泉社）。宝島社文庫に再録。

〈注4〉東京理科大学非常勤講師・服部雄一の論文『エホバの証人の児童虐待』。

「尊師に帰依《きえ》したい。オウムに帰せ!」。透きとおるように色の白い子どもたちが児童相談所の職員に抗議した。

会議室の棚に飾ってあった人形ケースを指さし、数人の子が「あっ、監禁されてる!」と叫んだ。空に飛行機雲が浮かぶと、全員が一斉に悲鳴をあげ、室内に逃げ込んだ。「毒ガス攻撃だ!」弱って立てない幼児は横になると職員にか細い声で聞いた。「ここは現世?」。その子の頭を職員が優しく撫でてやろうとすると、突然「触るな! だめだ」と手を振り払った。

九五年四月、山梨県中央児童相談所に保護されたオウムの子はまさに〝ベビー信徒〟だった。

最年少解脱者の少年

あの子たちはオウムでどんな生活をし、何を体験したのか。そして今どんな暮らしをしているのか。

九九年一一月二八日(日曜日)の北国のA市は粉雪が舞っていた。

北に向かうにつれ雪は次第に深くなり、まだ一一月だというのに電車を降りたところは白一色に包まれていた。一メートル近くはあろうか。タクシーの運転手は今年二番目の大雪だという。

番地を手がかりに探していると、雪の中、長靴をはいた宮本洋平（四一）が顔をほころばせながら路地の一角で待っていた。あらためて周囲を見渡すと、見すぼらしい棟割長屋が数十棟、整然と並んでいた。オウムから離れた人たちのその後の生活の苦闘ぶりを物語っているようだった。

元公務員だった宮本は九五年に故郷に戻ってから、タクシー運転手、架設作業員など四つの職を転々とした。信者だったことを周囲に明かしていないから、経歴が災いしたのではない。銀行、ゼネコン倒産に象徴される戦後未曾有の不況下で、中年に差しかかった宮本を雇う企業はなかった。最後の職場は比較的好条件だったが、数カ月前に仕事がなくなり、休業を余儀なくされているという。「今は無職です」と寂しげに笑った。

家に上がると、妻の高子（四〇）と長男の洋一（中学二年）、洋二（小学五年）が待っていた。外とは打って変わって暖房がききすぎるくらいに暖かく、掃除の行き届いた部屋は三ＤＫと意外と広く、外観から受ける惨めさはなかった。同情しながらの取材は気が重い。思わずほっとした。「カルトの子」を取材するようになってから二年近くが経過していたが、オウムの子に会うのは初めてのことであった。

九五年四月から五月にかけて教団施設に強制捜査が入り、児童相談所が一時保護した子どもの数は合計一〇八人にものぼった〈注1〉。厚生省（現・厚生労働省）によれば、一時保護は親の離婚で家庭が崩壊したり虐待を受けた児童を預かる制度で、戦後の混乱期を除けばこれほど多くの子どもをまとめて保護した例はないという。

それだけに、オウムの子は簡単に探せるだろうと気軽に考えていた。多くのメディアがオウムを追いかけていた。ルートはいくらでもあると思っていた。ところが、保護された一〇八人の子

どもがどうにも見つからないのだ。

つてをたどってテレビ局、新聞社、オウムを追いかけているジャーナリスト、弁護士、元信者にあたったが、いつも名前があがるのは一人の元信者だけで、それ以外はみんな思い当たらないという〈注2〉。その元信者（父親）にしても、自分の体験は話してくれるものの、オウムから戻ってきた三人の子どもへの取材は拒否した。理由は「下二人の男の子はオウムの影響はなくなっているが、一番上の娘がいまだに財布に麻原彰晃の写真をしのばせている。下二人が取材に応じたことがわかるとトラブルが起きる可能性がある」というものだった。オウムから命を狙われた弁護士の滝本太郎の尽力で、子どもとともに出家した二人の元信者（母親）にようやく連絡を取ることができたが、子どもの年齢が低く、やはり母親からしか話は聞けなかった。その結果、九九年五月号の「文藝春秋」の記事「カルトの子」ではオウムの子の肉声を伝えることができず、不満が残った。

それだけに洋一と洋二に対面したときは感慨深いものがあった。

それと同時に、一方では緊張もした。洋一がオウムでは有名な存在だったからだ。子どもの行方を調べてくれていた元女性信者が一年以上も前にこんな話をしていたことがあった。

「探し出そうにも手がかりがなくて……。一人でもいいから誰か見つかるといいんですけどねえ。私もその後が知りたいですよ。そういえば、四歳のときにオウム最年少で解脱し、ホーリーネームをもらった子がいました。機関誌に載ったこともあったはず。親よりも先に解脱したんだから、オウム・ママたちにとっては羨望《せんぼう》の的だった。あの子はいまどうしているんでしょうかねえ」

ある人の説得でたまたま宮本一家と会えることになったが、偶然にも、このとき彼女が話題にしていた子がなんと長男の洋一だったのである。

社会が危険視するオウムの教えは、悪業を重ねる者を殺すことによって救済されるという「ヴァジラヤーナ」である。その教えが書いてある、「殺人教本」とも呼ばれる『ヴァジラヤーナコース・教学システム教本』で、大人に交じって最年少解脱者・洋一が麻原彰晃の質問に答えている。

麻原　もしだよ、あなた方が大乗の道を歩いていると考えるならば、その背景にあるもの、四つの無量心、いいか、この実践をどのようにしたらいいと考えるか。どうだ。えー、まず、平岡さん、いるか。
平岡　はい、――。
麻原　四つの無量心を言ってみるよ。大きな声で。
平岡　愛、哀れみ、誉め称えること、平等心。
麻原　よし。じゃあ、この実践はどのようにしたらいいんだ。じゃあ、洋一は？　洋一、言ってみろ。（引用者注・実際はホーリーネームで呼ばれている。大人の平岡より格が高い）
洋一　平等心を背景として――。
麻原　聞こえるのか、後ろは。
サマナ　はい。
麻原　洋一の声は聞こえるね。

サマナ　いえ、聞こえません。
麻原　じゃあ、聞こえるようにしなきゃだめじゃないか。
洋一　はい。平等心を背景として、愛の実践をすることで、自己の苦しみを喜びとして、他の喜びを自己の喜びとしていく。
麻原　そうだね。まあ、模範回答の半分だな。（略）

教本は、八八年八月五日から九四年四月三〇日までの間に五六回行われた麻原の説法をまとめたもので、洋一が麻原の問いに答えたときの法話は第一回目のものである。場所は富士山総本部。日時は八八年八月五日。洋一はこのとき実に三歳と三カ月弱。幼稚園にやっと入れる年齢にして、無量心の実践について堂々と答えている。洋一は恐るべき幼児信徒だった。

宮本の家に向かう列車の中でもう一度教本に目を通しながら「いったいどんな子どもなのだろう」と気が引き締まった。

しかし、私の緊張はすぐにほぐれた。ダイニングテーブルに座ると、妻の高子が焼いたというアップルパイが出された。洋一はうまそうにほおばり、すぐに平らげた。暗い陰は微塵《みじん》もなく、どこにでもいる子どもと変わらなかった。

父親の宮本洋平が話し始めると、弟の洋二はすっと席を立ち、子ども部屋に引っ込んだ。心なしか私を避けているような印象を受けた。

宮本は子どもの頃から精神世界に関心があったという。

「小学校六年だったか中一になってからか、虫を飽かずに見ていたことがあってね。人間が生

きることの意味をとことん考えた。中学の作文ではお金のない社会、エゴのない社会がくればいいというようなことを書いた。もとからそういう素地があったので社会に出ると共産党に入党したんです」

しかし、唯物論《ゆいぶつ》では宮本が関心を持っていた前世や超能力のことは説明できない。物足りないものを感じて、精神世界の本を読むようになった。そしてオウムに出会った。

「超能力、エゴの消滅という点に、魅かれましたね。オウム（が目指すところ）は理想社会のように思えた。それから毎週のように洋一（当時二歳）を連れて支部に通うようになりました」

支部に通いながらも選挙になると共産党員として選挙活動をしていたというから多感というほかない。虫の話をしているとき、宮本の目は輝いていた。

妻の高子のほうは夫とは対照的に理性を感じさせる人だった。外見的にも二人は対照的である。外働きで日焼けした宮本はずんぐりむっくりの農民タイプ。高子はすらっとして都会的だ。

高子は精神世界にはまるで関心がなかった。が、洋二の出産直前に腰痛を患ったこと、また洋二が生後一カ月でアトピーになったことがきっかけで、支部に顔を出すようになった。

「アトピーを何とかしたいとセミナーに参加しましたが、熱心ではありませんでした。説教が面白くなくて、主人を残して下の息子を抱いて深夜、タクシーに乗って家に帰ったこともあった。ところが、ある深夜のセミナーで瞑想していたところ、身体がひとりでにリズミカルに動き出したんです。この体験が私には大きかった」

高子の体験はダルドリー・シッディ（蛙《かえる》のように飛び跳ねる力という意味）と呼ばれるもので、オウムではこれをオウム独特の神秘的体験として強調していたようだが、ヨーガの修行ではよく起

きる現象である。日蓮宗でも太鼓のリズムに合わせてお経をあげていると、身体がひとりでに小刻みに動き出すことがある。

野放し状態の子どもたち

宮本洋平が渋る高子を説得し二人の子どもを連れて出家したのは、石垣島ツアーが開催された九〇年のことだった。このツアーの二カ月前にオウムは衆議院総選挙に惨敗し、組織内に動揺が起きていた。それを引き締めるために、ツアーを企画し、地球はすぐにも滅亡すると危機感を煽り、約二〇〇〇人の信者に出家を迫ったのだ〈注3〉。この直後に大勢の信者が荷物をまとめて教団施設に入っていった。

船上で行われた説法会で、子どものことに関心があった宮本洋平は「子どもに自由な教育を受けさせてやることができればいいのですが」とオウムの教育に期待する発言をした。それに対し、麻原は「オウムでは幼稚園から東大に入れる能力が身につく」と答えたという。

「子どもは俗世に染まっていないから早く解脱でき、未来の超人類になる」

この頃から在家信者の間でこんな言葉がささやかれるようになっていた。

宮本一家は出家して一カ月半ほど、のちに銃器製造場所となった山梨県富沢町《とみざわちょう》(現在の南部町《なんぶちょう》)の清流精舎《しょうじゃ》(富沢道場)で暮らしたあと、家族バラバラになっていった。

「宿舎の目の前にあった川でみんなで遊んだよね」と高子が話せば、「そうそう、あれは楽しかった」と洋一が相槌《あいづち》をうった。はきはきとした物言いの利発そうな少年である。

これが家族最後の〝宴《うたげ》〟となった。このとき、洋一は五歳、洋二は二歳と四カ月。親子が再び

同じ屋根の下で暮らすようになったのはそれから五年後のこと。二人の子は一〇歳（小学四年）と七歳（小学一年）になっていた。

富沢道場を出発すると、宮本洋平と高子はそれぞれ外報関係、修行関係などのワークにつき、二人の子どもは熊本県波野村《なみのそん》にある教団施設の、世話係と子どもだけで構成される子ども班に配属され、その後、上九一色村の第一〇サティアンに移動する。

子ども班の世話係の地位は教団内で低かった。「ある係が幹部から『おまえ、だめだなあ。だから、いつまで経っても子ども班なんだ』と罵倒されていたことがあった」と洋平はいう。高子は「オウムは子どもが好きではなかった。障害者に対しても冷たかった」と、あるエピソードを教えてくれた。

「全員が集まってやる食事祭というのがあって、その一つに子どもが班ごとに歌をうたい、大人たちが点数をつけるというのがあったんです。障害のある子どもはなかなか上手に歌えない。そのとき麻原が『聞き苦しい』と激怒したんです。なんて、ひどいことをと思いました」

オウムは組織として子どもに重きを置くようなことはなかった。計画的なカリキュラムやきちんとした決まりがあるわけではなく、子どもたちの生活はかなりいい加減なものだった。

洋一が「もうずいぶん経つのではっきりとは覚えていないし、忘れたことのほうが多いんだけど」と言いながら、記憶をたどってくれた。

「生活は修行と自由時間の二つだった。だいたい午前中が修行で、蓮華座《れんげざ》を組んだり、床に身体を投げ出す五体投地《ごたいとうち》をやり、マントラを唱える。瞑想、立位礼拝《りついらいはい》もあった。でも、修行内容はコロコロ変わって、呼吸法があったり、オウムの歌をうたったり。いや、オウムの歌はいつも

だった。そうそう、メインは教学テープを聞き、暗記することだった」

マントラは「オーム　ナマ　グルヤ　オーム　ナマ　シヴァヤ　オーム　ナマ　サティアンヤ」（グルとシヴァ大神と真理に帰依し奉ります）から始まるものだが、洋一はすでに忘れていた。

「あとはビデオ。六巻あって、第一巻が超能力者である麻原が悪をやっつけるの。第二巻が出家を希望していたのに親たちによって四国の病院に閉じこめられた女性信者を助ける、そういうのだったかなあ。ええと、三巻は確かハルマゲドンの預言で、オウムにいたら助かるというのだった。あとはなんだったっけ。天国と地獄を再現したビデオもあった。ビデオは毎日のように繰り返し見ていた」

それにしても、洋一は在家時代の四歳のときに麻原からホーリーネームをもらった最年少解脱者、「超人類の子」。三歳のときには麻原の前で堂々と無量心の実践について答えている。それなのに、あまり覚えていないとはどういうことなのか。

「だって、（セミナーで聞かされた説教なんて）丸暗記だから。時間が経てば忘れちゃいますよ」と屈託がない。五歳にして微分・積分が解けた子が七歳にして九九を忘れる。公文教室を批判する人がよく話すエピソードだが、それと同じことなのか。このときはそう思ったが、そうではなかった。あとで述べるが、幼い子が毎日教義を教え込まれた影響は想像以上に強く、児童相談所の職員のケアがなければ、いくら歳月が経とうが洋一がここまで屈託なく話せるようにはなっていなかっただろう。

母親の高子が「この子は大人に交じって、経行《きんひん》教学と呼ばれる修行ですが、上九《かみく》から富士宮《ふじのみや》の道場まで歩く修行をしたことがあります。子どもは一人だけ。（麻原の娘の）アーチャリーも一回

だけ参加したことがありましたが、泣き出して、途中でやめてしまった」。洋一が「ああ、やった、やった」と思い出したように頷いた。経行とは広辞苑によれば「坐禅中に眠気を防ぐため、または運動のため、一定のところをめぐったり往復したりすること」だ。

高子が続けて話す。「歩くといっても、上九から富士宮までの往復ですから、大人の足でも九時間はかかる。この子は当時まだ六歳でしたから、係に『六歳でもやらなければならないのか』と質問したら、答えは『やれ』だった。子どもの足ですから最初は一八時間かかりました。最後は大人と同じ速度で歩けるようになりましたが」

洋一は模範的な信者だったのだ。

有名なPSI（パーフェクト・サーベイション・イニシエーション）と呼ばれるヘッドギアのことを質問すると、「電流が流れているからときおり頭がピリピリする。長くやると額のところが焼けただれる。だから、ときどきスイッチを切った」と洋一はいう。高子が補ってくれた。「スイッチを入れると普通はピカピカするんですけど、頭の地肌に塗った薬品が乾くと点滅しなくなる。だから、電源を切っていても外からはわからないんですよ。麻原の脳波に早く同調させたいと夜もつけていた人は、骨に届くほどに額が黒こげになって、額を縫わざるを得なかった」

午後からの自由時間はどうやって過ごしたのか。

「ドロケー（泥棒と警察ごっこ）や鬼ごっこをやったり、本にある謎解きなどのゲームをしたり、チャンバラごっこもよくやった。アニメビデオの『セーラームーン』はよく見た。怖いところだからと入るのを禁止されていたほかの棟に、冒険だと言って数人で忍び込んだことがあった。そこは怖いところでもなんでもなくて、出家するときに家族が持ち込んだビデオや子ども向けの図

鑑なんかがたくさんあった。そこによく忍び込んでは本を読んだんだ」

冒険の話は記憶が鮮明で、洋一は楽しそうに語った。

修行以外は、これといった保育・教育方針はまるでなく、自由時間は無秩序そのものだったようだ。「世話係に性格の良くない嫌な奴がいて、みんなムカついていたことがあった。それで、みんなでシカトしたら、係が泣いちゃった。へへへ」。オウムの子は野生児そのもの。ある元信者は「子どもたちは野放し状態にされていた」と表現する。

勉強時間もあるにはあった。母親の高子が記憶をたどってくれた。「阿蘇《あそ》では、小学生は三時間くらい勉強の時間を設けていました。教科書とドリルを使って、算数と国語だけをやっていた。ええ、黒板も使っていました」。しかし、上九に移動すると一時間だけとなる。

洋一は「こちらに戻っても算数と国語のレベルはみんなと変わらなかったけど、やはり今でも社会と理科は苦手です」という。すかさず、洋平と高子が「へえー、社会と理科だけだっけ」とまぜかえすと、洋一は照れ、みんな笑った。

勉強への取り組みは子ども班のある教団施設ごとに、また時期によっても異なるが、少なくとも体系だった学習が行われたことはなかった。実際、社会に戻ってから、学力が低いため一学年以上ずらして学校に復帰した子どもは少なくなかった。

親とは別の空間で、学校に行かず、わずかな勉強以外は修行と遊びに明け暮れる。それが九三年秋までのオウムの子の平均像といっていいだろう〈注4〉。

全く見知らぬところで、親と離れ離れの生活。逃げ出したくならないのかと思うが、オウムから脱走を試みた子ども（中学生以下）はいないし、一般社会に戻りたいと訴えた子どもの話も聞か

れない。これは、近く地球は滅亡する、オウムにいれば助かるという教義の影響を受けていたこと、また教団で生まれた子どもや乳幼児段階で入った子どもは外の世界をほとんど知らないことが原因としてあげられようが、より大きな要因は、第四章で取り上げるヤマギシ会とは違って、オウムでは大人が子どもに暴力を振るうようなことがなかったからではないか。

高子が語る。「阿蘇（波野村の施設）ではけっこう好き放題でした。子どもたちが修行をさぼって外に遊びに出かけても、それで体罰を受けるということはありませんでした」。高子に限らず、子どもが体罰を受ける場面に遭遇した人はいない。一般に体罰が生じるのは厳しい躾《しつ》けが背景にあるからだが、オウムの場合、躾けの観念に乏しかったから体罰がなかった、という見方もできよう。いやそれよりも、そもそも子どものことに重きを置かなかったからどうでもよかったのかもしれない。

しかし、一つだけ例外があった。お供物《くもつ》（オウムでは食べ物はお供物と呼ばれていた）を残した場合である。「尊師のエネルギーの入っている」ものを捨てることだけは許されなかった。山梨の中央児童相談所の聞き取り調査によれば、残すと「縛り蓮華座」を長時間させられる罰を受けた。縛り蓮華座とは、普通に組んだ蓮華座をさらに深く足を組ませる修行の一つで、足を固定するためにバンドで縛った。それを一〇時間命じられたケースもあり、子どもたちはこの罰を怖がったという。

これ以外に大人からの暴力はなかったが、子ども同士のイジメはあった。

洋一が話す。「チャンバラのとき弱い子がやられていた。夜泣いていた子もいた。とくに覚えているのはアーチャリーのイジメだった。いじめられているとき、大人の信者に『いじめられて

良かったね』と言われたことがある」。尊師の子どもに身体を触れられればステージが高くなるというわけだ。洋一は照れたように「そのときは、そうかなあと思ったけどね。へへへ」と笑った。

上九一色村の教団施設で、アーチャリーが棒をもって子どもを追いかけ回していた場面は複数の元信者が目撃している。しかし、いじめたのはアーチャリーだけではなかった。

別の元信者の証言を紹介する。

元看護婦だった高橋悦子（三四）が子どもを連れ、家族揃って出家したのは九四年の五月のことだった。ちなみに、この一カ月後に松本・サリン事件が起きている。

高橋は「『真理学園』というオウムのＰＲに影響されて、富士のすそ野にある子ども施設は広くて自然があってのびのびしたところというイメージをもっていました」という。しかし、阿蘇の施設にいた子どもの状態を見て驚いた。

「九四年の夏に阿蘇に行ったんですが、そのときはすでに世話をする人は少なくなっていて、子どもは部屋の中で好き勝手に遊んでいるような状態でした。下の子の面倒を見るやさしい子もいたし、小学生の子は比較的落ち着いていたように見えたけど、幼児の中には荒れている子がけっこういて、主に五歳ぐらいですが、小さい子を殴ったりしているのを見ました。首に縄をかけて小さい子を犬のように引きずり回している子もいた。世話係は知らん顔で、止めるようなことはしなかった」

五歳の子が自分よりさらに小さい子の首に縄をかける。異様な光景である。

ただ、オウムでのイジメは大勢の子が特定の子を集中していじめるという、一般の学校で見ら

れるような組織的で陰湿なものではなかったようだ。

高橋が阿蘇を訪ねた九四年七月には子どもたちの外遊びは、もうなくなっていた。九三年の秋、突如、オウムは毒ガス攻撃を受けていると言い始め、外出が禁止されたからである〈注5〉。

洋一はその頃、上九の第一〇サティアンにいた。室内の様子を図解してくれた。

「何階建ての建物かは忘れたけど、ここの一階に滑り台やジャングルジムがある遊び場があって、その横が武道場、こっちのほうにトイレがあった。教学で眠くなるとルームランナーで走ったけど、あれはどこにあったかなあ。途中からはトイレ以外は一階に下りることも、禁止された。それで二段ベッドがたくさんあった二階に閉じこもるようになった。そこで、模型をつくったりしていた」

外遊びは室内遊びに変わり、修行と勝手気ままな遊びはそのまま続いたが、子どもたちは太陽の光を浴びなくなった。そのせいで、野放し状態だった子どもたちは児童相談所に保護されたとき、冒頭に書いたように「透きとおるように色の白い子」になっていたのだ。また、外出禁止令とともに、窓を閉め切るようになり、ただでさえ不潔な室内は湿気を帯びていった。オネショをしても布団を外で干すことはなく、ベッドの木枠にかけた。

母親の高子がやや感情をこめて話した。

「とにかく部屋は汚かった。殺生はいけないから、ゴキブリやネズミもそのまま。靴を脱がなければならないところでも、素足で歩けば足の裏がすぐに真っ黒になる状態でした。大人はとても素足では歩けなかった。とりわけ子どもがいる部屋がとくに汚かった。換気をしないから、畳は湿気で歪んでいた」

教団施設の衛生面のことになると、元信者の記憶は鮮明で細かいところまで話が及ぶ。

前述の高橋悦子は眉をひそめながら話した。

「阿蘇の大広間には畳が敷かれているんですが、畳の間にすきまがあって、そこに砂や虫の死骸や紙の切れ端などが詰まっていたし、壁は破れ放題。夜になると、その汚い部屋で子どもたちは寝袋に入って勝手気ままに寝ていた」

「阿蘇に比べれば富士宮の道場はもっとすごかったですよ。ゴキブリはうじゃうじゃ。ドブネズミが食物の入ったタッパーをまるごとかじっていた。上九一色の第二サティアンはダニがすごかった。大人の信者は全身を真っ赤にしていた。子どもたちがいた第一〇サティアンの汚い部屋にはそこら中に尊師のポスターが貼ってあり、子どもたちは尊師の絵をよく描いていました」

別の元信者も同じような表現で汚さを強調した。

遠山紗綾《さあや》（三六）が事実上の出家生活を送るようになったのは、高橋悦子と同時期、九四年五月のことだった。宿舎は異臭騒ぎでその存在が世間に知られるところとなった東京・亀戸《かめいど》道場。子どもは世田谷のオウムの託児所に預けた。

「亀戸で寝るときは寝袋一つで畳の上に雑魚寝《ざこね》でした。その畳の汚いこと！　ホコリだらけだし、ゴキブリがうようよ。ジメジメしていた。〝毒ガス〟以降は窓を開けなくなったから、もう湿気とカビですごかった。そんな中でヘリコプターの音が聞こえてくると、あの頃は子どもはもとより、大人でも『敵が攻撃してきた』とパニックになっていた」

遠山が苦笑しながら続ける。

「上九に行ったことがありますが、木の二段ベッドに子どもたちが詰め込まれているといった

有り様でした。四、五歳の子がよちよち歩きの子を引きずり回すなどしていじめていた。『子どもたちはこんなところで暮らしていたのか』と驚きました。その部屋がまた汚くて、裸足《はだし》で歩ける状態でなく、靴は脱いだけど、サンダル履きで上がった。亀戸の数倍汚かった」

後日、強制捜査に入った警察官も「とても靴を脱いで上がるような状態ではなかった」と相談所の職員にもらしている。

上九の第一〇サティアンのトイレは水洗式、ため式があったが、水道水が出なかったので、ドラム缶に入れた水を、使用後、各自がバケツで流していた。ハエや虫がいっぱいいたという。

また、風呂はシャワーだけで、しかも第一〇サティアンは水が出なかったから、ほかのサティアンに出かけて身体を洗った。頻度は週に二回だったが、次第に回数が少なくなり、強制捜査前後には二週間に一回ぐらいになっていた。

歯磨きは時期と施設によって異なるようで、「していた」という証言もあれば「していなかった」という人もいる。

私たちからすれば逃げ出したくなるような不潔な環境だが、洋一は「オウムに入ったときは嫌だったけど、次第に慣れちゃった」という。正確にいえば、「慣らされてしまった」ということだろう。

毒ガス以降のオウムの子は親と離れ離れの生活に加え、太陽の光を浴びることもなく、じめじめした不潔な部屋の中で敵の攻撃に怯えたり憤慨したりしながら、修行と野放図《のほうず》な遊びに明け暮れていたということになろう。これにもう一つ特徴を加えれば、栄養の偏った〝オウム食〟である。

オウム食は、大豆ハンバーグ、大豆の唐揚げ、オウムが開発したクッキー（内部の呼び名はアス

トラルメイト、チーズ味とバナナ味があった)、具が入っていないラーメン、日本そば、やはりオウムが開発したドリンク剤(サットバレモン)、にぎりこぶし大のまんじゅう、バナナ、極小のサブレ、昆布。

ここにあげたのは一部ではなく、オウム食のすべてといってよい。こうした偏った食事が二食出るだけ。「二食は聖者、三食は動物の食べ物」と言われていたという。殺生を禁じているから肉や魚がないのは当然としても、新鮮な野菜ばかりか米もないのである。しかも、阿蘇の場合、自家発電のため半日は停電となり、冷蔵庫は使いものにならず、一週間に一度しか送られてこない食材は数日間で傷んでしまう。そのため、週の後半はラーメンの中にいろんなものを入れ、すいとんのようにして食べていたという。

高子が振り返る。

「オウムでひどかったのは食事でしたね。最初はお米はあったんですが、途中から米は殺生食ということになってなくなった。一週間に一度か二度、子どもたちが好きなカレーライスが出ましたが、肉なしの大豆カレー。子どもには糖分が必要ですが、菓子類も一切なかった」

山梨の中央児童相談所の聞き取りでは「お供物」は捨ててはならなかったため、子どもたちはカビのはえたまんじゅうや腐りかけのバナナまで食べていた。

元信者の高橋悦子が九四年夏に阿蘇を訪れたのは、信者の健康診断と環境調査が目的だった。彼女のオウムでのワークが看護だったからだ。

「当時、阿蘇には一三歳以下の子どもたちが六〇~七〇人、大人が一〇人いた。子どもたちの健康状態はとてもいいとは言えなかった。とびひを患っている子どもが約十人、爪がはがれてし

まっている子が四人、喘息《ぜんそく》の子が三人。下痢をしている子は全体の半分に達した」（裁判での証言録）

これが健康診断の結果であった。高橋が話す。

「爪がはがれるのはカルシウム不足のせいではなかったのかと思います。子どもたちは全体に小さく、小学校四年生の子は幼稚園児程度にしか見えませんでした。早く出家した子どものほうがより小さかった。カロリー計算をしてみると、なんと二歳児レベルの食べ物でしかなかったのですよ」

あまりのひどさに驚いた高橋は、健康診断を終えると波野村の施設にいた自分の子どもを連れて脱走する。このときには未明の阿蘇の山道を二時間ばかりさまよったあと信者たちに見つかり失敗に終わったが、高橋が脱走に成功するまでのその後の経緯については省略する。

当時、阿蘇・波野村の施設にいた子どもたちは五人を残して富士宮と上九に移動し、さらに一部の子は別の施設に移り、翌九五年に児童相談所に保護される。ところで、東京、山梨、前橋、高崎の児童相談所を取材したが、子どもの爪がはがれていたという証言は聞かれなかった。とすれば、高橋が診断した以降に食生活が改善されたということになるが、元信者たちはそんなことはなかったという。小さな謎だが、オウムの子の栄養が極端に不足していたことだけは間違いない。

「ぼくが生まれたときはどうだった？」

九五年元旦付で読売新聞が上九一色村でサリンが検出されたとスクープしてから、世間の関心は急速にオウムに集まっていった。そんな中、一月四日に「オウム真理教被害者の会」の会長・永岡弘行がＶＸガスをかけられ重体となり、二月二八日に信者の兄だった假谷清志が何者かに

よって拉致され、そして三月二〇日にはついに地下鉄サリン事件が起きる。警察の捜査が近いことを知るとオウムの幹部は、敵は警察であり、その警察が教団を攻撃している、強引に身柄を拘束される可能性がある、と信者に危機感を煽った。

警察が第一〇サティアンに入ったとき、洋一たちは抵抗したという。このときの模様を洋一はあっけらかんとさもおかしそうに話した。

「弾圧しにきた。拉致されると思ったから、ともかく狭い通路を逃げ回った。結局、つかまっちゃったけどね」

私はこの日の映像シーンを今でも覚えている。PSIをつけた子どもたちが、機動隊員に抱えられながら、ぐったりした表情で、ゆっくりと、サティアンの外に出てくる。衝撃的なシーンだった。抱きかかえられた子どもを見て、「ついに救い出されたか」と思わず胸をなでおろした。ところが、まさか、サティアンの中で子どもたちが抵抗し、迷路のような狭い通路で機動隊と〝鬼ごっこ〟していたとは。洋一は「みんな、何とかつかまるまいと必死だったよ」という。

洋一は中学二年生にしては素直でひねたところが全くない。聞かれたことには正直に答える。受け答えからは、教義ばかりかオウム体験の影響すら感じさせない。最年少解脱者だったことや、五年間に渡って劣悪な環境で暮らしていたこと、さらに四年以上前に機動隊員相手に立ち回りをしたことなど、まるで幻の出来事だったかのようだ。

食卓に出される飲み物は紅茶からコーヒー、コーヒーから日本茶に代わり、その何杯目かを飲んだとき、私が土産にもってきたケーキを食べることになった。母親の高子が洋二に声をかけると、部屋から出てきた。話は世間話になった。宮本洋平が「家族でこんなに長くオウムのことを

話したのは、戻ってきてから、初めてのことです」と話した。

母親の高子が遠方からきた私のことを思ってのことだろう。「洋二もオウムのときのことを話してあげたら」と語りかけた。

洋二はうつむき、黙ったまま首を横に振った。顔が硬直したように見えた。すかさず、私が「嫌なオウムのことなんか話したくないよなあ」と大きな声で話すと、洋二は下を向いたまま、こっくり頷き、そそくさと残りのケーキを口に入れ、また自室に戻っていった。

高子の顔が曇り、小声になった。

「洋二もオウムでの生活や教義の影響はまるでなく元気に学校に通っていますが、洋一と違ってこちらに戻ってからオウムのことは一言もしゃべらないんですよ。その一方で、自分が赤ちゃんだったときの写真を繰り返し見ているし、『ぼくが生まれたときはどうだった?』って、何度も何度も同じことを聞くんですよ」

高子の目にうっすらと涙が溜まった。

「当時、洋二は二歳でしたから、私のそばにいたかったのは当然のことです。清流精舎では一緒でしたが、それからは、同じ場所であっても別々の暮らし。阿蘇では私のそばによくやってきたけど、執着してはいけないと、子ども班の世話係がいつも追いやった」

執着心を断つ。オウムの重要な教えである。男女間、夫婦間もそうだが、とりわけ親子の執着は固く禁じられていた。

「引き離されると、洋二は泣く。私の表情は母親のそれに変わりますよね。そうすると、『泣かせたままにしておいたほうがいい。アトピーは在家時代にあった執着心の表れ。あんたはほんと

うに執着心が強い』と叱責された。ほんとうはその方も自分のお子さんに執着したかったのでしょうが……。周囲は私を最年少解脱者の母親という目で見ていた。それでよけいに私は無関心を装わざるを得ず、あの子が近寄ってきてもできるだけ知らん顔をしました」

それが二歳から七歳（小学一年）まで続きましたからねえ、と高子が溜め息をつく。

仲の良さそうな四人だが、ことオウムのことになると、食卓の前にいる三人と向こうの部屋にいる洋二との間には見えない壁があるように思え、暗澹《あんたん》とした気分になる。洋二だけがいまだ、オウムが「過去の物語」になっていないのだ。「なぜお母さんはあのときぼくのそばに来てくれなかったのか」。洋二は母親にこう詰《なじ》りたいはずだ。だが、自宅に戻ってから四年以上が経つというのに、口に出すことはできない。それは心のうちを整理して言語化できる段階には至っていないからではないか。

赤ちゃんのときの写真を何度も見て、生まれたときの様子を繰り返し聞く。それは、両親から愛されて生まれたんだと幾度も脳裏に刻み、心の傷を必死で回復しようとしている姿なのだと思う。

悲しい話である。高子の涙を見ているともらい泣きしそうになる。

それにしても、あとあとまで影響が残ると思われた最年少解脱者・洋一がオウムのことをあっけらかんと話すのに、洋二の心の傷がいまだ癒えないのはなぜか。また二人はどうやってオウムの洗脳から解けていったのか。これを知るには、保護されたときから親のところに戻るまでの児童相談所での様子を聞く以外にない。保護されたときの状態はどうだったのか。子どもたちはどう変化していったのか。

七歳の子の体格が一歳児レベル

九五年四月一四日に山梨県中央児童相談所（山梨児相と略、以下同）に五三人、五月一六日に群馬県中央児童相談所（前橋児相）に二〇人、高崎児童相談所（高崎児相）に一三人、熊本県中央児童相談所に三人、東京都児童相談センター（東京児相）に二八人が保護された。合計すれば一一七人になるが、東京児相の人数には山梨児相から移管された子どもが含まれており、一一七人は延べ人数ということになる。

カルトで暮らしていた子どもをこれほど大量に保護したのは日本の歴史始まって以来のことである。いや、世界的に見てもそうそうあることではないだろう〈注6〉。しかも、世界中が注目した「無差別大量殺人事件を引き起こしたオウム真理教」で暮らしていた子どもたちだ。おりから児童虐待が社会的テーマになりつつあるとき、当然のことながら、厚生省を中心に研究班がつくられ、詳細な研究が行われているものとばかり思っていた。実際、研究班の結成は動きとしてあった。ところが、その一員になった人に聞いても、調査方法、研究内容ははっきりしない。外部に情報を出したくないためというよりは、どうも結成したものの、曖昧《あいまい》なうちに自然解散になったようだ。

『RECOVERY FROM CULTS（カルトからの回復）』（未邦訳）は九五年にアメリカで出版された本だが、カルトから脱会した信者の治療にあたっている著名な心理学者、マイケル・ランゴーニ（アメリカ家族協会事務局長）らは「子どもとカルト」の項目でこう書いている。

「私たちは、カルト集団を離脱した子どもたちの心理的な治療についてはほとんど何も知らないと言ってよい。その心の状態についての系統的な研究も全く行われていないし、臨床的な研究

もほとんど報告されていない」

〃カルト先進国〃アメリカにも治療の手本がないというのだから、児童虐待の所管庁である厚生省はぜひ研究を進めるべきだった。初めての経験だけに、十全なものではなくてもある程度の調査・研究がまとまっていれば、子どもたちのその後の心のケアに何らかの役に立っていたことは間違いない。実際、このあとヤマギシ会やライフスペース、加江田塾の子どものことが社会的な関心を呼んだ。今となっては残念というしかない。

ところで、厚生省の研究班の動きを追っている過程で、幸運なことに、山梨児相の数種類の観察記録と調査報告、また当時の子どもたちの日記のコピーを入手することができた。その資料を軸に、山梨、前橋、高崎、東京の四つの児相の担当者の証言などを合わせ、保護されたときの子どもたちの様子、その後の変化を見ていくことにする。

話は九五年の四月一四日（金曜日）に遡る。場所は山梨児相だ。

この日は肌寒く時折雨がぱらつくどんよりとした曇り空だった。午後二時三〇分、カメラのフラッシュやテレビライトを浴びながら、大型バスから子どもたちが次々と降りてきた。数人の子が目を異様にギラつかせている。幼児七人、小学校低学年二一人、高学年二〇人、中学生五人の五三人。男子二七人、女子は二六人である。一〇歳の洋一、七歳の洋二の姿もあった。全員が薄汚れたTシャツ一枚の姿で、鼻をつくような悪臭が周囲に漂った。靴は誰も履いておらず、足の裏は真っ黒。顔の白さだけがやけに目立った。

氏名を確認し、写真撮影を行ったあと、健康診断へと作業は流れていく。

臨時の診察室となった会議室の棚に、ガラスケースに入った日本人形が飾ってあった。何人かの子どもたちがそれを指さして、「監禁されてる！」と叫んだ。職員たちは思わず顔を見合わせた。子どもたちは全体に生気がなく、表情に乏しかった。一人だけ力なく立てない子がいて、毛布の上に横にならせた。まだ幼児で、診察の結果、肺炎の疑いがあるということだった。その子は弱々しい声で「ここは現世？」と質問した。ゲンセ⁉ 職員は一瞬絶句してしまった。職員がその子の頭を撫でようとすると、突然「触るな！ だめだ」と、手を払いのけ、ガバッと起き上がった。

職員の目に異様に映ったのは、やはりあのヘッドギアだった。実物を間近に見るのは初めてで、ついに「オウムの子」がやってきた。そうみんなは実感した。ヘッドギアにこだわると思ったが、体重測定のときに「外して」と頼んでみると、意外なことに全員が素直に応じた。終わると再び装着する子もいたが、数日経つと、大半の子は外してしまった。電気のビリビリは、やはり嫌だったのだろう。

診察のため上半身裸になると、男子も女子も身体全体が黒ずんでいた。不潔な環境で暮らしていたことが一目で見て取れた。

子どもの健康状態は、はかばかしくなかった。

外見上の特徴的な所見はまず「ほとんどの児童が透きとおるように白い肌」をしており、「顔色不良」。「子どもの背中から向こうのカーテンが透けて見えるほど」（報告書）異様に白かった。「貧血」または「栄養不良（栄養失調の前段階）」と診断された子どもは五三人中二五人に達し、膝から下の部分に「皮下出血（打撲痕）」が多くの子に見られた。子どもたちは「こけた」と言って

いたが、あとで聞き取り調査をした結果、蓮華座によって生じた内出血とわかった。

二人の女子の前腕に「咬傷痕《こうしょうこん》」（歯で咬まれた痕）があった。

疾病・病状は、肺炎、流行性耳下腺炎、膿痂疹《のうかしん》（細菌の感染による化膿性湿疹）、眼瞼《がんけん》結膜、水いぼ、ひょうそ（手足の爪の下の傷などから細菌が入って起こる化膿性の炎症）が各一人、アトピー性皮膚炎、腹痛が各二人。この子たちの一部を含め八人が即日入院となった。内訳は要検査が貧血・低身長・咬傷痕・静脈注射痕、要隔離が流行性耳下腺炎、要治療が肺炎である。もっとも二日後には肺炎を疑われた子どもを含む全員が退院しており、病状はそれほど重くなかったようだ。

子どものこうした健康状態はほかの児相でもほぼ同じだったが、高崎児相に保護された子どもの一人は頭部に数カ所、ヘッドギアによるものと見られる火傷《やけど》を負っていた。

顔色不良・貧血・栄養不良以外に、際立った特徴は体格にあった。

「平成六年度学校保健統計調査速報」（文部省）の平均値と比較すると、身長が平均値を下回ったのは五三人中四七人で、全体の八八・七％にも及んだ。このうち「標準成長曲線」にあてはめて「低身長」と診断されたのは五三人中九人。実に六人に一人の割合だった。九人は平均値より一五センチから二四センチも低く、実際の年齢より三、四歳年下の平均程度でしかなかった。とりわけ顕著だったのは七歳の男子で、身長は一メートル以下の九八・六センチ（平均一二一・七センチ）。なんと三歳半程度の身長しかなかったのである。「低身長」といっても単に背が低いという意味ではなく、再検査が必要とされるほどに病的に小さいということだ。

阿蘇・波野村の施設で健康診断をした元信者の高橋悦子による「小学校四年生の子は幼稚園児程度にしか見えませんでした」との証言は、決して誇張ではなかった。

体重も統計調査の平均値に比べ、四七人（八八・七％）が下回った。先の七歳の男の子は一一キログラムと、体重でも同世代の平均値（二四キログラム）より一三キログラムも軽く、一〇年に一回調査が行われる「乳幼児身体発育調査」（厚生省、九〇年）と照らし合わせると、なんと一歳八、九カ月レベルでしかなかった。

あとで、山梨児相の観察記録者は「発育不良」の原因は外出禁止とオウム食にあるとして次のように考察している。

「（オウム食と外出禁止は）成長段階にある児童の、身体の発育の基となる栄養素の不足や偏りを招き、また、骨の成長を助ける自然光の欠如や運動の制限につながるものだと考える。これらが、『発育不良』を起こし、ひいては『栄養不良』『貧血』という病気を引き起こしていく原因であると推測する」

こうまで言い切れるのは、五月一八日に実施した身体測定の数値が裏付けとしてあるからだ。保護翌日から子どもたちには一日三食の栄養バランスのとれた食事と一日一回のおやつを与え、外遊びができるようにした。オウムと違う環境つまり栄養と太陽を与えた結果、三四日間で八一・〇％の子どもの身長が伸び、九〇・五％の子の体重が増えたのである。身長の伸びの分布では一センチから一・五センチが七人ともっとも多く、驚くべきことに一般児童の六カ月分に相当する二・六センチ以上伸びた子が二人もいた。ちなみに、一般児童の伸びは一カ月平均約〇・五センチである。

東京児相でも約二カ月間で身長は平均して通常の一・五倍伸びている。

オウム食と外出禁止の結果、「発育不良」になったのは間違いない。

しかし、原因はそれだけだろうか。ヤマギシ会の子どもの体格の特徴もやはり低身長にある。被虐待児の心理臨床を行っている大阪大学助教授の西澤哲に、オウムやヤマギシ会の子の低身長のことを話すと、愛情遮断症候群の可能性が高いという。

「ネグレスト（親の育児放棄）を受けている子どもは身長、体重を下回ることが多い。これは愛情遮断症候群と呼ばれる状態で、その名が示す通り、愛情が断ち切られたことによる成長の障害を意味します」

名称がいかめしく、いかにも特殊な症状のように思われるだろうが、保育者養成のための教科書にも載っている一般的な症状で、『増補　発達臨床心理学』では次のように説明がなされている。「愛情遮断性小人症と呼ばれるものがあります。これは母親が子どもの養育行動を愛情を持って行わないために生じる状態であり、愛情深い世話を受けられなかった子どもは、精神面のみではなく、身体面の成長も遅れてしまうのです」〈注7〉

どうして愛情がないと子どもの成長が遅れてしまうのか。旭川医科大学小児科医の伊藤善也によれば、発育を促す成長ホルモンが体内に分泌されにくいからだという。メカニズムは解明されていないが、「親から放置されるなど愛情が注がれずに育っている子どもを、入院した時点とやさしい看護婦にケアされ落ち着きを取り戻した時点とを比較すると、成長ホルモンの分泌量に大きな違いがある」ことが知られている〈注8〉。

健康診断を終えると、遊戯室に誘導し、自由時間とした。後片付けが大変だったと、あとで職員が記録するほど、子どもたちはオモチャをひっくり返し、大騒ぎしながら、しかもてんでんばらばらに遊んだ。部屋の片隅に数人集まってひそひそ話をしていた。

「これって、誘拐じゃないの」

自由時間のあとは入浴、夕食の順で計画を立てていたが、朝から何も食べていないらしく、多くの子が空腹を訴えた。このため、急遽夕食を先にした。大半の子どもたちは旺盛な食欲を示し、次々とお替わりを求める。数年ぶりの銀シャリだったのだろう。どんぶり三杯もお替わりする子、落ちたものを拾って食べる子、皿まで舐める子、ご飯に醬油をぶっかけて食べる子、実にバラエティに富んでいたが、中でも職員を驚かせたのは、数人の子が箸を使えず手づかみで食べている光景であった。

入浴の場面でも、驚かせることがあった。入浴の仕方や身体の洗い方を知らず、浴場でただ突っ立っているだけの子がいたからだ。オウムではシャワーで身体を流すだけ、湯船につかることを知らないのだ。この日から毎日入浴したが、しばらくは悪臭が取れなかった。

水洗トイレの使い方もわからなかったし、パジャマに着替えることさえできなかった。「なぜ着替えなければならないのか」と食ってかかる子どももいた。オウムでは着替えをせずにそのまま床に毛布で寝る。着替えの習慣どころか、意味さえわからないのだ。

職員たちから見たオウムの子は、まるで野生児そのものだった。人間以外の誰かに育てられたような野生児。洋一も例外ではなかった。

それが一人ではなく、いっぺんに五三人もやってきたのだから、職員がてんてこ舞いしたのは当然だった。

全員の就寝が確認されたとき、時計の針は一二時を回り一時になっていた。

この日から子どもたちは徐々に変化していくが、その前に山梨児相の動きをざっと見ておくこ

とにする。

「頭に触るな」「オウムに帰せ！」

山梨児相の一時保護の収容定員は一二人だった。当時すでに七人の一般の子どもが入所していた。そこに、五三人のオウムの子が加わったのだから、児童相談所がすぐに機能不全に陥るのは目に見えていた。なにしろ、この日あわてて人数分の食器を用意したぐらいなのだから。翌日からは子どもの世話をしながら、厚生省などと連絡を取り、ほかの児童相談所に移管する調整作業に追われた。移管が始まったのは一一日後のことで、一人、二人と千葉、和歌山、秋田などに移っていった。比較的大規模な移動は静岡中央児童相談所への幼児を中心とした一四人、東京児相への七人だった。兄弟は一緒の場所に保護することを基本としたが、調整の結果バラバラにせざるを得ないケースがあり、洋二は兄と別れ静岡に移管された。

山梨児相が採った基本的な方針は、社会復帰のためのケアをしながら親子の交流を図り、職員が親と面談し、子どもを教団施設に戻さず親子で一緒に住む意思が確認されると、親が住む地元の児童相談所に移管する――というものである。その結果、教団施設から直接保護した山梨、前橋、高崎、東京、熊本の五つの児相を含め、オウムの子に関わった児童相談所は全国二七カ所にも及んだ〈注9〉。このため、各児相がどのような方針で臨んだかすべてはわからないが、東京児相の場合は一時保護を終えてもすぐに親元には帰さず、隣接する児童養護施設に移し、そこから子どもたちを学校に通わせ、社会復帰が可能と判断した段階で、親元に帰した。規模の大きい相談所だからできることとはいえ、丁寧なやり方である〈注10〉。

四月末、全国の児相への移管によって、山梨児相の子どもの人数は二九人（男子一六人、女子一三人）となり、所内はようやく落ち着きを取り戻した。

五月中旬からは親との面談、親子交流を開始し、子どもたちは一人また一人と、地元の児相（数例は親の態度があいまい、もしくは脱会の意思がはっきりしないため、祖父母が住む地元の児相などに）に去り、六月末になると二人だけになった。

保護されてから九〇日目の七月一二日、最後まで態度がかたくなだった一人が退所し、すべてが終わった。最後にみんなに笑顔で見送られたのは最年少解脱者の洋一であった。

九〇日間で、オウムの子は体格ばかりでなく、教義の影響、生活習慣、社会適応、感情、情緒、対人関係など様々な面で変わった。野生児がどのように変化していったのか、一人の子どもを例に見ていくことにする。取り上げるのは、「オウム保護児童・事例研究」と題してまとめられた三人の子どものうち「もっとも変化の大きかった子ども」である。洋一の事例研究がないのは残念だが、この子の変化はほとんどの子どもに共通するものだというから、洋一だと思って読んでもらってもそう間違いはないはずだ。最初に観察記録をそのまま掲載し、そのあとで特徴的なことを補足説明することにする。

変化がもっとも大きかったのは洋一と同じ一〇歳、小学校四年生の達哉である。達哉が教団施設にいた期間も洋一とほぼ同じ五年六カ月。学校に通った経験もない。出家前は、父は会社員、母は公務員で、夫婦仲は良かった。二歳年下の妹がいて、この子も一緒に保護されている。達哉と妹が保護されていた期間は六〇日間である。記録はのっけから刺激的だ。

「保護前期」（四月一四日～五月一日）

表情は厳しく目つきは鋭い。チック症状あり。口のまわりを舐めまわす。洋服噛みがひどく、一日で胸部をボロボロにしてしまう。出家して長いためか、他児より一目置かれている。「肉や魚を食べるのは殺生だ。白米はシロアリ駆除剤が入っている。ここで毎日食べているといずれ死ぬ。オウムのほうがうまい」と言いながらも食べていたり、アニメビデオを楽しそうに見ていながら「オウムのビデオが面白い」と言ったり、言動に矛盾がある。

さらにまた、「頭に触るな、尊師しかさわっちゃ駄目だ」「警察は毒ガスをまき、オレたちを拉致した。お前たちも警察とグルだ」「阪神大震災はアメリカの仕業だ。尊師は地震を予言した。家は地震でつぶれて無いから帰りたくない。オウムに返せ！」などと強く反発し、職員の指示に応じることで地獄に落ちる、と言ったりもする。

食事のマナーは悪い。基本的生活習慣にことごとく反発し、「どうして手を洗ったり、皆揃って食べるのか。なぜ歯を磨くのか。なぜパジャマを着て寝るのか？　そんな必要はない！」と、全く応じようとしない。上履きはすぐ脱いでしまい裸足で歩く。入浴は喜び体は洗える。遊んだ後の片付けは言われてもやらない。朝礼（整列・歌・職員の話・ラジオ体操）はすべて拒否し、三輪車を乗り回したり、遊具を出したりして邪魔をする。

一貫した強い信仰があり、職員に対して強い口調でことごとく反発はするものの、アニメやおもちゃ、おやつや満たされた食事など、現世の魅力を少しずつ感じ始めているのもまた事実である。

この期間、「オウムに帰せ」「尊師は絶対だ」などの言葉は、ほかの児童相談所でもよく聞かれた。当時、東京児相の所長だった精神科医・廿楽《つづら》昌子はこう振り返る。

「子どもたちがよく話していたのは、ハルマゲドンがくる。尊師は偉い。こんなものは食べられない。毒が入っている。教義の影響はとても強かったですね」

出家歴が長い子と年長児ほど教義の影響を強く受けていた。主なものを列挙すれば、①現世の否定、②殺生食の禁止、③尊師が絶対、④頭は尊師以外は触ってはならない、⑤ハルマゲドンがくる、⑥男女間や親子間の執着心の否定、⑦背いたら地獄――などである。これに、九三年秋からの「毒ガス攻撃を受けている!」が加わる。

山梨児相では保護翌日の一五日から外遊びをさせるようにした。「むさぼり遊んでいる」という表現が一番ぴったりするというほどに、子どもたちは泥まみれになって我を忘れて遊んだ。ただし、集団でいながらてんでんばらばらにだが。ところがある日、庭にあったゴミ焼却炉から発泡スチロールの黒煙があがると、「毒ガスだ!」と、全員が一斉に室内に逃げ込んだ。飛行機雲を見ても同じだった。

室内に逃げ込んだ子どもたちはじっと外の様子をうかがい、しばらくして何もなさそうだと見るや、勇気のある子どもが一人、二人と外に恐る恐る顔を出し、最後にはまた泥んこ遊びが始まる。

「あたりをキョロキョロと見回しながら一人また一人と外に出ていく様はまるで猿の群れのようだった」と、当時、山梨児相の所長だった矢崎司朗はいう。子どもたちは何度か体験を重ねることによって毒ガス攻撃がないことを知ると、やがて気にすることもなくなっていった。

こんなこともあった。

矢崎が四歳の子に「ぼく、ちょっと、おいで」と手招きしながら呼びかけると、その子が質問した。「根拠法令は何だ」

「コンキョホウレイ？　最初は何を言っているかわかりませんでした」と矢崎は笑う。まあいいからおいでと言うと、今度は「それは強制か任意か」とまた質問してくる。

「サティアンの前での警察と信者とのやりとりを覚えたんですね。それにしても四歳の子が……」。攻撃をかけてくる敵・警察から、世界を救う絶対正義の集団を守らなければならない。子ども心にも必死で覚えたのだろう。

教義の影響は様々な面で現れた。頭を触られるのを極度に嫌がり、かわいいと思い、つい頭を撫でてやると、手で払いのける。自由画を描かせると麻原彰晃の似顔絵ばかり。女の子の多くは「私は恋愛や結婚なんかしない」「男の子なんか興味ない。尊師がカッコイイ！」と、異性に対し否定的な感情しか持ち合わせていない。男女間の執着心を厳しく戒められた結果だが、このため相談所内で男女の交流が生まれるまで一カ月もかかっている。

様々な情報に接している私たちからすれば想像のつきにくいことだが、情報が遮断された中で育ったオウムの子の世界観は「この世は悪と善が最終戦争を行っており、尊師の指示に従い、尊師に近づき、努力して解脱すれば、戦争に勝ち抜き生き残ることができる」というもので、頭の中にあるのは尊師と悪だけの二元論の世界。教団施設で洋一たちがよく見たという、セーラームーンが悪い奴をやっつけるあのアニメの世界である。この時期「お母さんに会いたい」ともらした子は一人もいなかったというから、意識下にはあったにせよ、彼らが思い描く世界に親は存在しなかったのだろう〈注11〉。

木、人間、家の三つを題材に絵を描かせると、人間は記号化された線だけの存在でしかなく、顔は目や鼻がないマルを描いて終わり。三つはいずれもバランスが悪く、ある子の木は根っこがなく幹から上が宙に浮いているし、別の子の家は煙突から炎が出ているという異様なものだった。東京児相でも人は線で表現するだけで、顔の造作や服、手や足などを形として描けない。同年齢の子と集団で過ごしてきた、というのにである。それに対して、尊師の麻原のことはトレードマークの紫の衣に真っ黒な長い髪、頬のホクロまで上手に描く。「集団としての成熟度は低く、情緒面の発達がとても遅れていた」と東京児相の甘楽はいい、前橋児相・心理判定員の稲岡隆之も「情緒面に問題がある絵だった」と話す。

彼らの世界観に尊師以外にもう一つ確かなものがあるとすれば、それは地獄だった。教義から外れるような意識を持ったり行動したりすれば地獄界に落ちるという教えは強烈だったようで、子どもたちは心底怖がったという。面会で親に会う段になっても、子どもたちはこう言って嫌がった。

「お父さんやお母さんに会うんだったら、死んだほうがましだ。地獄に落ちてしまう。尊師のところに帰せ」

どうしてここまで地獄を怖がるのか。矢崎が子どもたちから聞き出している。

「地獄はどこにあるのかと聞くと、土の中だという。土の下からうめき声が聞こえてくるともいう。それでわかったんですが、オウムでは地面を井戸のように深く掘って、信者をその中に何日間も入れたことがあったでしょ。井戸の底からは苦しい、助けてくれ、とうめき声が聞こえてくる。覗き込んでも何も見えないんだから、そりゃあ、子どもには怖いですよ。実感として、地

獄はあると思ったようです」

職員を日常悩ましたのは、現世の否定である。現世は退廃的で堕落しきった地獄に通じる世界と教え込まれているから、肺炎の疑いがある小さな子が保護直後に「ここは現世？」と聞いたように、子どもたちは現世（的）か否かに実に敏感だった。現世の否定は端的にいえば喜怒哀楽の情を断つことであり、子どもたちのレベルに換言すれば、おいしい・楽しい・うれしいなどの感情を持たないことを意味する。達哉が「アニメビデオを楽しそうに見ていながら『オウムのビデオが面白い』と言ったり」（「オウム保護児童・事例研究」）するのは、現世を認めることができないからなのである。

泥んこ遊びをしているときに「楽しいか」と聞くと、楽しくな～い！

おやつを食べているときに「おいしいか」と聞くと、おいしくな～い！

「親に会いたいか」と聞くと、会いたくな～い！

矢崎はこれを「三無い主義」と名づけ、「三無い」がなくなったときに、教義の呪縛は解けると直観した。

子どもたちは現世を否定しながらも現世の誘惑には実際に負けている。食べたいという執着心は捨てなければならないのに、お菓子が目の前にあればつい手が出てしまう。その典型は殺生食だろう。「肉や魚を食べるのは殺生だ」と言いながらも、日が経つうちに大方の子どもはむしろ好んで食べるようになっていった。それなのに、おいしいかと聞かれると真顔で「おいしくない」と答える。決して、ひねくれや照れ隠しからではなく、教義の呪縛があるから、感情表現ができないのだ。おいしいものは素直においしいと言える。楽しいことは進んでやっていいんだと

思うようになる。そうなったとき、教義の呪縛から解ける。矢崎はそう考えたのである。

子どもたちの矛盾した言動は別の面でも見られた。当初、職員が首をかしげたことだ。

この時期、親を中心にオウムの信者が「子どもを返せ」と連日、相談所にやってきていた。ところが、「オウムに帰せ。サティアンに戻せ！」と毎日のように文句を言っていたのに、子どもたちは彼らを見ても「あっ、△△さんだ」と言うだけで、逃げ出そうとしたり、興奮したりしなかった。逃げ出さなくても「△△さんに合わせろ」ぐらいは言えたはず。職員が不可解だと思うのは当然だろう。

私は、先の現世の否定と逆のことが起きたのだと推測する。おやつを食べるときには身体が先に動き、感情表現ができなかった。今度は「△△さんが来ている」と懐かしいという感情は動くが、身体がついていかない。つまり、感情表現はできるが行動表現ができない。なぜこんな現象がおきるのか。別の資料にこんな観察が記録されていた。

「児童全般的に、信仰に対する姿勢が非常に受け身的であり、子ども本来が持つ主体性には欠けるという印象を受ける」

鋭い観察だと思う。これをもとに先の疑問を説明すれば、外で遊ぶことができず粗末な食べ物しかないところにはもう戻りたくないと、信仰が受け身であるがゆえに本能的に〝身体が感じ取った〟ということではないか。

いずれにしても、保護前期のこの時期に、子どもたちの心の奥底に亀裂が入ったのは間違いないだろう。オウムにこだわる一方、もう一つの心は事例研究の末尾にあったように「現世の魅力を少しずつ感じ始めている」ようになったのである。

基本的生活習慣は、達哉がこの時期最後までパジャマに着替えようとしなかったように、なかなか身につかなかった。嫌なものは嫌だと思い、心地よいものは素直に享受する。この点ではオウムの子も一般の子どもと変わりがない。ヘッドギアは外し、入浴はすぐに受け入れ喜んで湯船につかる。その一方、食事のマナーや言葉遣いなど〝面倒くさい〟ことは嫌がる。一九日から朝礼を始めたが職員の呼びかけを無視して自分勝手に遊ぶし、食事中は立ち歩き、後片付けはしない。

長期間躾けのない野放し状態だったから、生活ルールが身につくまでは相当の時間を要した。

職員との関係は年齢によって異なった。自由にさせているときは何も問題はないが、規制される場面になると、年長児は反抗的な態度を取った。職員を呼び捨てにもしていた。一方、年少児は「お母さんに会いたい」とは言わないのに職員にやたらベタベタと甘えた。観察者は年少児のこの態度を「矛盾している」と記録に残しているが、ヤマギシ会の年少児も見知らぬ人にベタベタするのが特徴の一つである。

職員たちにとって予想外だったのは、子ども同士の争いがなかったことだ。集団には諍《いさか》いがつきものなのに、どうしてなのか理由ははっきりしない。しかし、高崎児相では違った。前橋児相の一時保護課に勤務する山洞《さんどう》和之が証言する。

「保護した当初はイジメがひどかったですよ。一人の子にボールをぶつけたり、エスカレートすると相手が血を流していいても噛むのをやめない。あわてて止めに入ると鉛筆を振り回しながら芯で私たちを突き刺そうとする。本気で怒ってもまるで言うことをきかない。定員オーバーでイライラが募っていたこともあるのでしょうが、オモチャや机、椅子を壁にぶつけたり……落ち着きが出てくるまでの二週間はけっこうすごかったですよ」（傍点・著者）

相手が血を流すほどに噛む。そういえば、山梨児相に保護された二人の女子の前腕にも「咬傷痕」があった。教団施設内の汚さを証言してくれた前出の元信者、遠山紗綾の話を思い出した。

遠山は出家と同時に一歳四カ月の子どもを、世田谷にあったオウムの託児所に預けた。彼女は教団からは禁じられていたが、なんどか面会に行っている。

「託児所は六畳二間にバスとトイレ。そこに四歳までの子どもが約一五人ぐらいいましたか。その子たちを三人の世話係が面倒を見ていた。すごかったですよ。顔が傷だらけの子がいたし、顔に歯形が残っている子もいた。私が見ている前で、相手に噛みついたり、そこらにある物や椅子で叩いたり。キイキイしていました」

なぜ、オウムの子に噛みつきが多いのか。この行為にはいったいどんな意味があるのか。

被虐待児の治療を行っている埼玉県立小児医療センターの精神科医長、奥山眞紀子は児相に保護されたオウムの子を診ている。その奥山が説明してくれた。

「すべての子に症状が出るわけではありませんが、虐待を受けた子どもに一般的に見られるのは主に愛着障害とトラウマの二つです。愛着障害とは乳児から幼児にかけてネグレクトなどによって母親との間に愛着関係が結べなかったことから生じる症状です。症状は年齢によって違いますが、乳幼児では、ほかと関われない、噛みつき行為、ヘッドバンギング（引用者注・頭を壁にぶつける）などが観察され、三歳以上になると、落ち着いて同じ遊びができず、次から次へと遊びが変わっていくといった落ち着きのなさが見られます。初めて会う職員にベタベタするのもよく見られる行為ですが、このベタベタも親しみからくるものではなく、愛着障害の一つです。感情に乏しいのは年齢に関係なく観察されるもので、凍りついた感情表現しかできないといった言

い方を私たちはしています」〈注12〉

これらの症状は何らかの事情で乳児院、児童養護施設などに保護された子どもに観察されるもので、ホスピタリズム（施設病）と呼ばれた。その中でも噛みつき行為はホスピタリズムの典型的な症状で、一九六七年に麻布乳児院の院長が事故を調査した結果、総件数は八四件、そのうち噛みつきが三八件（全体の四五％）と群を抜いて高かった。『ホスピタリズムの研究』でこのことを紹介している淑徳大学教授の金子保自身が調べたところでも、乳幼児五八人のうち他児に噛みついたのは一七人。年齢別の出現率は〇歳児で一〇％、一歳児で三三％、二歳児でなんと六九％だった〈注13〉。

噛みつきが愛着障害の症状と裏付けられたのは、乳児院がそれまでの流れ作業、分業保育を改め、子どもたちのそれぞれに特定の保育担当者（親代わり、愛着対象者）をつける担当保育制度に改めたところ、噛みつき行為が見られなくなったからである。

先の遠山紗綾もこのことを体験している。

「知っている人が殺したり、殺されたりしたでしょ。子どもを引き取ってからも私の精神は安定せず、前にはそんなことをしたことがないのに、カッとなって子どもを叩いたこともあります。子どもは地元の保育園に行くようになり、オウムのときもそうだったのかもしれませんが、物を投げたり、ほかの子どもに噛みつくようになりました。噛みつきがなくなったのは、子どもを引き取って一年後のこと。私がゆとりをもって愛情を注げるようになってからです」

話を元に戻す。保護前期で現世の魅力を感じ始めてきた達哉は、その後どう変化していったのか。

「保護中期」（五月二日〜三一日）

保護所での生活に、少しずつ慣れ始めた時期である。表情は和やかだが、チック症状はひどくなっている。口の周りに荒れがある。食事量は定まってくる。指示されると、手洗い・パジャマ更衣・歯磨きなど少しずつやるようになってきた。職員や友達、刑事と一緒に野球をすることが楽しいようである。子どもの日のお祭りでは、子どもらしさも見せ、いろいろなものに興味を示し楽しむ。また、ビデオアニメ（『ドラえもん』など）・ゴム動力飛行機・割箸で作るゴム鉄砲など、遊びも拡がってくる。アメや菓子をとてもうれしそうに食べたり、ロッカーにしまったりもする。職員をぶったり暴言を吐いたりアカンベーをしたりと、表現は下手だが関わりを持ち、甘えたりスキンシップを求めたりもしてくる。盛んに、「ねえ、海か山に行きたい……」ともらす。「ごめん」「ありがとう」という言葉が、この時期初めて聞ける。

反面、現世への反発が依然強く続く。こいのぼりの歌を歌っていると、耳に手をあて聴こうとせず、庭に飾ったこいのぼりを幾つも取って捨てる。他児がアニメの歌を歌うと、「あっ、洗脳された！」と、吐き出すように言う。朝礼は並びはするようになったが、ラジオ体操は依然拒否。散髪は、他児は行っても、断固拒否する。楽しそうに遊んでいて、「楽しい？」と聞いても、いつでも「わかんない」。「うれしい」「楽しい」など物事に対する肯定的な返事はできない。

5／14、新聞・テレビ解禁日の前夜、他児と共に凄まじい剣幕で、「早くテレビを見せろ！」と職員に絡んでくる〈注14〉。翌日より、学習・日記書きを行うが、日記は初めは書こ

うとせず、書き出すと、ノートいっぱいに大きく乱雑に、「オウムに返せ」「書くことはない！」と書いている。作文は二行で終わる。

現世の誘惑と信仰との間で、本児の心が大きく揺れているのがわかる。

この期間は五月一五日を境に二つにわけて記録したほうがいいだろう。その理由は、この日から午前中に学習し夕食後に日記を書くという相談所の「通常日課」に戻ったからである。それだけ子どもたちが安定してきたということなのだろう。もう一つの理由は、翌一六日に麻原彰晃が逮捕されたことにある。子どもたちの世界観はこの日から崩れ始め、後半にかけてかなり変化していく。別の記録でもこの時期を前半と後半にわけて記載している。

「保護中期」前半の特徴は生活に少しずつ慣れ、基本的な生活習慣がある程度身についたことだ。また、遊びもこれまでの各自てんでんばらばらな泥んこ遊び、ビデオにマンガ一辺倒から、男子はチームワークが必要な野球、サッカー、ゴム鉄砲など、女子は一輪車や裁縫などに広がったこともこの時期の特徴と言える。

五月二日、達哉はゴム鉄砲のゴムをほかの子どもにぶつけると「ごめん」と謝り、翌日には職員に「ありがとう」と言う。いずれも初めてのことだった。一一日の夜、食堂にほかの男子がいなくなると、職員の膝に乗り一緒にビデオを見ようと甘えてきた。感情が芽生えてきたのである。

五日のこどもの日には、綿菓子、ホットケーキ作り、くじ引き、風船割り、金魚すくいなどを行った。ほとんどの子どもが目を輝かせて楽しんだが、あとで感想を聞くと、まるで申し合わせたように「知らない」「わからない」。達哉はくじ引きで水鉄砲があたり、さっそく男の子数人と

水をかけあって遊んだが、楽しかったのかと聞いてもやはり「わからない」だった。感情が芽生えつつも、それを素直に表現することはまだできない。

この期間特筆されるべきことは、所長の矢崎が自費で市販のお菓子を買って、子どもたちにプレゼントするようになったことだ。初日の五月五日は「かっぱえびせん」を渡した。翌日、矢崎がうまかったかと聞くと、「おいしくなかった」。矢崎は「もうやらんぞ」と怒ったふりをして相談所をあとにした。保母が「所長さん、怒って帰ってしまったぞ」と脅かした。次の日、矢崎は「昨日は怒ってごめん」と謝り、一計を案じて「かっぱえびせん、まずかったか」という聞き方をした。すると、子どもたちは神妙な顔をして、首を横に振った。これ以降、達哉だけでなく子どもたちは矢崎のプレゼントを素直に楽しみにするようになった。先の事例研究の「アメや菓子をとてもうれしそうに食べたり、ロッカーにしまったりもする」という記述は、矢崎のプレゼントのことを指している。

この頃から、子どもたちの表情は明るくなってきた。自分の気持ちを少しばかりだが表現するようになっていった。出家前の記憶を少しずつ話すようになったし、ドラえもんが好きだった達哉は「『ドラえもん　のび太の宇宙小戦争』を借りてきて」と頼んだ。

山梨児相が保護期間中に近くのレンタルショップから借りてきたビデオは、合計二二〇本にのぼったという。

アメの数と教祖逮捕

感情が芽生えてきたといっても、まだ教義の影響は残っていた。平仮名がほとんどの、たどた

どしい字で書かれた日記を紹介する。いずれも、麻原が逮捕される前日、保護されてから約一カ月目の、子どもたちが最初に書いた日記である〈注15〉。

「オウムのほうが一〇倍ぐらい楽しかった」「早く元の修行したり、みんなで楽しく遊んだ頃の生活に戻りたいです」（小学六年、女子）

「地獄はすごく怖いから、絶対に行きたくないから、オウムに帰りたい。戦争が起きたら怖いから、オウムに帰りたい」（中学一年、女子）

「早くオウムに帰りたい。オウムに返せ」（小学4年、男子）

こうした内容はその日の出来事を書くようになってからも時折出てくる。子どもであっても自分たちが信じてきたものは容易に壊せないということなのだろう。しかし、一六日の麻原逮捕によって自然に崩壊していく。この日の日記には、麻原逮捕のことはこう書かれている。

「久しぶりにテレビで尊師を見た」（中学三年、女子）

「今日テレビや新聞でオウムのことを見た。マスコミや警察はひどいなあと思った。テレビでやっていることは間違っている。嘘だらけだった。新聞も同じだ。デッチあげもいいかげんにしろ！」（小学六年、男子）

「今日は所長さんが午前に五個アメをくれたのに午後もまたアメをくれました。うれしかったです。だけど、尊師が逮捕されたって、テレビで言っていたから悲しかった。だって、尊師は悪いことを何もやっていないのに逮捕されたからです。だけど、アメをもらったことはうれしかったです」（中学一年、女子）

「警察のバカ。だって、尊師は何もしていないのに逮捕するなんてとってもひどいよ」（小学四

年、女子）

「（雨で外遊びができないから早く天気になって欲しいと書いてから）あと、テレビで第六で麻原彰晃尊師が逮捕されたので、とっても悲しかったです」（小学五年、女子）

「今日は所長さんが午前に五個、午後に一三個くれました。うれしかったけど、尊師が逮捕されたのは嫌だったです」（小学六年、女子）

「今日、ニュースで尊師がつかまったと聞いた。午後、事務所で勉強した。あまりの時間にファミコンをした」（小学四年、男子）

「今日は嫌なこともあったけど、いいこともあったんだ。嫌なことは、麻原尊師が逮捕されたことをテレビで見たときショックだった。いいことは、所長が朝一人五個ずつアメをくれた。夕飯前にも可愛い模様の紙袋にアメが一三個入ったのを一人に一袋くれた。今は七個残っているよ」（小学四年、女子）

一一人分の日記のうち、三人は逮捕のことに全く触れていなかった。紹介した八人の日記で興味深いのは、三人までが矢崎からアメをもらったことと、麻原が逮捕されたことを同列に扱っていたことだ。それればかりか、逮捕の感想は紋切り型の表現なのに、アメの話は具体的である。

別の観察記録では日記のことを次のように分析している。

「日記にはそれからしばらくはオウムは何も悪いことをしていないと書き続ける。日記などにそう書くことで心のバランスを保っていたと思える。逮捕の事実には納得できない様子だったが、ある一つのふんぎりはついたように感じた」

実際、「保護中期」の後半に入ってから、達哉は大きく変わっていく。

五月二〇日、初めて職員を「先生」と呼ぶ。二四日の花火大会では大きな花火は怖がり、音のしない小さな花火を楽しむ。三〇日には自主的に庭の草花に水やりまでするようになった。

この頃から学習が始まったが、学力の遅れはなかなか取り戻せなかった。ただ各児相ともにオウムの子の知能は高いと判定しており、東京児相では「学校に通っていた一般の保護児童より学力の伸びは高かった」としている。ちなみに、洋一の知能指数は一三〇と抜群だった。

「保護前期」で子どもの心の奥底に亀裂が入ったとすれば、「保護中期」では本人も自覚できるほどに、現世と信仰の間で心が大きく揺れ出した、といっていい。

「私は、いまお舟に乗っているの」。これは前橋児相に保護された四歳の女の子が保護中期に話した言葉だ。心理判定員の稲岡隆之は「オウムから現世に向かう中間地点にいることを表した言葉ではないか」と解釈する。

「保護後期」（六月一日〜一二日）

表情はかなり柔らかく、明るくなってきた。冗談も交わし、落ち着きも出てくる。チックは時々ある。洋服噛み・唇の舐めまわしはほぼ見られなくなった。手洗い・後片付け・パジャマ更衣など基本的なことも身に付いてきており、自主的に行うこともできる。スキンシップを求め、甘えてくることが多く目立つ。悔しいときは相変わらずいじれる《ママ》が、「ありがとう」「ごめんなさい」も確実に増え、怖い・寂しい・嬉しいなどの素直な表現ができ始める。また、職員に対し、今まで呼び捨てだったのが、「〜先生」と呼ぶ声も聞かれる。野球をグループで組んで行なったり、夜の花火大会も大いに楽しんだりする。散髪を以前は拒

否したが、自分から「やって！」と言ってくる。ゲームボーイのとりこになったのもこの時期である。

日記には少しずつ、その日の様子を書くようになってくる。テレビ等のオウム報道に対しては、「ウソだ、でっち上げだ！」とは依然言うものの以前ほどのパワーはなく、諦めの表情さえ感じられる。

退所近くなり子どもの数が減ってくると、仲間を仕切る様子も見られ、子どもらしい無邪気っぽさが十分伺える《ママ》。退所が近いことが分かると、喜び、日本地図を持ってきて故郷のB市までの距離を測ったり、故郷の話をしてくれるなど、帰れることの嬉しさは隠しきれず、素直な行動が取れる。

（両親がいる）面会室に行くまで嬉しさを隠しきれず、笑顔がとても良い。両親に会った途端、素直になれず、椅子にふんぞりかえったりするが、そのうち父親の膝に乗ったりして甘えている。また、「連れて帰って！」と強くせがんだりもする。誕生日だといって、磁石を買う。

また、入所当初全く兄妹意識なく、両親のことなど一切口にしなかった妹とも、仲間に面会があると、「僕のお父さんやお母さんも来るって言ってた？」と、懸命に二人で聞く姿も見られ、抑圧されていたであろう家族への思いが、少しずつ芽生えてきたんだなと感じられた。

観察者は保護前期から達哉のチック症状に一貫して注意を払っている。チックは「人間関係のストレス」によって主に一八歳未満に発症する。よく知られているのは痙攣《けいれん》したようなまばたき

だが、洋服噛みや唇《くちびる》の舐めまわしも症状の一つではないかと思われる〈注16〉。相談所内での集団生活によるストレスもチックの原因となることから、とりわけ注意深く観察したのだろうが、オウム時代とそれ以前のことが不明であるために原因を特定することはできない。ただ、「チック症状あり。口のまわりを舐めまわす。洋服噛みがひどく、一日で胸部をボロボロにしてしまう」（前期）、「チック症状はひどくなっている。口の周りに荒れがある」（中期）、「チックは時々ある。洋服噛み・唇の舐めまわしはほぼ見られなくなった」（後期）と改善してきている。

保護中期前半にあたる五月一三日には理髪師を所内に呼んで散髪を行ったものの、達哉を含め五人が拒否したが、二一日後の六月三日に達哉は髪を切って欲しいと自ら申し出ている。後期に入っての特徴的なことの一つである。達哉が職員に頼んだときの場面は子どもらしく、微笑ましい。六月三日付の達哉の別の観察日誌を引用する。

「皆でテレビを見ている場面。側にいた女性職員に、『髪が邪魔だな……』と何気なく話し掛ける。『少し切ってあげようか？』と答えると嬉しそうにうなずく」

頭は尊師以外触ってはならず、尊師以外の人に触られると霊的エネルギーが下がる。この教義の呪縛から達哉はようやく解放されたのである。

六月一〇日、水鉄砲で遊んだあと、職員にどうだったと聞かれ、達哉は初めて「楽しかった」と答えた。矢崎のいう〝三無い主義〟が薄れ、現世の楽しさを素直に認めた瞬間だった〈注17〉。

後期に入ってからの大きな変化は達哉に家族意識が蘇《よみがえ》ったことだ。六月四日付の同じ日誌を再び引用する。

「S子と母親の面会を見て、S子の母親に（妹の）T子とともに『俺たちのお母さんも来るって言ってた？　明日来るかな……』と聞いている。本児の口から母親の話が出たのはこれが初めてである」

六月四日、S子と母親は面会のあと、相談所の前庭でしっかりと抱き合った。職員の涙を誘ったほど感動的なシーンだったという。その光景に達哉も刺激され、たまらなくなって、S子の母親に「俺たちのお母さんも来るって言ってた？」と妹と一緒に質問したのである。心の奥底に凍らせていた母への思いが噴き出し始めたのだ。また、前述の記録にある通り、妹と初めて一緒に行動したこのとき、兄妹意識も同時に芽生えてきている。

両親はすでにオウムから脱会しており、相談所が達哉を保護し続ける理由はなくなった。六月一二日の午前六時三〇分、達哉は妹とともに両親のいる故郷に職員と警察官とともに向かった。

六〇日前に保護されたときは、感情に乏しく、教養の影響は強く、頭の中にあるのは尊師（オウム）と悪（現世）しかなく、基本的な生活習慣はまるで身についていなかった。それが、時間をかけて新しい体験を経験したことによって、最低限の生活習慣が身につき、教義の影響は薄れ、子どもらしい感情が蘇った。この達哉の変化の軌跡は、保護されたオウムの子のほとんどに共通するものであった。

洋一もこのような過程を経て変化し、その後の地域社会との交わり、親子一緒の生活などによって、オウムが「過去の出来事」になったのである。ただ、最年少解脱者だっただけに、洋一は少々「しぶとかった」（矢崎）。

達哉の退所後の話を続ける。

達哉が去ってから相談所に残ったのは最年少解脱者の洋一を含め四人となり、六月二六日からは、庭で母親と抱き合ったS子と洋一の二人だけになった。

「しぶとい野郎でね」。当時所長だった矢崎司朗は洋一のことになると目をほそめる。達哉が髪を切った時点でも、洋一はまだ頭を触らせなかった。ある日、矢崎は洋一とS子をスーパーマーケットに警護つきで連れていった。二人は興奮した。もう一回連れていけという。矢崎が「髪の毛がぼうぼうだから、もう連れていけないな」と話すと、洋一は「所長さんだったら、切ってもいい」と答えた。

七月三日にS子が去り、洋一ひとりになった。矢崎は土日にこっそり洋一を自宅に招いた。洋一は矢崎の家に上がると仏壇を見咎《みとが》めた。「仏壇は閉めろ」。「ほんとうにしぶとい野郎でして」と矢崎は笑う。しかし、すぐに洋一は矢崎の家族にとけ込んだ。七月八日からも三日間、洋一を自宅に招き、かわいがった。親との面会に頑なだったときもあったが、矢崎の家から故郷にいる母親に電話したときは、ふだん聞いたことのないような甘えた声を出したという。矢崎と洋一が自宅でくつろいでいたときは、まだ坂本一家の遺体が発見されておらず、宗教法人の解散をめぐって世の中は騒然としていた。当時の常識からすれば、相談所の所長が自宅にオウムの子を泊めるなど信じられないことだった。矢崎は「洋一の心を早く和ますには自宅に招いたほうがいいと判断した」という。

矢崎の家族ぐるみの温かいもてなしに、洋一はまた心を開いた。

七月一二日、洋一はみんなに見送られながら相談所の門を出た。そのあと、羽田で静岡児相に保護されていた洋二と合流し、北国に飛び立った。

洋一の退所のことに触れている記録は「これでようやく、当所におけるオウム真理教の子どもたちの一時保護は終わったのである」と締めくくられていた。行間から安堵の溜め息が聞こえてきそうだ。しかし、オウムの子にとってはこの日からが新たなスタート、現実社会との格闘が始まる。学校生活に馴染みながら学力の遅れを取り戻し、親子関係を修復しなければならない。

親に会いたがらない子どもたち

現世での新たなスタートという点では親も子も同じだが、親子がそれぞれに抱く気持ちは微妙に異なる。それを理解するには、相談所での親子面会が実現するときの経過を知っておいたほうがいいだろう。

子どもが保護されたとき、母親たちは山梨児相に「子どもを返せ」と連日押しかけた。小奇麗なスーツを調達し化粧をするなど組織的な動きではあったが、子どもを返してという心情に偽りはなかった。しかし、このときには自分の胸にではなく教団施設に連れ戻したかっただけである。

親たちはその後しばらくして、青山にあったオウムの東京本部に呼び出された。正大師だった上祐史浩が淡々とした調子で語った。

「子どもを捨てて出家信者として解脱の道を選ぶか。それとも子どもを引き取って在家信者になるか。どちらか選んでください」

元信者の遠山紗綾がこのときの模様を話す。「四〇人ぐらいいたでしょうか。現世を捨てて出家したのにという思いと、子どもを捨てることはできないという思いの間で、みんな葛藤していた。在家の道を選んだ人が圧倒的に多かったが、中には出家を選んだ人もいました」

在家の道を選んだからといってオウムを捨てるわけではないが、出家生活より親子一緒の生活を望んだわけである。その意味では親の心が子どものほうに一歩近づいたのは間違いない。

在家に戻ってからは耳を塞ぎたくなるようなオウム報道の洪水だった。

「土谷容疑者『松本サリン』関与を供述」（五月一七日）、「坂本一家オウムが拉致」（五月二二日）、「都知事あて爆弾もオウム」（六月一一日）……。

洋一の両親がオウムの夢からきっぱりと醒め、サリン散布は麻原の指示だと思うようになったのは、知り合いだった落田耕太郎が麻原の指示で九四年に絞殺されたという六月一四日の報道だった。親しかった人が殺され、殺していた。それを知って脱会した人は少なくなかった。

組織的にではなく個々に相談所に子どもとの面会を求めたのは、一部には脱会を装ったケースもあっただろうが、多くは組織を離れた親たちだった〈注18〉。そうした親からすれば、親子離れ離れになる原因がなくなったのだから、親が会いたいと言えばわが子も喜んで応じるという思いがある。しかし、相談所はなかなか会わせてくれない。元信者の中にはそのことを不満に思った者もいたが、実情は相談所が会わせないのではなく、子どものほうが嫌がったからである。

東京児相の所長だった甘楽が話す。

「がまんして親のことを言わない子もいましたが、最初から親に対する意識がない子もいた。ともかく、みんな親に会うのを嫌がった。それで親子であることの体験学習が必要だと、親子一緒にいろんな体験をさせたんです。極端にいえば狼に育てられた子たちですから、いきなり、私たちはおまえの親だと言っても無理ですよ」

山梨児相でも同じだった。ある女の子は親が来たら身体を硬直させ、そのあと逃げ出してし

まった。矢崎は、素直に感情表現できないからだと見ていたが、逃げ出す姿を見て、「これは、本気で、親に会うのを嫌がっているのだ」と考え直した。その後も女の子の親は面会を求めてきたが、いずれも答えはノーだった。その子がようやく了承したのは五回目に親が児相を訪問したときであった。はたして親子の信頼関係は回復するのかと職員は心配していたが、二度目の面会のあと親子はしっかり抱き合った。この子どもが前出のS子である。こうした経緯があったから、職員は親子の抱擁に涙を浮かべたのだ。

なぜ、子どもは親に心を開かないのか。何人かの児童心理の専門家に取材したところ、理由は大きくは二つあげられる。一つは、教義の影響である。この影響は学習能力の高い年長児になるほど大きい。

もう一つは、親への不信感である。突然の親子分離を、子どもは「親から捨てられた」というメッセージとして受けとめる。とりわけ、親子分離の意味を理解できない、親との愛着関係を形成中の二、三歳の子どもにとっては強烈な体験で、このメッセージを受け入れることは耐えがたいことだ。中には防御反応として親の存在を意識下に凍結させてしまった子もいるのではないか。甘楽がいう「最初から親に対する意識がない子もいた」というのは、そうした子どもたちだったのではないかと思われる。

子どもの心情を理解するには、元信者の遠山紗綾が何度かオウムの世田谷の託児所に面会に行ったときの話が参考になるだろう。遠山の子が託児所にいたのは一歳四カ月から二歳四カ月までの一年間である。

「第一段階は、会ってから帰るときに泣いて私のあとを追いました。これが何度か繰り返された」

これは保育園でもときおり見られる朝の光景である。

「第二段階になると、私の顔を見ると世話係のうしろに隠れ、世話係に『ママ!』と言うんですよ。係が『違うでしょ、ママはあっちでしょ』と言っても、しばらくは私に寄りつこうとしない。すごくショックでした」

この段階で、親に対する意識を抑圧するようになったと思われる。

「第三段階は、私の顔を見たとたんに倒れて、泣きわめきながら、手足をバタつかせる。『起きよう』と語りかけても、起きようとしない」

親の顔を見ただけでパニックを起こすまでになってしまっていたのだ。

オウムの戒めに反して子どもに何度も会おうとする遠山紗綾は優しい母親だと思うが、子どもからすれば面会に来てもすぐに帰ってしまう母親としか映らない。今日こそは長く居てくれるかと期待してもいつも裏切られる。そうした体験が積み重なれば、会った瞬間に母が去っていく場面が想起され、心のバランスを失ってしまうのである。

表れ方は異なるが、似た現象は第三章で取り上げる統一教会の子にも見られる。

親子分離は私たちが想像する以上に子どもの心を傷つける。これに関する意外なエピソードを紹介しよう。

遠山紗綾の子どもは、親子一緒に暮らすようになってからしばらくの間、どうしたわけか、白い手袋をした人やガードマンなど制服を着た人に脅えた。遠山は過去を振り返りながら思い巡らしたが、思いあたることはない。しばらく経ってからはたと気がついたことがあった。それはこういうことだ。

強制捜査が近づいたために、遠山たちは子どもを世田谷から移し、亀戸道場で一緒に過ごすようになった。しばらくして、子どもは遠山の膝の上に乗って甘えるまでになった。信者仲間から「あんた、なに感激してんのよ。執着したらだめよ」と叱責されたが、束の間の親子の幸せだった。しかし、強制捜査で子どもだけが東京児相に保護され、親子は再び引き離されてしまった。親子で一緒にいたいと抗議をすると、警察官は「おまえら、いい加減にしろよ」と怒鳴った。このときの警察官が全員白い手袋をしていたのだ。母親から引き離される瞬間、子どもの脳に自分から親を引き離す悪い奴は「白い手袋、制服の人」と刷り込まれたのである。

子どもは親子分離に実に敏感である。警察による保護に私たちは胸をなでおろしたが、あのとき親と一緒にいた子どもの感覚からすれば、また引き離されてしまうという恐怖以外の何者でもなかったのだ。

白い手袋を怖がっていたとき、子どもは遠山に「ママ、どこにも行かないでね」と繰り返しいっていたという。分離不安を訴えるストレートな叫びである。

その後も様々な症状を示した遠山の子どもだが、オウム体験や親子分離の影響が全くなくなったのは親子一緒に住むようになって一年後のことである。

遠山紗綾が話す。

「私が精神的に安定し、ようやく床から起きられるようになってからは、いつも抱っこして、『△△ちゃんは、私の大切な宝物だ』とささやき続けました。それで安定したのだと思います」

最初に少しばかり触れた、娘が麻原彰晃の写真を財布にしのばせていることを気に病んでいる父親が、強制捜査以後の親子関係のことを話してくれた。

「児童相談所に行っても三人の子どもは僕と目を合わせようとしないのです。完全に無視ですよ。三人が地元の児相から養護施設に移ってからもお土産を持って行ったり、外に連れ出してレストランで食事をしたり、野球をやったり、いろいろしました。六カ月以上経って、ようやく子どもの心が自分のほうに向いてきたなと手応えを感じました」

子どもが家に戻ってからは、集団登校の決まりがあったものの、毎日学校の送り迎えを続けた。保育園、幼稚園ならともかく、仕事をしながら小中学生の送り迎えをするのは並大抵の決意ではできないことだ。彼は心底うれしそうに話した。

「娘はまだ写真を離そうとしないし、三人ともオウムでの体験を口にしません。離婚した母親のことを一切話さないのも気にかかる。それでも下二人の男の子たちは私を信頼するようになったと感じています。家族がオウムに出家したのは私がきっかけでしたが、オウムを経験して一つだけ良かったことがあるとすれば、親子関係の大切さを学んだことです」

父親がこう話してから一年後、娘はボーイフレンドができたことをきっかけに麻原の写真を捨てた。父親のもとに戻ってから実に五年後のことであった。顔をくちゃくちゃにして喜んでいる子煩悩な父親の顔が浮び心が和むが、あと数年もすればこの一家が再び家族問題に直面すると想うと素直には喜べない。妻は強制捜査以後も在家信者をやめる気配がなかったため、父親は離婚して三人の子どもの親権を手に入れた。夫婦離別だけでも不幸なことだが、実は子どもは四人いて、一番上の長男は教義の影響が抜けず母親側についてしまっている。子どもたちが大きくなれば、最初にオウムに引き込んだ父親になぜ家族がバラバラになってしまったのか、問いただすことになるだろう。それを想うと気が重くなる。

洋一と洋二の両親も、遠山やこの父親と同じように子どもに対する愛情は強い。ところが、洋一はあっけらかんとオウム時代のことを話すが、洋二は一切口にしない。

洋一が教団施設に入れられたのは親の愛をたっぷり受け取ってからである。しかも、在家時代に最年少解脱者として認められ周囲に賞賛されている。「オウムは嫌だった」とはいうが、こうしたことが親子分離の負担を軽くしたのだと思う。

それに対して、洋二は親の愛が必要な二歳から訳のわからないまま施設に入れられている。遠山の子どもは一年間だったのに対し、洋二は五年間も、だ。そのうえ母親のそばに寄ったら冷たくされた体験を持っている。親から捨てられたという思いは洋一とは比較にならないぐらいに強いだろう〈注19〉。

しかし、洋二は赤ちゃんの頃の写真を何度も見て、お父さん、お母さんから愛されていたんだと確認する作業を行っている。私は、涙ぐむ母親の高子をこういって慰めた。

「今は赤ちゃんのときの写真でしょうが、そのうちだんだん一歳、二歳の写真をせがむようになり、やがて、なぜ親はオウムに入り、どうして自分を教団施設に入れたのかということになるでしょう。そのときになってオウムでの話を始めるのではないでしょうか。そうなったとき、洋二君にとってオウムが初めて『過去の物語』になると思います。もう少しですよ」

平凡な家庭にある日、ふとしたことでカルト（絶対的教義）が忍び寄り、家族の心を奪ってしまう。その結果、家族は解体する。数年後に家族が再生したとしても子どもの心の傷は容易に回復しない。

子ども部屋を覗くと、洋二は古びたワープロを使ってゲームらしきことをしていた。ゲームの

話をすると、乗ってきた。笑顔も見せた。小学校五年生にしては幼く、かわいらしい少年だ。宮本の家を辞去するときには玄関まで顔を出してくれた。私の心は温かくなった。

外は雪がまだ降っていた。

空港に向かうとき、洋二の笑顔を思い出していると、突然、元信者の高橋悦子の言葉が蘇った。「親には二つのタイプがあります。一つはステージが下がるのでなるべく執着をなくそう、執着心を見せまいと努力しているタイプ。もう一つは、人数はそれほど多くはありませんが、執着心がなくなり、子どものことに全く関心が無くなってしまった人たちです」

麻原逮捕後、親が出家の道を選んだために捨てられた子どもは今どうしているのだろうか。いやそればかりか、いまだ親が在家信者のままでいる子ども、両親が離婚して一方の親に引き取られた子ども、親から引き離されたうえに年上の子から首に縄をかけられ引きずり回された子どもはどうしているのか。そんな思いがよぎると、温かかった気分はいっぺんに吹き飛び、冷え冷えとしてきた。

〈注1〉「一〇八人」は朝日新聞（九五年七月一八日付朝刊）によるものだが、一一二人という説もある。
〈注2〉ことオウムの子どものことについては、保護されたときに新聞とテレビが報じたが、続報はほとんどない。保護されたときの記事にしても、一〇八人がどこで保護されたのか、さらに一〇八人なのか一一二人なのかもはっきりしない。その後、オウムに関する本やムック本はいくつか出版されたが、やはり子どものことには全くといっていいほど触れられていない。

〈注3〉「約二〇〇〇人」は『オウムをやめた私たち』（カナリヤの会編、岩波書店）。『「オウム真理教事件」完全解読』（竹岡俊樹著、勉誠出版）では「約一三〇〇人」となっている。

〈注4〉執着心を断つという理由でオウムは親子分離を原則にしていたが、お布施の多かった家族などは「徳が高い」として第六サティアンで親子一緒に暮らしていた。ある親子はドライブに出かけたことさえあった。また、第一〇サティアンでも理由は不明だが、「親子で一緒にいた家族もいた」（元信者の話）という。オウムは緻密で冷酷な組織のように思われているが、実際はいい加減で杜撰《ずさん》な側面もあった。『オウムをやめた私たち』参照。

〈注5〉毒ガス攻撃を言いだすようになってからすぐに外出禁止となったわけではないようだ。いつの時点かは特定できないが、元信者の話を総合すると九四年六月から七月にかけてのことだと推測される。

〈注6〉『カルト』（マーガレット・シンガー著、中村保男訳、飛鳥新社）では、カルトが子どもに被害を及ぼした例を三例だけあげている。そのうち、複数の子どもが保護されたケースとして「一九八八年、イクリージア・スポーツ協会というカルトクループで、八歳のダイナ・ローリー・プラウサードが殴打によって殺され、法執行官の手で五三名の児童が救出された」事件を紹介している。

〈注7〉『増補　発達臨床心理学』（中島誠編、成田朋子・高橋依子・庄司留美子著、ミネルヴァ書房）。同書では、具体例としてドイツの孤児院での出来事をあげている。
「修道女が子ども達の世話をしていましたが、ある修道女の担当の子ども達だけは、同じ食事をしているのに、体重や身長がほかの子ども達より伸びないのです。そこで担当者を変

更すると、栄養状態は同じ条件なのに、体重も身長も伸びだしたのです。くわしく調査をすると、その修道女は子ども達にとても厳しく接していることがわかりました」

〈注8〉「小児内科」（第二七巻第一一号、東京医学社）所収の「ネグレクトによる成長障害」（伊藤善也・他）

〈注9〉二七の児童相談所がオウムの子どもをケアし、その記録は相談所の書棚に眠っている。走り書きのメモもあるはずだが、それを書いた担当者の多くは異動となっている。指揮を執った児相の所長も私が取材した四つの児相では三人までが定年退職していた。書棚に眠る資料はいずれ倉庫に移されたあと、世代が代わって廃棄処分になるのではないかと懸念される。

〈注10〉子どもや親に対する扱いがひどい児相がいくつかあった。洋一、洋二兄弟の両親は地元の児相の犯罪者扱いする態度に憤懣やる方ない思いをしている。「山梨はとても良かったが、地元の児相はひどかった。特別な子を扱ってやるんだといった態度だった。子どもをなかなか帰してくれないので、何でもハイハイとひたすら低姿勢に終始した。屈辱的だった」と語っている。質の良くないケアによって予後の状態が良くない子どもがいるかもしれない。

〈注11〉入手した資料はこの「事例研究」以外にもいくつかの観察記録があり、ある記録には「幼児の中には、母を恋しがって泣く子がいたり、第一〇サティアンへ帰りたい、とつぶやく子も何人かいた」と記され、別の記録では「年少児さえも『お母さんに会いたい……』などと言う子は一人もいない」とある。当時の所内の混乱ぶりを感じさせるものだが、本文では所長の矢崎と元信者たちの証言とも照らし合わせ後者の記録を採用した。もっとも、

〈注4〉で触れたように第一〇サティアンでも親子で一緒にいたケースがあり、その子がつぶやいたのかもしれないが。

〈注12〉『心理学辞典』（有斐閣）では「愛着」を次のように説明している。
「多くの赤ん坊は生後6、7カ月になると、ほかの人が部屋を出て行っても平気なのに、母親が部屋を出て行くと泣き叫んだり、泣いている時にほかの人がいくらあやしても泣きやまないのに、母親が受け取るとぴたりと泣きやむ、というような行動を示すようになる。これは赤ん坊が母親という特定の対象に対して特別の感情を抱くようになったからにほかならず、このような特定の対象に対する特別の情緒的結びつきをボウルビィはアタッチメント（attachment）と名づけた。日本語訳としては愛着という用語が定着してきている」
愛着障害については『子どもの心の臨床』（中沢たえ子著、岩崎学術出版社）、『子どものトラウマ』（西澤哲著、講談社現代新書）を参照。

〈注13〉金子保著『ホスピタリズムの研究』（川島書店）
親の愛情は子どもの生命にも影響する。日本子ども家庭総合研究所の庄司順一（青山学院大学教授）の論文、『心理臨床プラクティス 第六巻』（星和書店）所収の「乳幼児の心理的デプリベイションからの回復をめざして」を引用しておく。
「欧米では今世紀初頭に施設児の死亡率の高さから、ホスピタリズム問題が注目された。すなわち、家庭から引き離されて施設で生活することを余儀なくされた子どもたちはほとんどが死んでしまったのである。たとえば、ドイツのデュッセルドルフ孤児院では、1903年の死亡率は75％を越えていた。（略）孤児院の小児科医はその原因を母性的な養護の不

足と考えて、子どもの世話をする看護婦にあやしたり、抱いたりすることを多くするようにさせたところ、十七年間に死亡率を17・3%にまで減少させることができたという」

〈注14〉テレビのことで一悶着《ひともんちゃく》起きたのは、一四日に翌日からのテレビ解禁のことを知ってしまったからだ。この頃毎日オウムのことが報道されており、子どもたちは早くテレビを見たかった。

〈注15〉漢字に変えるなど読みやすいように一部手直ししたが、言い回しなど表現は変えていない。

〈注16〉「チックとは、突発的、急速、反復性、非律動性、常同的な運動あるいは発声である」（アメリカ精神医学会編纂『精神疾患の分類と診断の手引（DSM－Ⅳ）』医学書院）。「症状はまばたき、顔を歪める、口をひん曲げる、舌を突き出す、頭を振る、手をぴくりと動かす、肩をぴくりと動かす、足を動かしたり、ドンドン音をたてたり、飛び上がる、腹部をぴくぴく動かす、胴体を動かすなど非常に多彩である」（『新版　精神医学事典』弘文堂）

〈注17〉オウムの子が保護された当時、マインドコントロール論がブームになっていた。この論が正しければ、オウムの子はマインドコントロールされており、マインドコントロールを解くべく心理療法が必要となる。しかし、山梨児相の矢崎たちはこの論に懐疑的だった。東京児相の廿楽《つづら》昌子は次のように述べている。

「私どもが接触した子どもは、年齢的にも自ら求めて入信したのではなく、親に従って特殊な生活環境で過ごし、その結果として、限られた生活体験を強いられ、教祖（尊師）の教示のみがすべて正しいと教えられていたが、それをマインドコントロールととらえられるかは断定しがたい。（略）

ただ、私どもは、子どもであるだけに、マインドコントロールという観点よりも、十分な判断能力をもたない幼小児期に、親の意志で外部との交流を断絶し、限られた情報の下の環境に生育させることが、児童の健全な発達を阻害している上に、親子が同居することができないことは、親としての監護養育を実質的に放棄していることであり、加えて、不潔、採光や食事・睡眠時間の制約など保護上も劣悪な生活を強いられ、体位にもその影響が見られること、教育権を奪われていたことなどから、児童虐待と見なして、児童福祉の立場から、子どもの保護と健全な発達の支援、親子関係の修復に対処したのである。

そのために、マインドコントロールからの軌道修正に対する『治療的』なかかわりではなく、より自然で、日常継続性の高い施設保護を方策としてとり、時間をかけて、子どもが自ら新しい体験に馴染み、とけ込むことによって、社会適応ができるよう配慮した。また、最終の目標である、親子が同居し、家族意識が持てるようになり、真の家庭を成立するため、親だけでなく親族等の協力も得ながら、理解を深めていった。私どもの真意が当初はなかなか伝わらず、拒絶感情もあったが、子どものすぐれた順応力が示され、総じてよい結果をもって経過した」（廿楽昌子著「宗教的環境と子ども」「精神療法」一九九七年六月号、金剛出版）

〈注18〉元信者の遠山紗綾によれば、亀戸道場に居た親の場合、脱会した人は少ないのではないかという。以下は遠山の証言である。

「強制捜査が近いから親子一緒にいたほうがいいという指示が下り、亀戸道場に親子一緒にこもっていました。五月一六日に捜査が入り、親子一緒に新宿の児童相談所まで移送され

た。そこまではいいのですが、相談所に着くと、親子バラバラにされ、親は再びバスで亀戸に戻された。親子で一緒に居たいと言うと、新宿まではとてもやさしかったのに、婦人警官ですら、目をつりあげて、『おまえら、いい加減にしろよ』と怒鳴る。警察官の態度が豹変した。みんな、カッとなりましたよ。あのとき、自分も保護されたいと思っていた親もいたんです。その後交流がないから何とも言えませんが、亀戸に一緒にいた人で私以外に脱会した人の例を知りません。この前、亀戸で一緒だった人にばったり道で出会ったら、まだやっていると言ってました。脱会しなかったのは、あのときの警察官の態度があまりにも悪かったせいだと思います」

〈注19〉洋一と洋二の違いは「愛着対象の内在化」という概念から説明できる。前出の西澤哲は『子どものトラウマ』で、次のように述べている。

「愛着が形成されないことの最悪の結果は、『対象の内在化』の失敗ということだろう。対象の内在化とは、自分を大切にしてくれる人を心の中にすまわせることをいい、これは愛着形成の延長線上に生じるものと考えられる。つまり、適切な愛着関係を経験した子どもは、自分を愛し、はぐくんでくれる親などのイメージを心の中に取り入れるわけである。この内在化によって、子どもは物理的に親から離れていても、心の中にすんでいる親といっしょにいることが可能となる。(略)何らかのストレス事態に直面した場合にも、心の中にすんでいる親が励まし、エネルギーを与えてくれるので、子どもはその事態を乗り越えていけるのだ」

愛着形成がなされていない子どもはトラウマになりやすいという。中沢小児クリニック院

長の中沢たえ子は「心の傷がトラウマとなるかどうかは親の対応がストレートに影響する」と、『子どもの心の臨床』で次のように述べている。

「(精神科医の)アンナ・フロイトは『家庭なき幼児たち』のなかで、ロンドンの大空襲をじかに体験した幼児のうち、その母親が落ち着いていた子どもはその時も、そしてその後の空襲でも怖がる様子を示さなかったのに、反対に母親が容易にパニックになった子どもは同様に怯え怖がり、さらにはその後も些細なことにもパニックになったと述べて、外傷体験(引用者注・トラウマのこと)発生の本当のメカニズムを明らかにしている。愛着の対象である母親に、自分が守られているという実感があれば、外傷体験となるはずのものがならなかったり、また、たとえ外傷体験を受けても、修復されることが早く、また可能なのである」

第二章　エホバの証人の子

ものみの塔聖書冊子協会

「いま、サタンが暴れまわっちょうけんね。この前、久しぶりに学校に顔を出したら、トイレに煙草の吸殻がいっぱい捨てられちょうだ。今の中学生が荒れちょうのは、やっぱサタンのせいだわね」

中学三年の中田智彦は出雲《いずも》弁まるだしで、ハルマゲドン（地球の滅亡）が近いことを語った。

彼の両親は、輸血拒否で社会的関心を集めた宗教法人「ものみの塔聖書冊子協会」、一般に「エホバの証人」と呼ばれる信者である〈注1〉。

エホバの証人の主な活動は、聖書を独特に解釈した隔週刊の「ものみの塔」と「目ざめよ!」（世界同時発行）を使っての聖書研究と伝道訪問で、智彦も小さいときから母親に連れられ、家々を回った。

といっても、今の彼は熱心な二世信者ではない。小学校五年になった頃から宗教活動に参加していないし、それがもとで父親とは毎日のように殴り合いの喧嘩をしてきた。集会に参加しなかったり、家庭での聖書研究に熱心でなかったり、節分の豆まきなど教団の戒律を破ったりすると、父親は智彦を布団叩きで叩いたり、拳骨で殴った。兄や妹もやられたが、智彦だけは力で対抗しようと考えた。

「ムチ（親の暴力のこと）が嫌で嫌でたまらんだったけん。小学校の五年まではいつもやられちょったけど、六年になってから闘うようになって、中学一年で互角。今では両親と僕との二対一で闘っちょうわね」

彼は何度か「闘う」を口にした。

中学生らしからぬ筋骨隆々《きんこつりゅうりゅう》とした身体は、父親と闘うために日頃から鉄下駄、鉄アレイで鍛練してきた成果だという。首筋にかなり目立つ傷痕があった。

「これかね、父さんに首を絞められたときの傷だわね」

智彦は中学二年から不登校になり、学校にはときたま顔を出すだけ。エホバが嫌で母の実家に逃げることもしばしばあった。だが、長く教団から離れていたというのに、いまだ終末思想を信じているのである。

家族は両親に高校一年の兄と中学一年の妹の五人。智彦以外は熱心な信者である。智彦と父親との〝闘い〟が起きることを除けば、いたって平穏な家庭だという。夕食の前には彼も家族と一緒に頭を垂れ、お祈りをする。食事をしていると、テレビから暗いニュースが流れてくる。内戦、官僚汚職、少年の殺人事件――。そのたびに両親は決まって真顔でこんな会話を交わす。

「またサタンが暴れちょう。ハルマゲドンはもう近いわぁ。早くみんなを助けてあげんと、ほんとに時間がないけん」

幼い頃から毎日こんな話を聞かされていれば、学校が荒れるのはサタンのせいだと智彦が考えるのも無理はない。

エホバの証人の聖書解釈によれば、現在、エホバ（神）とサタン（悪魔）が激しい闘いを繰りひ

ろげており、近くエホバによって、サタンに毒された「この世」と「この世の人たち」は滅ぼされる。そのあとに、老いも病いも苦しみもないバラ色の楽園、「神の王国」が建設され、唯一「エホバの証人」だけがそこに生き残り、永遠の命を手にすることができる。

一言でいえば「終わりの日は近い！」である。

それだからこそ、エホバの証人たちは聖書（新世界訳）を一刻でも早く広め、みんなを助けたいと真剣に思っているのだ。

伝道訪問で聖書に関心を示す人がいれば、「研究生」になってもらい、マンツーマンで聖書を教える。相手がこの教えこそ真理なりと確信するに至れば、教義問答などいくつかの試練を与えたあと、「バプテスマ」（洗礼）を認める。そうなれば、晴れてエホバの証人の一員だ。バプテスマを受けるまでに平均二年を要するというから、けっこうな狭き門である。エホバの証人になったからといって誰もが永遠の命と楽園での生活が約束されるわけではない。「エホバはあなたを見ていらっしゃる」は、教団内でよく使われる言葉である。「エホバの証人」であってもエホバ神の御言葉を伝えるべく布教活動をしなければ、ハルマゲドンのときに滅ぼされる側に回ってしまう可能性がある。そうなっては大変と、楽園での生活を夢見ながら、時間を見つけては冊子「ものみの塔」を片手に家々を訪問するのである〈注2〉。

信者が親なら、わが子も楽園に連れていきたいと願う。だが、エホバ神に気に入られる立派な二世に育てなければ、子どもは滅ぼされ、家族揃って楽園に行くことができない。そのために、炎天下だろうが吹雪《ふぶき》の中だろうが、智彦がそうされたように、伝道訪問に子どもを連れ歩くのである。

実は、智彦の母親は郷里にいる私の友人の姉である。彼女とは高校時代に議論をして、何度か説教された記憶がある。

「なんぼベトナム戦争反対運動なんかやっても意味がないけん。一九七五年がくれば人類は滅んで、戦死した人もそのあとにできる楽園に蘇ってくうけん」

彼女が何を言っているのか当時高校生だった私には理解できず、荒唐無稽なことをしゃべっているとしか思えなかった。ただ、真剣な態度で話していたことだけが印象に残っている。

戦死者が蘇るとはこういう意味だ。ハルマゲドンによって「エホバの証人」は生き残るが、教団が誕生する前や教団の教えに接することなく、つまりエホバの証人になるか否かの選択肢を与えられないままに死んでいった人たちもいる。そうした人たちは、神の王国が建設されていくにつれ、徐々に地上に復活し、楽園に生きることができる。あり得ない話と思うのだが、教団はともかく聖書にそう書いてあるからと主張し、復活する死者の数は二〇〇億人と推計する。彼女はこの教えを念頭に、戦死者は蘇ると私を諭《さと》したのだ。

あれから二十数年――。七五年とされていた教団の四回目にあたる預言は外れ、教義変更によって「終わりの日」は延長されたが、彼女はひるむことなく活動を続け、信者だった男性と結婚し、三人の子どもを立派な二世にしようとしてきた。

しかし、智彦だけはうまくいかなかった。そのために父親は智彦に暴力を振るい、なんとか更生させようと努めてきた。智彦の父親だけがとりわけ暴力的というわけではない。父親は教団が強調する聖書の次の言葉を忠実に実行してきただけのことである。

「子どもを懲らしめることを差し控えてはならない。むちで打っても、彼は死ぬことはない。

あなたがむちで彼を打つなら、彼のいのちをよみから救うことができる」（箴言《しんげん》二三章）

ほかのキリスト教団は箴言《しんげん》特有の誇張した表現と解釈するが、エホバの証人は字句通りに受けとめ、子どもをムチで打てば「この世」の影響、サタンの影響を取り払うことができ、楽園に連れていけると信じているのである。

子どものことに重きを置かないオウムの親子関係は疎遠だったが、「エホバの証人」はきわめて濃密である。子どもの未来は破滅か楽園かしかないから、親は真剣そのものなのだ。

不登校スクールに通う智彦の心はときおり揺れる。「サタンが暴れている。早く楽園が来て欲しい」と願いながらも、「ほんとうに来るだろうか」と疑問に思うこともある。そうであっても、教団が実質的に禁止している輸血に対する姿勢だけははっきりしていた。

「輸血されえだったら、死を選ぶわね。輸血されたら人格が変わってしまあけんね。それに、楽園にも行けなくなるし」

「闘い」を口にしていたときの勇ましい態度は消え、怯えたように話した。

ある教義を繰り返し教え込まれた結果、子どもがそれを真理だと信じるようになる。理解しにくい話だが、「オウムの子」は地獄を怖がり、麻原彰晃を世界の救世主だと思い込んでいた。智彦も教え込まれた結果、輸血を恐れるようになったのだろう。

これまで何度かエホバの証人の訪問を受けたことがある。話は噛み合わないものの、押しつけがましさがなく、真面目で控えめな態度には好感が持てた。訪問を受けた季節は夏が多かったせいか、「エホバの証人」と聞けば、こんな牧歌的なイメージが浮かぶようになった。

〈炎天下、小奇麗で清楚な身なりをした主婦が白い手袋に日傘をさし、幼子を連れて、玄関口

に立っている。子どもは身じろぎもせず、汗を滴らせながら、ドアが開くのを待っている。にこやかで穏やかな表情の母親とよく躾けられた子ども――〉

このイメージと智彦から聞いた話にはあまりにも落差がありすぎた。智彦の母親は高校卒業後職を転々としていたが、高校は工業高校の化学科だった。当時の合格難易度は進学校と同じかそれよりややレベルが上だったと記憶する。知性的だったし、温かみがあり、よく笑う人だった。友人の家を訪ねると、お姉さんらしくやさしくもてなしてくれた。二十数年前の記憶の細部をたどったが、少なくとも暴力を肯定するような人でなかったことだけは確かだ。いくら組織の教えがあるとはいえ、智彦が力で対決せざるを得ないほどの夫の暴力を、彼女がなぜ認めてきたのか不思議でならなかった。

「海老名ベテル」のエリートたち

彼女が変わったとすれば、それはなぜなのか。エホバの証人とはそもそもどんな団体なのか。同組織の日本支部がある神奈川県の海老名《えびな》市に向かった。信者たちから「海老名ベテル」と呼ばれる宗教法人・ものみの塔聖書冊子協会の本部である。

小田急線・海老名駅からタクシーに乗って一〇分。よもやま話をしていた運転手が「見えてきましたよ」と前方を顎《あご》でしゃくった。

白くて真新しい一二階建てと六階建てがそれぞれ三棟、ひときわ大きい八階建てが一棟、それより低い建物が数棟――。予想を超える建物の数々であった。つい、東京・信濃町駅前に蝟集《いしゅう》する創価学会本部のビル群の風景が浮かんだが、違うのは敷地が広く、樹木が多いことだろう。宗

教色がなく、看板がなければ大学や企業の研究施設のように見える。あとで聞くと、一二階建ては高さ四八メートル、敷地面積は東京ドームの一・五倍の七万二六〇〇平方メートルもあるという。

玄関のあたりに同じような見学者が十数人いた。男性はスーツにネクタイ、女性は同窓会にでも着ていくようなセミフォーマル姿だ。子どもはといえば、なんと蝶ネクタイ。イスラム教徒にとってのサウジアラビアのメッカの如く、ここはエホバの証人にとっての聖地なのだろう。「お客さんの少ない日曜日でも、ここと駅とのピストン輸送が入りますから、助かりますよ」という運転手の言葉を思い出した。

全体の概要を玄関脇ホールに据えられたビデオで観たあと、建物見学となった。案内してくれたのは広報部長の会田慶介である。

「ここの機能の中心は翻訳・印刷・製本など出版活動が中心です。六五〇人の兄弟姉妹（信者のこと）がここに居住して仕事をしています。そのほかに通いで仕事に来る人が一〇人から二〇人。子どものいない夫婦もいますが、独身者がほとんどです」

六五〇人は毎朝食堂に集まり聖書の勉強をしたあと、食事をとり、職場に散っていく。アメリカ本部から送られてくる印刷物を翻訳し、印刷、製本し、全国に発送する。それがメインの作業だが、それ以外に布教活動全般を調整する奉仕部門、無輸血医療の情報を提供するホスピタル・インフォメーション・サービス部門、法律部門、広報室、会計部門などがある。六五〇人の食事づくり、館内の清掃なども自前で行っているという。

七〇〇もの座席がある広々とした食堂はホテルの宴会場と見紛うほどに豪華で、清潔そのものである。食堂に向かう途中の渡り廊下からは富士山を遠望できる。六五〇人が席につくと、一三

人の信者がウエイター、ウエイトレスとなって給仕にあたる。清潔といえば館内全体の印象がそうで、病院の無菌室の如くチリひとつ落ちていない。六五〇人が寝起きする個室は、都市型ホテルのスイート・ルーム並みの広さで、パソコン、テレビ、冷蔵庫など生活に必要な調度がすべて揃っている。担当の兄弟姉妹が毎日清掃してくれているというだけあって、室内はきれいに整理整頓されていた。

しかし、智彦の家族のことを思うと複雑な気分になる。

智彦の両親は定職に就いたことがない。二人は朝四時から七時まで牛乳配達をしたあと、母親は家事・育児、父親は昼から四時間のアルバイトをはさんで、夜七時まで伝道訪問に歩く。既成のキリスト教団が布教活動をしなくなった今日、二人の熱心さはある種、感動的でさえある。父親のアルバイトが牛乳配達以外の唯一の収入で、月収は二人合わせて一七万円。「ランドセルとか服とか必要なものはほかのエホバの証人の人たちが融通してくれるから、それほど不自由に思ったことはない」と智彦は語っていたが、親子五人で一七万円はつましい。ベテルの豊かな生活ぶりとはあまりにも対照的だ。

一緒に見学していた信者はベテルで働く人をうらやましそうな目で見ていた。信者によれば、ベテルにいる六五〇人の若者は教団内の少数エリートで、親たちはいつか自分の子どももベテルで働けるようになればと夢見ているのだという。

海老名ベテルで圧巻だったのはやはりメインの印刷部門だった。高さが三メートルもある四台の大型オフセット輪転機は下から眺めていると、逆に見下ろされているような錯覚を覚える。最新の輪転機は「ものみの塔」を一時間に八万冊印刷することができるのだという。隔週刊の冊子

の発行部数はなんと日本の主要な週刊誌の三、四倍の一七五万部（全世界で毎号二二〇〇万部）。それ以外に一〇カ国の海外の書籍の印刷・製本も引き受けているというから、印刷工場とすれば日本でトップクラスである。

偶像崇拝を否定しているから、建物内には聖書以外にイエス・キリストやマリア像などキリスト教の臭いのするものは一切ない。宗教法人の本部というより巨大な印刷工場そのものである。そこに聖地を訪問するかの如く信者たちが正装してやってくるのはなんとも滑稽だが、エホバ神の御言葉は海の彼方からやってくるため、それが真っ先に印刷されるところに霊験あらたかなるものを感じるのだろう。

エホバの証人が誕生したのは今から約一二〇年前のことだという。一八八一年にアメリカのピッツバーグ市に「シオンのものみの塔冊子協会」が設立されたのが組織としての始まりだった。日本に上陸したのは元号が大正から昭和に変わる一九二六年のことで、途中で日本支部の創設者が組織の方針や活動のあり方に疑問を抱いたため一時壊滅状態に陥ったが、アメリカの宣教師の手によって四九年に再建され、それ以降拡大の一途をたどっている〈注3〉。

広報部長の会田慶介の説明によれば、現在世界の二三四の国・地域に五九一万人の信者を数え、日本の信者数は二二万人、信者予備軍ともいえる一五万人の「研究生」を含めると三七万人にのぼるという。世界の信者数が一〇〇〇万人を突破したのは六三年のことだというから、ここ三十数年間で急激に信者を増やしていることになる（数字はいずれも九九年八月末現在）。

宗教団体にありがちな水増し数字と思われるかもしれないが、その後「エホバの証人」に批判的になった元信者でさえこの数字だけは正しいと認めざるを得ないという。「毎月、信者一人一

人がその月の奉仕（伝道訪問）時間の報告書を提出します。それを提出した人だけを信者としてカウントしていましたから、公表数字は実数だと思います」

ちなみに、『宗教年鑑』（平成一一年度版、文化庁）によれば、日本のカトリックの信者は約四五万六〇〇〇人、プロテスタントは約四五万九〇〇〇人である。布教所の数は、カトリックが二〇五六、プロテスタントが五六七八となっている。偶像として「教会」を否定しているエホバの証人にはこれに該当するものがないが、信者が週三回集う「王国会館」（集会場）は全国に二四〇〇あり、そこに集まる「会衆」（一〇〇人前後の基礎組織）と呼ばれる組織は三八〇〇を数える。

こうした数値から言えば、キリスト系教団としてエホバの証人は信者数で三位、施設数では第二位ということになるが、カトリックとプロテスタントの信者数には洗礼したあと教会から足が遠のいた人が含まれている。とりわけカトリックの場合は幼児洗礼を受けただけの形ばかりの信者が多く、実質的な信者数ではエホバの証人がカトリックを上回っているのは間違いないだろう。

教団の組織は中央集権的なピラミッド型になっている。

カトリックのバチカン市国に相当するのがニューヨークのブルックリン地区にある本部で、「統治体」と呼ばれる、七〇~八〇歳代が中心の一三人のメンバーで構成される組織が最高組織である。彼ら老人を指導するのがイエス・キリストであり、その上に唯一絶対の最高指導者エホバが君臨するという構造になっている。ニューヨークの本部のもとに世界に一〇九の支部があり、それらを地帯監督が指導にあたる。

海老名にある日本支部は八人の委員（日本の最高指導者）で構成され、支部の下に地域監督（四〇地域、一二人）、巡回監督（二〇〇人）、会衆（三八〇〇。三人の長老が一会衆の指導にあたる）、信者（二

二万人）、研究生（一五万人）が連なる。ある信者の話によれば「伝道者にとって巡回監督は権威・権限から見て、都道府県の知事のような感覚で受けとめている」というから、私たちの社会の中に日本とは別の、中央集権的な「王国」があるといってもいいだろう。

体罰は子どもの命を救う？

二時間近くの見学が終わったあとで、会議室で会田たちと向き合った。エホバの証人の二世だという会田は三五歳の独身者で、海老名ベテルの一員であるとともに、横浜のある会衆の「長老」をしているという。端正な顔つきで、外見からはエリート銀行マンのような印象を受ける。

会田たちは一九九二年九月八日号の「目ざめよ！」のコピーを用意していた。それを見ながら、〈懲らしめ〉について説明を始めた。「『懲らしめのむち棒』それは時代後れですか」と題した文章にはこう書かれていた。少々長いが、言い回しが興味深いので引用しておく。

「体罰は必ずしも最も効果的な教え方とは言えないということが認められています。箴言八章三三節では、『懲らしめに聴き従（え）』とあり、『懲らしめを感じ取るように』とは述べられていません。また、箴言一七章一〇節では『理解ある者にとって、一度の叱責は愚鈍な者を一〇〇回打つよりも深く入る』と指摘されています」

「効果的な懲らしめには限度というものがあります。『わたしはあなたを適度に打ち懲らさなければならない』とエホバはエレミヤ四六章二八節でご自分の民に語られました。身体的な懲らしめを与えるとき、このことを覚えておくのは特に大切です。幼児をたたいたり揺すったりするなら、脳の損傷や死という結果にさえ至ることがあるのです。教え正すという懲らしめの所期の目

的を踏み越えるなら、児童虐待に至りかねません」（傍点・引用者）

いったいに、教団の文章は結論がいかようにも取れるような曖昧な言い回しが多い。善意に解釈するなら教え正すという目的で適度にムチを叩くのは効果的だが、行き過ぎると児童虐待になると言いたいのだろう。だが、よく読んでも行き過ぎの程度をどのように考えればいいのかわからない。

会田の説明もこの文章の域を超えることなく、教団は最低限の体罰は必要と考えるが、それだからといって子どもを虐待したことはないと、表現を変えながら繰り返し述べるだけであった。適度な体罰とは、体罰と虐待の違いは、あるいは教団が預言するハルマゲドンの時期などについて延々と議論したが、はっきりとした回答は得られなかった。

ちらっと盗み見すると、机の端っこに、マスコミにはあくまで誠実に対応すべしといった取材の心得マニュアルと、私の取材を受けるにあたって準備したのだろう、想定問答集が置いてあった。二時間が経った頃から、次第に緊張がほぐれ、打ち解けた雰囲気になった。具体的に、智彦が布団叩きや拳骨で殴られていたことを話すと、二世として育った会田は何気なくこう語った。

「まあ、私も革のベルトで叩かれたことがありますけどもね」

エホバの証人の二世は、いったい、どのような懲らしめを受けてきたのだろうか。

横浜駅西口にある東急ホテルのフロント前でキョロキョロしていると、学生っぽい女の子が近寄ってきて「山本恵美ですけど」と名乗った。目の前に現れたその子は身長一メートル五四センチ、体重は七〇キロはあろうか。一カ月前に会った母親の聡子と同じようなすらりとした体型の女の子を想像していただけに、いささか面食らってしまった。会った瞬間、過食症ではないかと

思った。

彼女は生まれたときから中学一年まで、エホバの証人の二世だった。組織を離れてからすでに六年以上が経つというのに、いまだに自分でも理由のわからないことでイラついたり、ムカついたりすることがしばしばあるという。それほど彼女にとって「二世体験」は苛酷だった。

先に、彼女をエホバの証人に巻き込んだ母親の話から始める。

母親の聡子（四六）がエホバの証人の伝道を受けたのは七三年、今の恵美の年齢である一九歳のときだった。聖書研究を始めてしばらくしてから、聖書の言葉は真理だと確信するようになった。迷ったのは「エホバの証人」という組織が信頼できるかどうかだったが、マンツーマンで聖書のことを教えてくれる「司会者」（研究相手）の温和で誠実な人柄を見て間違いないと思った。

七五年にバプテスマを受け、四年制大学を卒業した七六年に「正規開拓者」になった。仕事を犠牲にして年間一二〇〇時間（当時）、伝道訪問に歩く人のことを教団内で正規開拓者と呼ぶ。聡子は弟や妹、その後結婚することになる青年などを次々と開拓した。エホバの証人に反対していた父親が亡くなると、母親にも聖書を教えた。

「もうすぐ終わりがくる。その人が死ぬ（滅ぼされる）とわかっていて警告しないことは正義に反する。そう思って伝道に励んだ。夏の暑い日に汗をふきながら家々を訪問していると、『ああ、伝道に生きている』と実感したもんです」

結婚後数年して恵美が生まれた。

出産予定日は週三回開かれる集会の日とぶつかった。特別な集まりの日ではないのに躊躇することなく出席したというから、聡子の教団への入れ込みようが理解できよう。

恵美の受難は誕生後一〇カ月目から始まった。聡子が振り返る。

「生後一〇カ月から叩くようにしました。集会で泣いたり、騒いだりすると、おしめを取って恵美のお尻を竹のモノサシで叩きました。王国会館の物置部屋が『懲らしめの部屋』になってて、静かにしないとみんな子どもをそこに連れていってムチを打ちました」

聡子が属した会衆の長老は「どんなに子どもが小さくても、集会中は静かにしなければならないことを教えましょう」と語り、長老を指導する立場にある巡回監督も「小さい子をしっかり訓練しましょう」と聡子たちに教えた。聡子たちが熟読した、信者向けのハードカバーの小冊子『あなたの家族生活を幸福なものにする』にはこう書かれていた〈注4〉。

「学齢前の時期は、生がいにわたって支えとなる一連の価値基準を子供たちに植え付けることを始める絶好の機会です。子供を訓練することはどんな職業よりも尊く、どんな仕事よりも重要です。そしてそれを始める時は、子供の誕生直後、その幼い時です」（傍点・引用者）

「体罰は子供の命を救うものともなります。なぜなら、神のみ言葉聖書には、『単なる少年から懲らしめを差し控えてはならない。あなたが彼を細棒（引用者注・ムチのこと）でたたいても、彼は死なない。細棒をもってあなたは彼をたたくべきである（略）』とあるからです（箴言二三：一三、一四。二二：一五、新）」

聡子たち会衆のメンバーは、子どもに教団の価値基準を植え付けること、そのために子どもを叩くことは聖書を実践することだと思っていた。

「竹のモノサシにしたのは温かみがあったからです。長老の奥さんに『あなたは手ぬるい』と叱責されたことがあります。そこの家では電気のプラスチックコードを用いていると言っていま

した。ある姉妹（女性信者）が目撃したところによれば、所沢（埼玉県所沢市）の長老は鉄のパイプや自転車のチェーンで叩いていたそうです」

にわかには信じられない話だが、聡子自身こんな話を聞かされて驚いたことがあったという。川崎市に住む高校生の二世が誇らしげに聡子たちに語った言葉だ。「今の一世は手ぬるいよ。ぼくが小さい頃なんか、身体を縛られて、お風呂場で思いっきりゴムホースでやられたもんだ」。思わず、会田の顔が浮かんだ。会田も革ベルトで叩かれたことを虐待と感じていなかった……。

子どもは叩かれれば泣く。泣けば普通の親なら叩くのをやめる。聡子たちはそうではなかった。

「当時の長老は、『泣く、ということは悔い改めていない、反抗の表れだ。泣くのをやめるまで叩きなさい』と教え諭した。それで私もそうした。もっとも物事がわかるようになってからは、悪いことをして正直に告げたら三回、嘘をついたら一〇回叩くという風にしましたが……。でも、そんなにしょっちゅう叩いていたわけではありませんよ。それにお尻しか叩かなかった」

ムチのお仕置きで印象に残っていることを聞くと、「恵美がよちよち歩きぐらいのときでしょうか、近所の研究生の家で一対一で聖書を教えていたら、研究生の子どもとそこの家にあったオモチャのブロックの取り合いになった。私たちは勉強を中断せざるを得ない。それで『神様の御言葉を伝えることができないでしょ』と叱りました。どんな風に叩いたのかは覚えていませんが……。遊びたかっただろうに、悪いことをしました」と答えた。

聡子は見るからに聡明そうで「優しそうなお母さん」である。「こうなるまでにずいぶん時間がかかりました」と笑うが、じめっとしたところがないから、言葉を選んで質問する必要がない。「エホバの証人をやめてから恵美には泣いて謝りました」という。これまで娘にしてきたことを

しっかりと受けとめ内省しているようで、救われる思いがした。

だが、恵美の話を聞いて、そんな思いは吹っ飛んだ。

研究生の家でブロックの取り合いになって怒られたことは恵美も記憶していた。だが、それ以外はかなり違った。聡子は「そんなにしょっちゅう叩いたわけではない」と語っていたが、恵美は「一週間のうち叩かれない日はなかった。毎日だったかもしれない」という。ムチを打つ側と打たれる側とでは受けとめ方だけでなく、記憶にも大きな隔たりがあるようだ。

子連れ伝道訪問の真実

恵美の記憶を綴ることにしよう。

彼女の記憶は三、四歳ぐらいから始まる。家族と遊園地に行ったというような子どもらしい、いい思い出は一つもなく、記憶にあるのは叩かれたことばかりだった。

週三回、王国会館で開かれる集会は、日曜日を除けば火曜日と木曜日の夜七時から始まった。火曜日のほうが長く、集会とその後の打ち合わせを終えて王国会館を出るのは一〇時を回る。三、四歳の子にとっては退屈だし、眠い。そのため、集会中にキョロキョロしたり後ろを振り向く。子ども同士で私語を交わす。うとうとする。そうすると、母親の聡子は手や足をつねる。それでも直らないと、皮がむけるほどつねった。

「三、四歳の子は普通、夜七時に寝るでしょ。伝道訪問で長時間歩いたあとだから、集会中眠くなりますよね。つねられて、目を開けてなきゃあと思うんだけど、つい瞼《まぶた》が閉じてしまう。すると、お仕置き部屋に連れていかれる。母が冷静なときにはお尻を叩きますが、カッとなるとス

リッパで頭を殴ったりする。叩かれると痛い。痛いから泣くのに、反抗的だとまた叩かれた。鼻血が出たこともたびたびありました」

聡子は竹の定規で叩いていたというが、恵美の記憶によれば、そればかりではなかった。父親のズボンのベルト。スリッパ。布団叩き。太い電器コード。洋服ブラシ――。聡子の記憶とはずいぶん違う。

「母にとって叩けるものだったら、なんでも良かったのでは。ブラシは柄の尖ったところで思いっきり殴られた。小学校高学年になると、お尻を出せと言われても素直に従えませんよね。そうすると、腕や足を叩いた。赤ちゃんの蒙古斑《もうこはん》のような痣《あざ》は中学に行くまで消えたことがありませんでした。首根っこをつかまれて引きずり回されたなんてこともしょっちゅうあった」

こうまでやられれば〝立派な二世〟になるか、不満を鬱屈させたまま大人になっていくか、あるいは智彦のように親に暴力で立ち向かうようになるかのいずれかだろう。そういえば、二一二万人のエホバの証人の半数近くは二世だと言われている。

二世の多くは幼稚園や保育園を経験したことがない。サタンに毒された「この世」との交わりを組織が嫌うからである。「この世との交わりはできるだけ控えましょう」。冊子「ものみの塔」にしばしば登場し、教団内でもよく使われる言葉である。自ら信者になった一世がこの教えに従って近所との付き合いは挨拶程度と控えるのは自由だが、それを子どもにも実行させようとすれば友だちができなくなってしまう。

実際、恵美は六歳までは弟としか遊んだ記憶がない。子どもが砂場に遊びにやってくると、恵美はその場からさっと離れた。一緒に遊んでいるのを母に見られると、なぜ「この世の子」と遊

ぶのかと怒られるからだ。恵美に限らず、就学前はきょうだいとしか遊ばなかったという二世は少なくない。ある二世は、小学校にあがってからも母親がいないときに友だちを家にあげることは禁止されていた。

この世と交わらずに恵美は一日をどうやって過ごしていたのか。以下は就学前の恵美の一週間である。

午前中は母親と一緒に伝道訪問に歩く。昼食を家でとったあと、母親と研究生で行う聖書研究会があるときはそれに付き合い、それがない日は午前中留守だった家を再度訪問する。夜は家で母親と聖書の勉強。火曜日と木曜日の夜は集会に参加する。日曜日は午前中が集会、午後は伝道訪問だ。

毎日が伝道の日々である。聡子が「ああ、伝道に生きていると実感した」というのもうなずける。恵美は伝道訪問が嫌で嫌でしかたがなかった。

「午前中だけで三時間でしょ。それもすごい勢いで引っ張られながら歩く。小さい子にとっては厳しいですよ。それを母はわかろうとしない。雪の日、長靴の中に雪が入る。冷たいから泣くじゃないですか。そうすると怒られる。母にとって私のことなんか関係なかった。ただ、エホバの証人に熱中しているだけだったと思います」

あとの話になるが、小学生ともなれば友だちとの付き合いが始まる。伝道訪問がある時間に友だちと遊ぶ約束をする。母親は認めない。当然、伝道訪問に歩くとき恵美は不機嫌な顔になる。そうすると、聡子は恵美を陰に寄せて、ほっぺを叩いたり、つねったりしながら、長々と説教した。

これが、〈にこやかで穏やかな表情の母親とよく躾けられた子ども〉の真実の一面である。

ある家で「こんな小さい子を引きずり回して！」と詰《なじ》られたことがある。母親はにこやかに「この子が好きでやっています。自主的にやっています」と答えた。玄関のドアを閉められると母親は「この人は救われないね」とつぶやいた。恵美は〈なんで、私が思っていないことを話すんだ〉〈愛ある宗教だと言っているくせに救われないなんて〉と反発し、〈エホバの証人はもういや！〉と心の中で何度も叫んだ。しかし、それを口にしたり、表情に出したりすれば殴られる。

何を想いながら、母親と一緒に歩いていたのか。

「空想の世界に入るんですよ。絵本、たとえば白雪姫の世界に入り込んで、自分で遊ぶんですよ。そうすると、伝道訪問のために歩いていることを忘れ、けっこう楽しむことができました」

一瞬、胸がつまった。『ドラえもん』のテレビを見ているとき、子どもは親が何を言っても聞こえないほどにすべてを忘れ、物語の中に入り込んでいる。恵美は自分で物語をつくり、ひたりきっていたのだ〈注5〉。

クリスマスや年賀状も御法度

白雪姫の世界に逃げ込むことができたうちはまだ良かったのかもしれない。学校生活が始まると、否応なくこの世との交わりが始まり、そうはいかなくなる。

もちろん、子どもたちはこの世の子と交わりたい。学校で友だちをつくり一緒に遊びたい。ところが、そこに大きな壁が立ちはだかる。交わりは控えよの言葉の呪縛だけでなく、教団の戒律によって学校生活、日常生活が束縛されるのだ。

戒律は無数にあり、とりわけサタンが地上につかわしたとするほかの宗教の影響を受けた行事

への参加は固く禁じられている。

クリスマス、七夕、ひなまつり、端午《たんご》の節句《せっく》、節分、正月、誕生会、焼香、祭り、結婚式――。日本の行事、冠婚葬祭のすべてといっていい。教会や神社・仏閣の境内に入ることも、元旦に「明けましておめでとう」と挨拶するのも、年賀状を書くことも、御法度である。

宗教が絡まなくとも、聖書の独特の解釈から生まれた禁止事項もやたら多い。

君が代・校歌斉唱、クラス委員選挙から国会議員選挙まで選挙のすべて、プロレスごっこや柔剣道などの格闘技一切、格闘の場面が出るテレビ番組・映画、ロックやジャズ、ドラッグという歌詞が出てくる歌、鯨肉《げいにく》の摂取、輸血。教団の戒律は細かく分類すれば三〇〇〇にも及ぶと指摘する人もいる。

とりわけ、男女交際に関してはラブシーンが登場するテレビ番組や映画すら見てはならないとされるほどに厳しく、バレンタインデーのチョコレートはもとより、ラブレターのやりとり、独身の男女がみだりに近づくことさえ戒められている。こうした厳格さは、異性を意識する年齢の子どもたちを苦しめることになる。戒律に背けば、教団の審理委員会（「王国」内の裁判所）にかけられる。反省して悔い改めなければ「排斥処分」が下され、組織から追放される。バプテスマを受けたある二世は中学三年のときに男女交際を理由に排斥処分を受けている。長老にもなってい る四九歳の二世は王国会館の玄関口で独身女性の髪に身体が触れたというだけで審理委員会にかけられた。

組織的な処分ばかりでなく、戒律を破れば「滅ぼされる」という恐怖心に襲われる。恐怖心の凄さは輸血を怖がる智彦の言葉を思い起こせば理解できよう。

一つひとつの行為が戒律に背くかどうか、子どもたちは敏感だ。

キャンプファイアは学校で行われる合宿の恒例行事である。トーチに火をつけるとき、子どもたちは歓声をあげ、最大に盛り上がる。ある二世はそのときになると、みんなの輪から離れた。「親からそのようにしろと言われたことはありませんが、火の神が関係するのではないかと自分で判断するんです。行事を見た瞬間に参加していいかどうか二世にはわかるのです」という。

広報部長の会田慶介に質問してみた。「住民同士の交流を図るために団地で夏祭りをやりますよね。自分たちで段ボールかなんかで神輿《みこし》みたいなものをつくり子どもたちに担がせて、みんなで楽しむ。あの神輿を担ぐことも禁じているのですか」。会田は眉間に皺を寄せながらしばし沈黙したあと答えた。「その神輿が宗教上に由来するものか、細かく見ていく必要があるでしょうね」

本人の意思で信仰生活に入った一世が戒律を守るのは自由だが、それを強要される二世はたまったものではない。とりわけ、先の節分、七夕などは学校でも行われる行事であるため、参加しない二世たちは白眼視される。

それればかりではない。恵美が語る。「単に参加しないだけならいいけど、みんなの前で『私はエホバの証人です。だから、七夕集会には参加しません』と証《あかし》をしなければならなかった。とても嫌でした」。新しい宗教が胡散臭《うさんくさ》く見られる時代にあって、わざわざ自分が属する宗教団体名を明かすのは奇異なことのように思えるだろう。だが「エホバの証人」は名前の如く、エホバ神の御言葉（証言）を伝えることを使命としている。子どもであろうと「証」から逃れることはできないのだ。

証は二世にとってもっとも嫌なことの一つである。恵美も当然、抵抗した。

「前の夜は言いたくないと、母親に泣きながら訴えました。学校の七夕集会に宗教的な意味なんかあるわけがない。飾りつけした笹の葉の横でゲームをやるだけ。先生に相談すると、出なさい。母は出るな、証をしろ。もう、分裂しそうでした。当日は参加したかったのに、みんなの前で証をしたあと、教室の片隅でじっとしていた。あんなに辛いことはなかった」

クラス委員の選挙があるときでも、単に白紙を出すだけではすまされず、「選挙に参加しない」とやはり証をしなければならなかった。

クリスマス会、誕生会で、みんながわいわいがやがやしているとき、恵美はいつもひとりぼっちだった。

あの子は付き合いが悪い、宗教に入っているんだってと冷たい視線を受け、クラスの輪の中に入ることができなかった。イジメはすぐに始まった。

叩かれる。物を壊される。盗まれる。ノロマ、バカと呼ばれる。

「なぜ、おまえだけ参加しないんだとよく言われた。下校班で家に戻る途中、『おまえ、ムカツク』とよく叩かれました」

恵美は一度だけキレて、靴を振りかざし「私をいじめるな」といじめた子を追いかけ回したことがある。それを同じエホバの証人の子どもに目撃され、まわり回って、母親に知られてしまった。母親は「エホバ神は争いごとを好みません。がまんしなさい」と恵美を叱った。

様々な宗教に寛大なアメリカでは、学校でエホバの証人の二世が差別されることは少ない。しかし、日本ではそうではない。いじめられたのは恵美だけではない。ほかの二世たちも私にこう

語っていた。

「小学校から高校まで、教室でいつもぽつんと一人でいた記憶しかありません。中学のときはエホバ、クリス（クリスチャン）、拝み屋というあだ名を付けられ、からかわれていました」（三四歳、男性）

「小学校高学年からいじめられました。それが原因だと思うのですが、アレルギー性鼻炎にかかって洟《はな》がよく出るようになった。それでまた汚いといじめられた。中学に入ってからはシカトされました。仲良くしてくれたのは三、四人。男子は全員いじめるほうに回った。机の上に砂をまかれたり……」（二七歳、女性）

「もう鬱《うつ》状態でしたよ。中学生時代は早く学校生活が終わらないかと思っていたほどでした。今でもはっきりと覚えていることがあります。中学二年のとき脳腫瘍を患っている子がいて、ぼくはその子と特別仲良くしていた。その子のお母さんにも感謝されていた。ところが、その子が亡くなった。お母さんからぜひ葬儀にきてくれと言われた。でも、エホバの証人だから行くことができない。それで、クラスの仲間から、なんで葬式に来なかったんだ、仲が良かったくせに冷たい奴だと、殴られた。悔しかったですね」（四三歳、男性）

傷ついた恵美には休息が必要だった。しかし、伝道訪問を休むことは許されなかった。苦しかったという。学校からの帰りが遅いと、母親は烈火の如く怒った。小学校の高学年ともなると放課後にクラスの委員会がある。それを伝道訪問のため中座しなければならない。クラスメートはずるいと怒った。

委員会か伝道訪問か。どちらを選択しても賞賛はなく、ただ怒りが待っているだけ。典型的な

ダブルバイント（二重拘束）である。これほど辛いことはない。恵美は、より怖い母親の命令に従った。熱が三八度あっても「一時間でもいいから参加しなさい。そうすれば治るから」とせっついたほど、母親にとって伝道訪問と集会は絶対だった。

恵美は家にも居たくない、学校にも行きたくないと思った。

小学校四年になって不登校になった。一日中鬱状態が続き、どうしようもない倦怠感に襲われた。ところが、母親はほとんど関心を示さない。

「学校を休んでいるのに、伝道に行こうって誘うんですよ。私の不登校になんか関心がなく、この世を救うことのみといった風でした」と恵美は寂しげに笑った。〈母には反抗しない。この鬱屈した気持ちは石に閉じ込めておく。大きくなったら絶対にエホバの証人をやめる！〉。そう思うことで、自分を慰めていたという。

一方、母親の聡子はこんな思いを描いていた。

「楽園がやってきたらお菓子を焼いたり自然の中で遊んだり、赤毛のアンのような世界を夢見ていました。トム・ソーヤーの物語のように家は大きな木の上につくろうと思っていた」

「その頃、カラスの増殖ぶりが話題になっていましたが、私たちはそれを終わりの日が近いことの徴《しるし》だと思い、終わりはもう近い、いよいよ楽園がやってくると話し合っていました。だって、聖書（黙示録一九章二一節）にある『（ハルマゲドンによって）滅ぼされた死体は肉食鳥が処理をする』という言葉を私たちは信じていましたから」

恵美は三カ月間学校を休んだあと再び登校するようになったが、今度はストレスが身体症状として現れるようになった。

伝道訪問や集会に行く段になると、風邪のような症状が出た。腹が痛い、頭が痛い、立ちくらみがする、三七度台の微熱が出る。それでも出かけなければならなかった。そうすると、今度は痙攣したように咳き込み、息が止まりそうになった。五分間だけ休ませてくれたが、発作が治まると、また次の家に向かって歩いた。しかし、一〇分から二〇分すると、また咳き込んだ。

深刻なのは視力の低下であった。小学三年のときに一・五あった視力は小学四年になってから〇・三と急激に低下し、小学六年になると〇・〇八にまで下がった。

ところが、中学一年になって、母親がエホバの証人を離れつつあることがわかると、視力はたちまち回復し、一・〇になった。

急激な視力低下は統一教会の子、ヤマギシ会の子にも見られる現象である〈注6〉。

自分はもともと暗い性格ではないというだけあって、インタビューに慣れてくると、恵美の表情は次第に豊かになっていった。恵美がおかしそうに話す。

「視力の低下は脳に原因があるのではないかと疑った母は、私を医大付属病院に連れていったんです。検査したところ、良性だったんですが、腫瘍が見つかりました。腫瘍と視力の関係ははっきりしなかったんですが、中学二年になってもう一度検査をすると、腫瘍がなくなっていた。視力の回復といい消えた腫瘍といい、エホバの証人をやめると良くなる。変な話ですよね」

父親はこの間どうしていたのか。

「父はそれほど熱心な信者ではありませんでした。集会に行くのを躊躇していると、『行かないと、離婚だよ！』って母が脅すので、しぶしぶ参加していたような感じでした。それに、会社の仕事が忙しく夜は遅かったし、今もそうですが、単身赴任で家にいない時期も多かった。だから、

私と母との関係についてはよくわからなかったと思います」

エホバの証人で多いのは、専業主婦だった妻が伝道訪問を受けたのをきっかけにエホバの証人となり、夫もそれにしぶしぶ付き合うというパターンである。子どもを巻き込むことに反対する父親は少なくないが、この教団がやっかいなのは徹底した二元論をとっているため、たとえ夫であれ反対する者はサタン的ということになって、話し合いはどこまでいっても平行線、夫が妥協しなければ最後には離婚となる。信者の脱会活動を行っているウィリアム・ウッドが入手した岐阜県の「美濃加茂会衆」のリストには、七〇人中一五人に「夫が反対」「猛反対」「別居中」の記載があったという。これを全国にあてはめると夫に反対されている女性信者は四万五〇〇〇人にも及ぶ、とウッドは推測している〈注7〉。また、大学生の藤林輝の調査によれば、宗教関連の離婚請求訴訟は過去二〇年間に「判例タイムス」などに公表されたものだけで一四件あり、そのうち八件は原告・被告にエホバの証人が絡んでいた。

恵美は母親には批判的だが、父親に対しては同じような〝被害者〟と見ているのか比較的寛容である。しかし、三歳年下の弟はそうではない。それが気にかかることだという。

弟も生後一〇カ月から叩かれていた。ただ、姉を見て学んだのか、表面的には二世らしくいい子を装っていた。

「弟は本心を顔に出すことなく、悔しくても、悲しくても、楽しくても、『うん』と反応するだけでした。私から見れば明らかにがまんしている表情で、年下の二世によくジュースやオモチャを分け与えたりしていた。母が妥協して、弟は野球チームに参加していましたが、野球の友だちと話しているときとゲームをしているときだけが、弟が唯一表情を見せるときでした。しかし、

友だちの親を含め大人を前にすると、とたんに硬くなり殻に閉じこもった」

弟は母親に叩かれると「ありがとうございました」という子だった。ところが、母親がエホバ「エホバの証人」を離れると、母親と話すのを面倒がるようになり、中学二年（取材時、高校一年）になってからはお母さんではなく「おばさん」と呼んだ。父親が赴任先から自宅に戻っているときでも平気で「おばさん」だ。父親がいないときには父親のことも「おじさん」と呼んだ。

弟の目に、両親は「エホバの証人に引きずりこみ、自分を叩き、友だちとも遊ばせてくれなかった母」「その母の暴走を止められず、何も庇《かば》ってくれなかった父」と映っているのではないか。それゆえ両親を許すことができない、いや許す許さないという次元を超えて、親から受けた心の傷はすでに凍結してしまい、心の奥深いところでは両親は他人に近い存在になっているのかもしれない。

悲惨なのは、両親と弟の関係ばかりではない。

母親の弟（叔父）は大学を中退して正規開拓者となり、その後、長老となった。母が教団を離れると、叔父は祖母とともに恵美の一家との交わりを断った。母親が脳梗塞で倒れ危篤状態になったときでも、二人は見舞いにすらこなかった。贈り物をすると、「背教者との交わりはしません。もう電話もしてこないで」という祖母の手紙とともにそのまま返送されてきた。母がやはり開拓した妹（叔母）の家庭では、子どもを巻き込むことに夫が反対しており、近く離婚することになるかもしれないという。

恵美のストレスはその後も過食症になるほどに溜まっていくが、ともかく恵美の「エホバの証人」二世としての受難は母親の聡子が組織を離れた中学一年の時点で終焉《しゅうえん》した。

話を聞き終えホテルを出ると、横浜の西口駅前はネオンの光に包まれ、昼間とは違った輝きを帯びていた。時計を見ると、恵美と会ってから五時間が経過していた。誰にも話すことができなかった心のモヤモヤを吐き出したせいなのか、恵美の表情はいくぶん明るくなっていた。

「よい便り」として届いたムチ

エホバの証人に最初から懲らしめの教えがあったわけではない。ムチが登場したのは今から三五年前のことだ。

日本にムチがやってきたときのことは、元二世の尾形健（四三）が体験していた。健は私が取材した元二世の中では最年長である。

「あれは確か一九六五年の、小学校の二年のある火曜日での集会のことでした」という。集会の終了間際に、日本支部から新しい「よい便り」が届いたとして次のことが会衆内で発表された。

「子どもの心には悪魔が入っている、悪魔を追い出すために、聖書に書かれている通りムチでお尻を叩きなさい」。そのあと長老の補佐役が「男物の細身のベルトを使って、椅子などに跪《ひざまず》かせて、二〇回くらい子どものお尻を叩いてください」と補足した。

健が苦笑しながら振り返る。

「それを聞いて、やばいことになってきたなあと子ども心に思ったもんです。その週の土曜日、運の悪いことに、放課後遊びに夢中になって、二時間ほど伝道に行く時間に遅れてしまった。おふくろはさっそく懲らしめを実行した。ところが、細身のベルトはへなへなしてうまくいかない。そこで、おふくろは足踏み式ミシンのベルト（直径八ミリ）で、二〇回思いっきり叩いたんですよ」

当時のミシンは足でペダルを踏むとベルトを通してミシン針が動くようになっており、ベルトは取り外しができた。

「震えるぐらい痛かった。今でもあの痛さは覚えている。それからですよ、会衆内でミシンベルトが流行《はや》るようになったのは。おふくろが自慢そうに効果があったとみんなにしゃべったもんだから。あとでみんなに聞くと、僕は会衆内で懲らしめ第二号だったそうです」

このときから、三十数年間もの長きに渡って懲らしめが続いてきたのである。

東京理科大非常勤講師でセラピストの服部雄一の調査論文「エホバの証人の児童虐待」（九八年）は、三九人の元信者（元研究生を含む）を対象にアンケートと聞き取り調査をまとめたものである。

それによれば、三九人の元研究生・信者のうち実に九〇％が子どもを叩くように教えられ、八〇％が集会などで体罰を目撃し、八五％が周囲から叩くように圧力を受けていた。ある人がかわいそうだとムチを打つのをためらっていると、周囲から「霊性が低い人」、子どもをサタンから守れない人」と陰口を叩かれたという〈注8〉。恵美の母親が長老の妻から「手ぬるい」と批判されたのと同じである。

私が直接会って取材した元二世は一四歳から四三歳までの九人である。程度と頻度を別にすれば、智彦や恵美を含め八人（率にすれば九〇％）までが、三人は父親、五人は母親に、殴られていた。そのうち四人は、本人たちの弁によれば「それほどひどい殴られ方はされていません」という。「ミシンの革ベルトで二回」、「木のハンガーで数回」、「竹の定規で数回」、「プラスチックの布団叩き、竹の定規で一、二カ月に一回ぐらい」。私からすればひどいと思うが、本人たちがそ

う思わないのはほかの二世と比べてのことか、それともそれ相応の悪いことをした（戒律を破った）から叩かれても当然という気持ちが心のどこかに残っているからなのか。

エホバの証人の親たちの多くが子どもに暴力を振るってきたのは間違いない。

しかし、子どもたちは「二世すべてが殴られていたわけではない」という。彼らが言う通り、私が取材した二世の一人はほとんどムチを受けていないし、服部の調査でも三九人のうちの一〇％は子どもを叩くように教えられていない。ムチの教えは文章として存在するのに、これはどういうことなのか。

ある元二世が「ローカル・ルール」という用語を使って説明してくれた。

「二世や元二世の情報を総合すると、ある会衆ではムチをどんどんやれというし、別の会衆は聖書のムチの教えは比喩的な意味で使っているのであり、あまり用いてはならない、としていました。長老の人柄によって会衆内の雰囲気は違っていたようです。僕たちはこれを『ローカル・ルール』と呼んでいます。北海道の会衆はひどいというし、高知の会衆は比較的おおらかと言われています。輸血禁止やクリスマス禁止はグローバル・ルールですが、いくつかの戒律については厳しいところもあればゆるやかなところもあるようです」

この元二世が話す通り、北海道の会衆は厳しかったようだ。北海道の名寄会衆のメンバーだった元信者の稲津麻美が『偽りの楽園』で綴っている。「集会のとき（略）、子どもがゴソゴソし始めると『懲らしめをしてください』というメモ書きが横から回ってくる。そこで、しかたなく長男を連れてトイレなどに行く」。稲津には息子と娘の二人の子どもがいるが、娘には生後三カ月からムチを打っていた。退会してから数年が経過するというのに、「（小学二年の）娘のおしりには、

今でも、ムチの傷跡が残っている」という〈注9〉。

その厳しい北海道にしても、稲津麻美は「厳格な地域もあればそうでないところもあったようだ」と書いている。

輸血をすれば即排斥処分の対象になるが、ロック・ミュージックを聞いたからといってそうなることはない。それと同じように、ムチによる懲らしめの教えは絶対的なものではなかったのだろう。

しかしローカル・ルールは、死をもたらしかねない輸血禁止というグローバル・ルールとは別の意味で危険だと、私は思う。アバウトゆえにチェック機能がなく、会衆によって懲らしめがエスカレートする危険性があるからだ。

服部は論文の中で衝撃的なケースを紹介していた。

その母親は先輩の姉妹（女性信者）から、子どもの中からサタンが出るまで繰り返し子どもの顔を水につけるように教えられた。母親は途中で怖くなり、二回だけでやめてしまったが、それで子どもの命が救われたというのに、彼女は「自分は霊性が低いのではないか」と中断したことをその後、相当長く悩んだ、というのである。

死をもたらした体罰

ローカル・ルールがエスカレートして子どもの命を奪ったケースもある。

事件が起きたのは、今から七年前の九三年一一月二三日のことだった。

広島市の北警察署に、市内に住むAが自首してきた。

北署員が現場に急行したところ、四歳の二男がA宅の脱衣場で死亡していた。検死を行ったところ、両頬やくるぶしなどに数カ所の痣や内出血が認められた。血が滲んだ新しい傷痕のほか、数日は経っていると思われる痣も多くあった。このため、Aを殺人容疑で逮捕するとともに、折檻を知りながら放置していた妻も保護責任者遺棄致死の疑いで逮捕した。

夫婦が属していた会衆は広島市の安佐南区にあった祇園《ぎおん》会衆（現在は発展して三つの会衆に分かれている）だった。ここでの懲らしめのムチは長さ五〇センチのゴムホースだった。当時この会衆にいた元女性信者は「子どもが集会中に居眠りをすれば、親はトイレに連れていき、ゴムホースで叩きました。〝体罰〟は日常的でした」と語る。

Aがこの信者に語ったところによれば、最初にエホバの証人の教えを実行したのは長男が一歳になったときだった。Aが大切にしていたオーディオを長男がいじくったので、ムチをしたのだという。

「『びしっと良くなった』とおっしゃっていました。それから体罰の味を知ってしまわれたのではないでしょうか」

やがて二男が生まれた。二男には赤ちゃんのときから体罰を与えた。二歳になった頃から異常な摂食行動を見せるようになった。二歳にして食事の量が大人なみというだけでなく、炊飯ジャーの蓋を開けては手づかみでご飯を口に頬張る。冷蔵庫を開けて生の人参やキャベツをバリバリ噛んで口に入れる。落ちているものを拾って食べる。

ムチで治そうとしたが、悪くなる一方だった。病院に行ったが、脳波に異状はなかったし、器質的にも異常は認められなかった。精神科では心の問題と言われるだけだった。

先輩の兄弟姉妹（信者）にも相談したが、いつも決まって言われたのは「愛情不足ではないか」。そう言われれば、「ムチを惜しむ人はその子を憎むのであるが、子を愛する人は努めて子を懲らしめる」という聖書の教えをさらに実践していくしかない。

Aはムチを打ち続けた。

事件前日の夜、Aはゴムホースで血が滲むほどに二男を叩いたあと、家から閉め出した。翌朝様子を見に行くと、息子の息は止まっていた。そのあとあわてて脱衣場に運んだという。

判決はAに保護責任者遺棄致死罪を適用して懲役三年（執行猶予四年）の刑を申し渡し、事件は終わった。

この折檻死事件は、エホバの証人の中では特異なケースである。私が恐ろしいと思ったのは、事件そのものよりもそのあとの会衆の空気である。同じ会衆に属していた、当時はまだ信者だった人が語ったところによれば、一人の子どもが死んだというのに、自分を含め会衆の誰一人としてムチによる懲らしめを反省せず、「組織と教えは正しいが、あの人が個人的にやりすぎたんだ」と仲間うちで話しただけで終わった。事件をきっかけに組織を離れた人は一人もいなかった。祇園会衆の長老も「不幸な事件が起きた。今後Aさんの家に近づかないように」と報告しただけだった。不幸な事件ゆえにA一家を支えるのが宗教の役割だと思うのだが、Aと仲の良かった信者が拘置所に面会に行くと、長老が自宅にやってきて、「なぜ指示を守らないのか。Aさんには会ってはなりません」と叱責した。

事件後、一つだけ会衆内で変わったことがある。それはムチがゴムホースからアクリル樹脂の棒に変わったことだ。元信者が話す。

「ゴムホースはやりすぎだったとみんな思ったのでしょうかねえ。東急ハンズで買ってきたというアクリルの棒がいいと誰かが言い出したんです。私も買いに行った。一本二〇〇円だった。よくしなり、それで思いっきり叩くと、瞬間息が止まりそうなほど痛くて、それでいてみみず腫れができる程度、ちょうどいいということになりました。今度実物を送りますから、どんなものか見てください」

数日後にアクリル棒が届いた。直径七、八ミリの棒でよくしなった。渋谷の東急ハンズに問い合わせると、インテリアなどの装飾に使われることが多く、これといった用途はないという。そのアクリル棒で自分の手を叩きながら思った。

〈確かに、この棒ならどんなに叩いても死ぬことはない。しかし、会衆の人たちは叩くことによって子どもの心を傷つけていることに気がついていない……〉

そう思っているときに、神奈川県のまだ退会届を出していないという女性信者から電話がかかってきた。

「子どもさんのことを調べていらっしゃると知って勇気を出して電話をしました。私も長い間三人の子どもに、小さいときからムチを打ってきました。上の中学三年の女の子はいま精神を病んで入院しています。その子が言うんです。『退院したらあんた（母親）のこと、刑事告訴してやるからな』って。海老名ベテルに相談しても誰も相手にしてくれない。ほんとうに、私、もうどうしたらいいかわからなくて。一度、話を聞いてもらえませんか」

会う約束をしたが、直前になってキャンセルとなった。その後、連絡はない。

現在、三十数年間続いた激しい懲らしめは姿を消しつつある。前出のムチを推奨した『あなた

『幸せな家庭を築く秘訣』の家族生活を幸福なものにする』が絶版となり、改訂版ともいえる（初版九六年）では、ムチの記述がほとんどなくなっている。広報部長の会田慶介が私に説明したように、今では適度な懲らしめが強調されるようになっている〈注10〉。

元二世に残るトラウマ

王国会館から「懲らしめの部屋」はなくなったが、特定の価値観を子どもに押しつけるということがなくならない限り、「恐怖による服従」（セラピストの服部雄一）の役割を果たしたムチが全廃されるとは考えにくい。仮にそうなったとしても、それで「エホバの証人」の二世問題は解消するだろうか。取材した九人のうちの一人は親からほとんど殴られたことがないのに、悩み、苦しんでいた。

ある二世が呻《うめ》くように話した。

「やられた奴は確かに傷ついている。だけど、幼児虐待、児童虐待（身体的虐待）だけが二世問題のすべてじゃないんだ。そのことを認識しないと、俺たちの気持ちなんか理解することはできないんだ」

二世の声に耳を傾けると、「心の傷」は身体的虐待によってのみ生じるわけではないこと、また傷はあとあと様々な形となって現れること――などを思い知らされる。

二人の元二世の話を中心に、エホバの証人を離れてからの苦闘を見ていく。

名古屋に住む秋本アリサ（二三）は両親と年の離れた兄と姉の五人家族である。

「小さい頃の記憶はほとんどありません。三歳の頃の雛祭りや誕生会の写真がありますから、

母がエホバの証人になったのは私が四、五歳のときだと思います。小学校に入学してから集会に連れて行かれるようになったのは覚えています。『エホバの証人』をはっきり意識したのは学校の七夕行事に、出席できないと証をしたときです。私のエホバの証人の記憶はそのへんから始まっている」

アリサにとって奉仕活動（伝道訪問）や週三回の集会に参加するのは面倒くさいことであった。土曜日の午後も伝道訪問で遊べず、ほかの子と「交わりができない」のも不満だった。小学校時代、友だちと遊んだ記憶はほとんどないという。それでも、拒絶反応を示すほどエホバの証人が嫌だと思ったことはなかった。

父親は「伝道訪問や集会に行くな」「うちに信者を連れてくるな」と、母親が教団に近づくことに反対した。しかし、それも最初のうちで、次第に何も言わなくなった。

いつもは帰りの遅い父親だが、集会のある夜、たまに早く帰ってくることがある。そんなとき、母は父の目を逃れるようにしてアリサを外に連れ出した。

「お父さんは母にどう接していいのかわからなかったのだと思います。家庭での煩《わずら》わしさから逃れたかったからなのか、次第に仕事にのめり込むようになり、家に戻ってもほとんど口をきかなくなりました。家に一週間に一回しか帰ってこない時期もありました。そのときから今日まで両親が夫婦らしい会話をしているところは見たことがありません」

彼女も父親と親子らしい会話をした記憶はないという。それは、アリサの記憶が始まった頃にはすでに、活動に参加する母・姉・アリサとそれを苦々しく思う父親との間に、溝ができていたからなのだろう。兄のほうは高校生のときにエホバの証人に反発し、高校を中退し、家を飛び出

していた。

激しい諍いは決まって年に二回あった。父方の祖母が田舎から名古屋の自宅にやってくるときだった。

「そりゃあ、すごい喧嘩でしたよ。喧嘩が始まると、私たち子どもは二階の部屋に逃げましたが、茶碗を投げる音、祖母の『子どもだけは巻き込むな』の怒鳴り声、母のヒステリックなキーキーした声が聞こえてきた。ほんとうに怖かった」

だが、波風が立つときはそれぐらいで、あとは平穏だった。姉とアリサは立派な二世として育っていった。

遊ぼうと友だちに誘われる。アリサは、それをこの世を支配しているサタンが私を誘惑するためにつかわしているのではないかと思ったし、流行の歌を歌いたいと思ってもサタンに影響された歌ではないかと疑った。小学校の終わり頃になると、もうすぐ終わりがくる。エホバに従順でいればいい。そこから飛び出せば死を意味する。永遠の命を得ることができる。〈エホバの証人の囲いの中に入っていればいい。そこから飛び出せば死を意味する。楽園に行ったら広いお家に住みたい〉と思った。

祖母と母との激しい喧嘩は毎年のように続いていたが、次第にこう思うようになっていった。

〈おばあちゃんはサタンではないか、またエホバの証人に参加しようとしないお父さんも半分サタンに毒されているのではないか〉

祖母や父親をサタン的と思うのはおだやかな話ではないが、アリサだけに限ったことではない。小さいときから嫌というほど、エホバとサタンの闘い、サタンの悪辣《あくらつ》さ、ハルマゲドンの恐怖を教え込まれるのだから、家族の一員であろうと自然にそのように思えてしまうのだ。

ハルマゲドンの恐怖に支配された結果、組織を離れてからも悪夢にうなされる二世（女性）もいる。次の一文は、アメリカのオレゴン州で精神内科医を務める村本治が管理者となって運営しているホームページ「エホバの証人情報センター」に掲載された投書である。

「私がエホバの証人だったのは八歳から七年間です。八歳の時から、少しでも神の教えに背いたら永遠の滅びが待っていると毎日のように聞かされ、何度恐ろしい夢にうなされたか分かりません。まだ十分自分の気持ちを言語化できない年頃ですから、ただ漠然とした恐怖が後から後から襲ってきて、疑問を感じる事さえ、自分に禁じざるをえませんでした。高校に入る時、自分の意思ではっきり辞めると宣言して辞めたのですが、心だけは二五歳になった今も、あの呪縛から逃れることができません」

アリサは中学に入ってから少しずつだが変化していった。中学生活が楽しくなったからだ。

「どこの会衆でもそうだと思いますが、中学になると活動から足が遠のく子が出てきます。そうした子は表情が輝いて見えたし、いかにも楽しそうでした。服だって派手になった。それに対して、私たちは質素で地味で清潔。私も抜けたいと思いました」

アリサは中学二年になると部活と受験勉強を口実に、集会や伝道訪問をさぼり、友だちとの付き合いを大切にするようになった。といっても、心中は穏やかではなかった。

「電車の中で『ものみの塔』を読んでいる人を見るとすごく親しみを感じましたし、会衆の姉妹（信者）たちはやさしく、一〇〇％信用できる人だと思っていた。その一方で、エホバの証人から抜けたい、もっと自由になりたいという気持ちも生まれました。しかし、すぐにサタンが私に影響を及ぼしているのではないかと疑問がわいたし、終わりがくるんだからほかの人も救って

あげなければとも思ったり……」

　永遠の命を手にするには自由を犠牲にしなければならず、自由に生きようとすれば破滅を覚悟しなければならない。多くの二世が悩むダブルバインド（二重拘束）である。教団は「今が楽しければいいと思う人は滅ぼされる」と説教する。もやもやした状態は続いたが、中学三年の秋になると、アリサは自由に生きる道を選択し、集会と伝道訪問に全く参加しなくなった。

　若い姉妹がたびたび食事に誘いにきた。そのつど「（エホバの証人に）戻ろうと思っているんですけど」と曖昧に答えた。そう答えながら、〈永遠の命なんてどこか非現実的なことではないか〉と感じるようになっていた。高校に入ると誘いも少なくなった。仲良くしていた同い年の女の子が泣きながら「アリサちゃんと一緒に楽園に行けない」としゃべっていたという話が風の便りで伝わってきた。なんだか取り残された気分になりながらも、〈彼女ほど熱心になれない。バカげている〉と思った。

　泣くほど心配しているのならアリサに会いにきてもいいはずだが、そうしないのは彼女も「躓《つまず》く」、つまりアリサと接触することによってその子もサタンの影響を受けることを一世たちが恐れたからだろう。サタンの影響を受けることを意味する「躓く」も教団内で日常的に使われる言葉で、躓いていると判断されると、むやみにその人に接触することは禁じられる。

　アリサは自由な時間ができたぶん学校生活を楽しむことができたし、友だちから様々な情報も入るようになった。

　しかし、それと比例するかのように、母親と次第に距離を感じるようになった。集会に顔を出さなくなった中学三年の秋頃から、母親は必要なこと以外、口をきかなくなった。躓いた者に近

づかないというのは、親子でも例外ではない。集会や伝道訪問に一緒に出かけるときにはあれほど優しかった母親が、冷たくなったのだ。自由の代償は大きく、アリサの孤独感は募っていった。親子の情愛よりも集団の論理のほうを優先するのは、この教団だけではなくカルトや原理主義的な宗教、イデオロギー組織の特色の一つである。親のシカトは、親が子どもにエネルギーを向けなくなるのと同義語であり、子どもは親の愛を喪失したと感じる。孤独に耐えきれず、組織に戻る二世は少なくない。戻れば、よく復帰したと親ともども会衆のメンバーに祝福され、再び優しさに包まれた人間関係が復活する。それは一世でも同じである。

孤独か祝福か。自由か束縛された生活か。アリサは悩んだが結局戻らなかった。先の彼女の表現を借りれば、「エホバの証人という囲いの中」から飛び出したわけだ。

それがいかに勇気のいることか、なかなか理解しにくい。「エホバの証人」という社会がいかに特殊であっても、二世たちは親と一緒に一般社会の中で暮らしている。社会から隔離された場所で親子別々に暮らしていたオウムの子とは違う。だが、元二世たちは「理解されにくいが、表面的には社会の中にいるけど、実感としては一般の社会とは別のエホバ社会の中で暮らしているんですよ」と口を揃えていう。

囲いの中から飛び出すことがいかに大変なことか。ある二世は一般社会に戻ってからの苦闘を数時間に渡って話してくれた。その一部を紹介する。

彼は三歳から二世として育てられ、一四歳のときにバプテスマを受け、信者になった。高校を卒業すると、新聞配達や牛乳配達をしながら正規開拓者になって伝道の日々を送った。組織から離れたのは四年前、三〇歳の誕生日を迎えてからである。

彼は一般社会に飛び込むことを決意したときにこんなイメージがよぎったという。

「魚が砂漠に住むことを決意するようなもんだなあ」

〝初めての社会〟は戸惑うことばかりだった。

「ある会社が雇ってくれたんですが、会社の同僚と話をすると、流行歌、歌手の名前、パチンコ、競馬、野球の話題が出てくる。何のことか、チンプンカンプンでした。うん、うんと相槌をうつだけ。『おまえ、その歳になって、何も知らないんだな』と呆れられた」

知っていることといえば、教義、会衆のメンバーの様子、開拓してきた伝道の日々のこと、長老や巡回監督のことなど、エホバの証人に関することだけだった。一度だけ女性とデートしたことがあるが、話題が提供できなくて、息がつまりそうだったという。

最初の会社は月に一日か二日の休日以外、朝の五時から夜九時まで働いて、給料は手取りで二三万円（週一〇〇時間労働）しかくれなかった。彼は何とも思わず、早く社会に溶け込もうと馬車馬の如く働いた。雇い主が彼が世間のことを知らないのをいいことにこき使ったわけだ。

「不当労働だよと取引先の人に教えてもらったときは、悔しくてしようがありませんでした」

こんなこともあった。会社の宴会が終わりに近づき、みんなが立ち上がり始めた。司会者は「関東一本締め」で宴会をお開きにすると告げた。彼は何のことかわからない。みんなが立ち上がるので、何事が始まるのかと不安になった。

「そうしたら、全員で、よおっ、と手を一回打って、拍手でしょ。驚きましたよ」

この話を別の元二世にしたら、不機嫌な顔になった。

「元二世同士で花火をやったことがある。ところが線香花火の火の付け方がわからなかった。

（戒律で禁止されている）『線香』という名のつく花火だったから、誰も子どもの頃にやらせてもらっていなかったんですよ。その人の話、笑えませんよ」

何も考えずに三〇年間を組織の指示に従って生きていただけの彼から、エホバの証人を取ればあとには何も残らない。

「おそらく中学生の頃、みんな、俺はどう生きるのか、どんな人間になりたいかって考えると思うんです。僕は組織を離れた三〇歳のときに、初めてその問題に直面した。三〇歳なのに頭の中は中学生レベルだったんですよ」

三〇年もの人生が虚無と化しただけでなく、「この世の人びと」との交わりを控えてきただけに、組織を離れてから付き合える人はただの一人もいなかった。それに気がついたとき、彼は自分を組織に引き込んだ老いた病身の父親に、大泣きで抗議し、殴りつけた。

組織に二十数年間もいたこの二世ほどではないにしても、エホバの証人を飛び出したアリサも同じだった。

アリサはこれまで自分で考えて行動したことは一度もなく、「エホバの証人」という組織にすがって生きてきただけである。アリサは何かにすがりたかった。

彼女が依存したのは人気アイドル・グループの「SMAP」だった。高校二年になってからSMAP一色の生活になった。CDを買い、ライブに出かける。札幌、秋田、仙台、東京、大阪、福岡。行けるところならどこにでも出かけた。資金を稼ぐために、学校が終わると毎日喫茶店に向かった。資金がたまると夜行バスに飛び乗った。

部屋はSMAPのポスターなどSMAPグッズで一色になった。心がSMAPと同化すると寂

しさがなくなった。ライブで隣に座った女の子とはすぐに打ち解けることができた。電車の中で「ものみの塔」を読んでいた人に感じたのと同じだった。

母は相変わらず必要最低限のことしかしゃべらない。喫茶店でのアルバイトについても、ライブに出かけることについても、何も言わなかった。その無関心さは、家を出ていった兄に対するものと同じだった。アリサはいっそう孤立感を深めていった。居場所がなくなったことに苛立《いらだ》ち、ますますSMAPにのめり込んでいった。SMAP一色になることで、自分と母との関係を忘れることができた。

アリサが寂しそうに話した。

「お母さんは私のことをサタンだと思っていたのではないでしょうか」

短大に進学するときも母親は何も口を挟まなかった。短大に入ると名古屋の繁華街にあるスナックでアルバイトを始めた。一日四時間働けば月に二〇万円以上の収入になった。それでSMAPの追っかけを続けた。毎晩遅く帰ってくるというのに、咎められることはなかった。

短大二年になって、スナックのママに説教されてからようやくSMAPの追っかけをやめた。

私がアリサに会ったのはちょうどその頃だった。アリサは自分のことを冷静に見ていた。

「依存するものがエホバの証人からSMAPにかわっただけです。二世だった子で組織を離れるとタレントの熱狂的なファンになる人は少なくありません。私も同じだということはわかっていますが、SMAPをやめて次に何にはまるのか不安です。このまま何かに頼っていく生き方しかできないのか、何とか自立しないといけないのですが。今はママさんに依存しつつあります。彼女の言うことだと何でも聞いてしまう。そのことでもまた、ママさんから叱られていますが」

アリサは大木の小さな枝に張りめぐらされた蜘蛛《くも》の巣の中で育ち、そこから飛び出したはいいもののまた別の蜘蛛の巣にひっかかる。そこが安住の地となってはいけないと自覚しながらも、大木から降りて地面に足をつけることができない。

悩みは依存症ばかりではない。アリサが話す。

「友だちと喧嘩をしたり、真正面から議論したりした経験がないからなんでしょうか、人とうまく付き合えないんですよ。スナックに来るお客さんとは表面的に楽しく会話をすることはできても、人間としてその人のことを考えることができないんです。おそらく会社のストレスを発散させたくていらしていると思いますが、その気持ちを満足させてあげることができない。ママにも人にやさしくすることができないと叱られ、喧嘩になったこともあった。理屈ではわかっているんですが、相手の気持ちを考えることができない。人を愛するって、どんなことなのかわからないんですよ」

昨年春、短大を卒業したアリサは今でも家から専門学校に通っている。家族四人が揃うのは日曜日だが、父は図書館かゴルフに出かけ、リビングでは母と姉がとても仲良さそうにエホバの証人のことを話している。たまに四人揃うこともあるが、中心の座に置かれたテレビを黙って見るだけ。「接点がないから、一つのことを家族四人で話すことがないのです」という。事実上解体したざらついた家庭である。

アリサともう一度会ったのは六カ月後の今年の春のことだった。彼女は吹っ切れたような表情をしていた。

「お母さんに聞いてみたんですよ。どうして私のことに関心を向けないの、私が嫌いなのって。

そうしたら、『そんなことはない。あなたのことはいつも気にかけていたんだよ』って答えてくれた。この一言で、長年のもやもやが吹き飛びました。なんだか一区切りついたような気分になった」

母親の一言で、アリサの心の底に沈殿していたものが溶け始めたようだ。

しかし、母親との信頼関係を回復するには親子の情愛より教義を重んじる「エホバの証人」のことを避けて通るわけにはいかないし、解体した家族の再生をはからなければアリサが抱える問題の解決にはならないだろう。それには気が遠くなるような長い作業が必要である。

アリサの依存症は相変わらず続いているようだった。最後に会ったときは友人が付き添っていた。友人の弁によれば「アリサは依存しやすいので、(あなたに依存して騙されることがないか)付き添いできました」という。友人と比べると、二〇歳を過ぎたアリサがまるで幼子に見えてしまった。

「条件つきの愛」

エホバの証人の二世問題の本質は宗教を媒介とした親子問題ではないか。そのことを確信したのは、もう一人の二世、大阪出身の山下アキラ(三四)に会ってからである。

三四歳というからもう青年というわけにはいかないが、背が高くすらりとした童顔のアキラは見るからに好青年である。組織内のローカル・ルールの存在や、児童虐待(身体的虐待)だけが二世問題の本質でないことを教えてくれたのはアキラである。

彼は昨年から心理療法士のカウンセリングを受け、心の治療に取り組んでいる。心をどうやっても開くことができない。そのことに苦しんでいたからである。

「心を開くのが苦手とか怖いといったレベルではなかった。コンクリートで塗り固められたドアをこじ開けようとするようなものでした。カウンセラーとの会話によって、ようやく自分の心を分析できるようになりましたが、人との付き合いはまだまだです。相手の気持ち、感情を理解することがほとんどといっていいほどできない。先日も花見に誘われましたが、とりとめのない話に付き合うのは苦痛そのものだった」

アキラが生まれたとき、まわりは「エホバの証人」一色だった。最初にエホバの証人になった父方の祖母（故人）をはじめ、両親、四人の叔父・叔母すべてが信者だった。現在も親戚のうち一五人が信者で、うち三人が長老である。少年時代のアキラの生活は「エホバの証人」そのものであり、集会や伝道訪問に出かけるのは「未開の地の子どもが毎日水を運ぶのと同じ」で、ごくあたりまえのことだった。五歳の頃に、一族のことが「ものみの塔」に取り上げられたことがあったというから、世界の信者がうらやむほどのファミリーの中で、〝愛に包まれて〟育ったわけだ。

しかし、「今から思えばそうではなかった」とアキラはいう。「カウンセリングによって昔のことを細かく思い出すようにしているんですが、親から愛された記憶は一度もありませんね。物を買ってもらうときでも、集会中に静かにしていたらとかいつも何かの条件つき。無条件で何かをしてもらったということは全くありません。家族と遊んだ記憶？　一回だけあります。日曜日に家族全員で集会に参加せず動物園に行った。でも、『会衆の兄弟姉妹（信者）にはこのことを言うんじゃないぞ』としつこく念を押された。だから、なんだか悪いことをしているようで、楽しめなかった。そのことのほうが印象に残っている」

親から愛されなかったわけではないが、それはあくまで「条件つきの愛」でしかなかった。集会参加や伝道訪問を続ければ愛され、「エホバの証人」的生活を守ればかわいがられる。そうでなければ愛されない。そのことが赤裸々《せきらら》になったのは、アキラがエホバの証人から足が遠のくようになってからである。

アキラは中学生になってから「不活発」（活動に熱心でなくなる状態を指す）になったとたんに、親は口をきかなくなり、家の空気は冷たいものに変わった。アリサの家庭と同じである。「中学時代の親子関係はもうボロボロでした。母親が口をきくのは風呂がわいた、食事ができた、という程度でした」とアキラは振り返る。

高校進学はもめにもめた。普通高校を希望したが、両親は商業高校を主張した。

エホバの証人は九二年に教義が変更されるまで大学進学を事実上禁止していた。その理由はハルマゲドンが近いから時間の無駄、大学に進学すると信仰に批判的になるからなどというもので、アキラの両親だけでなく、信者の多くが子どもに普通高校ではなく実業高校を勧めていた。

大学に進学できず希望する仕事を断念せざるを得なかったことは、二世が今でも抱える大きな問題の一つである。九二年以降も信仰に批判的になる可能性の高い人文系、社会科学系に進むと、周囲から白眼視《はくがんし》されることが多い〈注11〉。

アキラは土下座し、泣きながら、頼んだ。親は折れたが、希望の高校に入っても楽しいことは何もなかった。「お小遣いはくれないし、服も買ってくれない。バイトも認めてくれない。夏休みは四〇日間ずっと部屋に閉じこもって、ひたすら一日が過ぎるのを待つような日々でした。あの頃は夢も希望もなかった」

高校を卒業するとすぐに、父親は荷物を詰め込んだボストンバッグをアキラに渡しながら「出ていけ」と怒鳴った。エホバの証人の活動をしないのであれば一緒に住むに値せず、というわけだ。

アキラは単身上京して、朝日新聞の販売店に住み込んだ。それから印刷所、トラックの助手と職を変わったが、住む家がないから住み込みが条件だった。二一歳のときに早稲田大学に合格した。予備校にも通わず一人で受験勉強をしたというから、勉強はできるほうだったのだろう。

念願の大学に入ったものの、抑鬱症状が出始めた。

「六カ月間働き、あとの半年はアパートに閉じこもる生活になりました。アパートにいるときは寝ているか、焼酎の『いいちこ』を飲んでいるか。完全な昼夜逆転、腹が減ると深夜のファーストフード店探しと、心理学の本に出てくるような典型的な閉じこもり状態でした」

元気になると、仕事をしたり遊んだりした。ホストクラブのホスト。企業舎弟のパシリ。バンドマン。ダイヤルQ2の制作会社を自分で興したり、左翼セクトが牛耳る自治会に顔を出したこともある。まるで、自分という存在を確かめるかのようにいろんなことに首をつっこんだ。すぐにカッとなり、攻撃的にもなった。知り合った人からは「おまえは冷淡で冷酷な奴だ」とあからさまに罵《ののし》られた。人と長く付き合うことはまるでできなかった。

「女漁りもしました。もう行き当たりばったり。セックスより肌が恋しかったのだと思います。あるいは、セックスしているときの女性は攻撃することなく無防備（存在を無条件で受け入れるという意味）だから、それに魅かれたのかもしれません。女性に対しては憎しみと愛情が同居したような感情を抱いていたように思います」

会衆内で懲らしめ第二号だったという尾形健も女漁りを経験している。尾形は中学卒業と同時

にエホバの証人をやめ、家を飛び出している。彼は「あの頃の女漁りは母親を求めてのことだったと思う」と話す。

アキラは躁と鬱を繰り返す生活を七年間も続けたあと、早稲田大を中退し、父親の家業を継いだ。アキラは二八歳になっていた。この頃になると両親は諦めたのか、エホバの証人に復帰することを求めなくなっていた。鬱状態の期間はかなり短くなっていたが、それでも一週間仕事をすると、次の一、二週間は閉じこもった。

こんな状態になっていても、アキラはエホバの証人の教義に呪縛されていた。

その頃にアキラと同棲していた秋山久美子が教えてくれた。

「クリスマスをしようと言うでしょ。そうしたら、何のためにそんなものをやる必要があるんだ、という。楽しいからじゃないのと反論すると、宗教的な意味がどうしたこうしたって話すんですよ。一緒に旅行に行ったら進化論の話。彼は人間は粘土から生まれたっていう。もう笑っちゃいましたよ。会ったときからずっとエホバの証人を批判し、両親がいかに自分をひどい目にあわしたのか散々しゃべっているのに、ですよ」

久美子がアキラと別れたきっかけは自堕落な生活などいくつかあったが、決定的になったのは輸血問題だった。彼女が「もし子どもが生まれて、輸血が必要になったときは認めてくれる？」と質問すると、アキラは首を横に振った。「こりゃ、だめだ」と思ったという。

取材に同席していたアキラが「今でもぼくは自分の血液型がわからない」と苦笑した。続けて、「クリスマスが楽しいって言うでしょ。ぼくはその感覚がわからないんです。誕生日を祝うという感覚もわからない。誕生日って、どうやって祝うもんなんですか」と質問してきた。返答に

困った。〈教団を離れて二〇年。今や三四歳にもなっているのに〉。私の戸惑いと驚きが印象に残ったのか、あとでアキラが連絡してきた。「この前の誕生日の話なんですが、あとでほかの二世にも聞いてみたんですが、ぼくだけでなくそいつも同じようにわからないと言っていましたよ」

久美子の観察は一緒に暮らしてきただけあって鋭いものだった。

「親に対する恨みつらみは相当なものがありました。ところが、何か重大な問題が起きると、母親に相談しようとする。母親を恨みながらも、『お母さん、ぼくを見てよ、見てよ』という気持ちが奥深いところにあるように見えました」

「家に戻ると、ものすごく散らかった部屋で寝ころがっている。そのさまは、怒りがたまってじっとしているように見えました。私は彼のすべてを肯定した上で付き合っていましたが、彼は『俺は世の中に受け入れられないんだ。認めてくれるのは、おまえだけだよ』とよく話していた。そのときは私への愛の表現だと思っていたのですが、そうでなく単に私に肯定してもらいたかっただけだったんですよ」

「人は誰でも感情をぶつけながら話すでしょ。彼は話の内容は理解するけど感情というものが理解できない。『おまえがそう感じるのは、こういう理由からなのか』と理屈とか理論で返してくる。感情を介したやりとりができなかったですね」

現在、アキラの治療にあたっているセラピストは「抑圧された感情・葛藤が凄まじい」と診断している。抑圧された感情を外に放出することができないでいるのだ。

アキラは久美子が話し終わると、自分の感情が思考と分離していることを説明した。

「久美子が言う通り、誰かが何かを話しても、それを感情をもって受けとめることができないんです。その人が話した内容を、それはこういうことじゃないのかとすぐに頭で考えてしまう。〈相手が言っていることは納得できないけど感情の部分ではわかるから認めてあげよう〉という、普通の人がやっていることが生理的にできないんですよ。だから、人とうまく付き合うことができない」

前出のアリサの話と共通する部分がある。客はストレスを発散させるためにスナックに来る。ママからそう言われると理屈ではわかるが、客の気持ちが理解できないから上手に対応することができない。私たちは人から何かを提案されると、それについて感情を交えて考える。たとえば「花見に行こう」と誘われれば、まず「楽しそう」といった感情がわき、メンバーによってどんな花見になるかを想像する。アキラの場合は、感情がわくことなく、花見にはどんな意味があるのかと考える。さしたる意味がないと思えば、付き合いが苦痛になる。感情が抑圧されすぎたために、感情が働かず、感情と思考とを連動させることができないというわけだ。

どうしてこんなことが生じるのだろうか。

それは、前に述べた「条件つきの愛」が関係していると思われる。元二世がよく使う言葉に「二重生活」というのがある。「私の子ども時代は典型的な二重生活でした」というような言い方をする。二重生活が意味するところを明らかにすれば、アキラたちが抱えている問題がより見えてくると思う。

親が「エホバの証人」であれ、子どもは一般の子と変わりがない。一般の子と同じように、近所の子と遊びたい。プロレスごっこをしたい。日曜日には家族みんなでどこかに出かけたいと

いった気持ちがわく。ところが、エホバの証人の親たちはこうした子どもらしい素直な感情や欲求を認めようとしない。口にしただけでも叱られるし、駄々をこねれば懲らしめを受ける。

エホバの証人の子どもたちはそもそも、小さいときから自分の感情や欲求を抑圧されて育つのである。

戒律に抵触しない要求は認められるが、組織によって今を楽しむ生き方を否定されているため、「ゲームは伝道の妨げになる」というように、実際に認められることはほとんどない。

少し大きくなると、親に内緒で禁じられたことをやってみたくなる。友だちとゲームをしたい。日曜日にも部活に参加したい。とりわけ性に目覚める年頃になると、異性を好きになったり、ヌード雑誌を見たくなったりする。その結果、日曜日の集会に従順な態度で臨みながら、学校の帰り道、コンビニに寄ってつい雑誌をめくってしまうようなことが生じる。こうしたありようを元二世たちは「二重生活」と名づける。

親の言いつけを守らないのは一般の子でもよくあることだが、エホバの証人の子どもにとって、親や組織の指示に従わないことはハルマゲドンによる永遠の破滅を意味する。そのため、戒律を破ったあと、子どもたちは恐怖感と罪悪感に襲われ、そして「俺は誘惑に弱い駄目な奴」と劣等感に苛《さいな》まれる。ある二世は性に関する夢を見たあと自己嫌悪に陥ったというし、組織を離れてからも悪夢にうなされるとホームページに投書した先の女性は次のようにも書いている。

「最近まで神社に近寄ることができなかったのですが、そんな自分が嫌で、無理やりおみくじを引いたりお守りを買ったりしています。それができたときはすごくうれしいのですが、その後どっと落ち込みます。とても悪いことをしてしまったような気になるのです」

この女性がエホバの証人をやめたのは一五歳のとき。それから一〇年経ってもいまだこうである。性の問題になるともっと深刻だ。

「恋愛に関しても、いつも罪悪感がついてまわります。そんなバカな話はないと頭ではわかっているのですが、心と身体がいまだについていきません。心底愛していた恋人と寝たことがあります。後悔はしていませんが、そのことで自分を責めることがやめられず、彼に愛されている自分も許せず、自分から彼とは別れました」

二重生活は親の愛と密接に関わる。

「エホバの証人」的生活をしていれば親から愛がもらえるが、子どもらしい感情や欲求をぶつけると、親の態度はとたんに冷淡になり、親の愛を感じることができなくなってしまう。それが繰り返されれば、子どもたちは学習し、親の愛をもらうために、無意識のうちに感情や欲求を何度か封印する。

その結果、症状として「感情を外に放出できなくなる」ようなことが生じるのである。「愛」を「エサ」に置き換えれば、まるで「パヴロフの犬」である。二世が教義を信じるのは、小さいときからの教え込みもあろうが、それよりエサ（愛）の影響のほうが大きいのではないかと思う。つまり、親の愛を得るために教義に疑問がわくのを無意識のうちに抑制し、立派な二世となっていく——。

親から自分の存在を無条件で肯定されたことのない二世たちは、自分で自分に自信が持てない。自分の存在が肯定できなければ、他者を認めることもできない。その結果、人との付き合いがうまくいかなくなる。会衆内で懲らしめ二号だったという尾形健は社会に出てから、職を転々とし

てきた。喫茶店（数カ所）、ホストクラブ、キャバレー（数カ所）、シロアリ駆除、自衛隊、トラックの運転手、自動車板金工、船の機関士。それは「人とうまく付き合うことができなかった」からである。

自信がないから人から肯定されたい、認められたいという気持ちは人一倍強い。そのために、人とうまく付き合えないのに人に依存しやすくなる。人から認めてもらうと、すぐにその人を信じてしまう。

前出の奥山眞紀子は、こうした傾向は被虐待児に見られる一般的な特徴だという。

「親との愛着関係が結ばれていないと、守られている、認められているという意識が生まれないので、自分を肯定することができず、自己評価が低く、自信のない子になる。安定した自分というものが形成されないから、他者とうまく関わることができない。そればかりか、親から虐待される子は誰かに依存したいから依存症に陥りやすいのです。アルコールに溺れたり、ドラッグ依存になる子どもは少なくありません」

アキラやアリサが抱えている問題の根はきわめて深いのである。

アキラの話に戻す。

自堕落な生活を送っていたアキラが外に目を向け前向きになったのは、自分だけが特別な存在ではないことを知ったからだ。それまでは自分の家庭だけが特別で、それが原因で今のような自分になってしまったと思い込んでいた。ある日、インターネットで二世の集まりがあることを知って、顔を出してみた。アキラは愕然とした。数十人の元二世たちが赤裸々に悩みを語っていたのだ。親からの暴力、二重生活、罪悪感と劣等感、ハルマゲドンの恐怖心、不得手な対人関

係……。

〈深く傷ついていたのは俺だけじゃなかった。仲間がいたのだ〉

東京からの帰り道、アキラは電車の中で、人目もかまわず、ボロボロ涙を流した。

今から四年前、アキラが三〇歳のときの話である。

子育ての困難

アキラはそこで知り合った元二世の女性と昨年結婚した。自発的にカウンセリングを受けるようになったのはそれからである。治療の一つ、ロールプレイング（役割演技）にも積極的に参加している。父親役を演じることによって、あるべき父親のパターンを学ぶわけだが、普通の家庭がどんなものかわからないアキラにとって、新しい家庭を築くためには是が非でも肌で感じ取らなければならないことであった。

しかし、親から愛された実感のない子どもが自分の子どもを育てるのは容易なことではない。

プロローグで紹介したように、三重県で看護婦をしている元二世の下山和子は母親から暴力を受けて育った。

「モノサシやベルトあるいは素手で叩かれました。それだけでなく、正座をさせられたり、食事を抜かれたり。母が怒り始めたらとまりませんでした。ほんとうに怖かった。泣いていると、反省していないとまた叩かれた。だから、唇を噛みしめ、声を出して泣くのをがまんしました」

和子は高校を卒業すると、郷里から逃げるようにして三重県の看護学校に入った。それと同時に、エホバの証人をやめた。結婚し、赤ちゃんが生まれた。「子どもには絶対に手を出さない」

と決めていたのに、一歳ぐらいになると殴るようになってしまった。「叩くのをやめようといつも思うんですが、やっぱりやってしまう。叩くとだんだんエスカレートし、激しくなる。母と同じようになるのです」と、三三歳の和子は苦しそうに語った。

和子だけではない。小林純子（二七）も同じ悩みを抱えていた。

彼女は一歳半から一五歳まで二世だった。純子の少女時代のドラマも一編のルポルタージュが書けるほどに波乱に満ちたものだが、鬱状態、自律神経失調、不眠症、痛さで転げ回るほどの胃痛、不登校、自閉症を経験したというのにとどめておく。

彼女には現在九歳の女の子がいる。赤ちゃんの頃から叩いてきたという。

「子どもが泣くとともかくイライラしました。そうなると、言葉がワッと出てしまい、手でお尻や頭を叩いたりする。我を忘れるぐらいになって、子どもを放り投げることもありました」

イライラするのは、子どもをかまってやらなければならなくなったときや、親の言うことをきかないときだ。「子どもに完璧を求めるため、かまってやらなければならないことが起きると、もうイライラしてしまうんですよ。最近は大きくなりましたから、手を出す回数は大幅に減っていますが」という。理由が理由だけに手が出るのはしょっちゅうだった。

その結果だろう、九歳の娘は情緒が安定しない。

「学校でヒステリーを起こしたり、パニック状態になることもあります。学校で友だちとトラブルになり、先生に注意をされると『こんなんじゃー、死んだほうがましだ』って叫ぶそうです」

つい最近もパニックを起こし、連絡があったという。学校の帰り道、帽子がないことに気がついた娘が道端で、転がりながら「これじゃあ、家に帰れない」と泣いて怒り、手がつけられなく

なった、というのだ。帽子をなくしたのはこれが三回目で、家に戻れば私に怒られると思ったからなのでしょうと、彼女は分析する。

ここまで話をすることができるのだから、もっと理性的に対処できないものか、と思う。彼女はヒステリックなタイプではない。過去を振り返るときは冷静で、エホバの証人の組織体質や両親に対する分析も冷静だ。子どもの今後のことが心配になった私は、「お子さんのことが愛せなくても、嘘でもいいから耳もとで、愛している、おまえは大切な宝物だってささやいてやったらどうですか。お子さんの気持ちはそれでずいぶん軽くなると思いますが」と提案してみた。オウムの母親が耳もとで繰り返しささやいて子どもの心を安定させたことを思い出したからだ。

彼女は、そんな努力はもう諦めたといった表情で、笑いながら話した。

「だめ、だめ、そんなこと、とてもできない。同じような悩みを抱えているお母さんと仲良くなって、子どもぐるみで付き合っているんですが、遊んでいる子どもたちを見ながら、二人で『今日一日は怒るのをやめようね』って、お互い約束するんです。ところが、なかなかうまくいかない。ハハハ」

彼女は先の和子のように親から暴力を受けて育ったわけではない。彼女の精神形成にとって大きいのは母親から愛されずに育ったことだろう。あっけらかんと話す。

「私が生まれたとき母は二一歳。自分の思い通りに育たないと子育てのことで悩んでいるときに、エホバの証人に出会ったそうです。私が大きくなってから母が正直に打ち明けてくれたんですが、私のこと、『かわいいと思ったことは一度もなかった』って、言っていました」

尾形健も一時期までは子どもを叩いて育ててきた。子どもは女の子で、現在八歳である。

健は子どもが一歳半になった頃に「わが家のルール」を決め、それに背くと二回までは口で叱り、三回目には「お尻をひっぱたく」ことを育児方針とした。子どもが幼稚園に入ると自我が出て、ひっぱたく回数が増えていった。「一回で二〇発はひっぱたいたかなあ」という。次第に、娘は脅えた目をするようになった。それに気づいた健は「このままだと性格が歪む」と、叩くことをやめた。

「わが家のルール」を「教団の戒律」に変えれば、エホバの証人の養育方針とまるで同じである。本人は気がついてないようだが、二〇回というのも自分がミシンのベルトで叩かれた回数と同じである。「自分が育ったようにしか子どもを育てられない」という言葉が浮かぶが、それでも健は叩くことをやめようと決意したらやめることができた。

しかし、子どもは生理的に苦手で、好きではなかったという。

「赤ちゃんがオシッコやウンチとかで泣きますよね。そうすると、扱えないどころか、もう生理的嫌悪を感じましたね。子どもが少し大きくなると、『お父さん、お父さん』と近寄ってくると、身体が硬直してしまった」

健は身体の硬直についてこんな興味深い分析をしていた。

「僕は、自分を殺していた子ども時代の自分が嫌いです。子どもの頃のことはあまり思い出したくない。それなのに、自分の子どもを見ると、そこに子ども時代の自分がいる。それを無意識のうちに感じ、身体が硬直したのではないでしょうか」

私が取材した九人のうち三人は所帯を持ち、子どもをもうけていた。下山和子、小林純子、尾形健の三人である。三人が三人とも子どもを叩いていた。三人に共通するのは、子どもが子ども

らしく振る舞うとき、つまり泣いたり、ぐずったり、甘えたりするときに、叩いたり、嫌悪感を覚えることである。子どもにより完璧なものを求めていた点でも三人は似ている。

エホバの証人の虐待のことを調査した服部雄一は、こう分析する。

「エホバの証人の子どもは、子どもらしく振る舞ったときに叩かれているんですよ。駄々をこねたり、しつこくおねだりをしたときとか。それだから、子どもが子どもらしく振る舞うと、いたたまれなくなるのです」

虐待を受けて育った子どもが親になると、自分の子どもを虐待するようになる。これはエホバの証人だけに限ったことでなく、前出の西澤哲によれば「虐待の再現性」と呼ばれる、被虐待児に見られる一般的な現象だという〈注12〉。

ここ数年、欧米の脳科学の研究者たちによって、親から放置されたり、不安に満ちた環境下で育てられた子どもは社会適応することが難しく、大人になってから子育てができない（ネグレクトする）ことが、脳のレベルから証明されようとしている。気鋭の脳科学者である北海道大学医学部教授の澤口俊之は次のように述べている。

「サルを生まれた直後に母親の元から隔離して一年ほど人間の手で人工保育をし、その後、群れに戻す。すると、大抵の場合、そのサルは群れでうまく生活できなくなり、同年輩のコザルからいじめられたり、オトナから攻撃されてしまうのだ。

さらに極端に、人工保育の際に針金でできた『代理母』をつかった実験がある。隔離するだけではなく、針金製の人形に保育ビンを取り付けて飼育するという実験である。このような状態で一年ほど飼育して群れに戻すと、そのサルは群れにほとんど適応できなくなってしまう。いじめ

られたり攻撃されたりする頻度も多く、群れから追い出されてしまったりするのだ。

しかも、こうした『群れ不適応』は生涯に渡って続き、オトナになっても適切な配偶行動をすることもできない」〈注13〉

子どもを産んでも抱こうとしないことも、代理母の実験で明らかになっている。子育てができないサルの脳内物質を調べてみると、セロトニンとドーパミンという物質が極端に少なく、脳の海馬《かいば》体組織が通常より小さくなっていることも判明している。母子分離され、不安や恐怖を感じる環境で育った子ザルはセロトニンの分泌が少なくなり、オトナになってからも分泌が増えないため、子ザルを愛情豊かに育てることができないと結論づけられている。

親がエホバの証人の信者になるのは自由である。だが、エホバ神を家庭に持ち込むと、子どもばかりでなく、孫の代にまで影響を及ぼす可能性があるのだ。そのことに自覚的な信者がどれだけいるのだろうか。いや、教団から離れた親とて、どこまで子どもの心の傷に自覚的であるか疑問である。

激しい虐待を受けて育った恵美の「エホバの証人」後のことに触れておく。

母親がエホバの証人をやめた中学一年のときに、恵美の「受難」は終わった。母親は恵美に泣いて謝罪した。

虐待の記憶に違いがあろうと、長い時間をかけて話し合えばわかり合えるはずだった。ところが、そうはならなかった。

エホバの証人をやめた母親はしばらくして、教団がサタンの手先だとしていたキリスト教に入信し、今度は教会に恵美を強引に誘うようになった。

「最初に教会に行った日がちょうどクリスマスの日でした。それまでサタンだったはずなのに、突然、クリスマスを祝うんですからねえ。びっくりしましたよ。嫌がると、また激しく怒り出すんですよ。母が怒ったらどうしようもなくなる」

母親はエホバの証人の聖書解釈が間違っていたからだと私に弁明していたが、恵美の人格はまるで無視である。恵美はイラつき、イライラすると手当たり次第食べるようになった。中学一年のときの体重は四八キロだったが、一年間で一五キロ前後増えだし、中学三年のときには八〇キロにもなった。イジメは中学に入っても続き、中二から中三が最悪だったという。肥満だけでなく、アレルギー湿疹、吹き出物、リンパ腺の腫れ、耳の後ろの膿《うみ》に悩まされ続けた。「私は私、私の人格を認めてよ！　って、何度思ったことか。この時期の母親がもっとも嫌いでしたね」という。

恵美の精神が安定するようになったのは四年前、高校に入ってからのことである。リーダー的な存在になり、たくさんの友だちができ、ようやく新しい世界を手に入れることができたからだ。居場所が見つかったのである。それとともに、イラつく回数は少なくなり、体重も少しずつだが減り始めた。

母親の教会通いは今でも続いている。恵美もしばしば付き合う。「今はお守り役ですよ。付き合ってあげないと、家の雰囲気が暗くなっちゃうから」と明るく笑う。だが、垂らしていた前髪の間から額の吹き出物がすけて見えた。まだ苦労が多いのだろう。

前出のアキラや健たちと飲む機会があった。その折りに、恵美の母親のことを話してみた。二人は「よくわかる」とうなずいた。

「少し前に、エホバの証人をやめキリスト教に入信した人の集まりがあって、エホバの証人の二世のことを聞きたいというんで、出かけていったことがあるんですよ。二人でそれぞれ二世体験をしゃべったけど、自分の問題として聞いていないんです。いや、みんなお母さん方ですよ。それなのに、エホバの証人を早くやめて良かった、やっぱりエホバの証人は悪い組織だといった程度にしか捉えない。『エホバの証人』時代の自分が子どもに何をしてきたか、どれだけ子どもの心を傷つけたのか考えている様子はまるでなかった」

信仰がエホバの証人（エホバ神）からキリスト教（イエス・キリスト）にかわる。それはある「絶対」が一つの組織から別の組織にかわっただけのことである。わが子の存在を真正面から見ようとしない限り、神がキリストになろうが、子どもたちの傷が癒えることはない。

「私が大きくなって子どもを産んだら、エホバの証人のような育て方をしてやる！」

小学生の女の子が母親に叫んだ言葉である。

〈注1〉「エホバの証人」は信者個人あるいは信者の集合体として使われる場合と、教団名の通称として用いられる場合がある。アメリカでの正式教団名は「エホバの証人 Jehovah's Witness」。

〈注2〉教義に終末思想を取り入れている宗教団体は少なくないが、日本でここまで極端なのは「エホバの証人」と仏教系の宗教法人「顕正会」の二つぐらいだろう。顕正会は「日蓮大聖人に帰依しなければ日本は滅ぶ」と唱え、高校生を中心に強引な折伏を繰り広げている。

〈注3〉明石順三が「灯台社」という名で設立したのが日本の「エホバの証人」の始まりだった。明石が歴史に名を残したのは、信仰上の理由から兵役を拒否し、拷問を耐え抜き、獄中を

非転向で貫いたからだ。このことは『兵役を拒否した日本人』（稲垣真美著、岩波新書）に詳しい。進駐軍命令によって釈放された明石順三は、戦時下に発行されていたアメリカ本部の機関誌などをむさぼるように読み、次第に組織に疑問を抱くようになった。それを会長のノア（第三代目）にぶつけ弁明を求めたが、本部はそれに一切答えることなく、明石を高慢、不謹慎と決めつけ除名処分にした。エホバの証人の歴史は『ものみの塔の源流を訪ねて』（中澤啓介著、新世界訳研究会）を参照。『エホバの証人の悲劇』（林俊宏著、わらび書房）にはコンパクトにまとめてある。

〈注4〉『あなたの家族生活を幸福なものにする』（ものみの塔聖書冊子協会、初版七九年）

〈注5〉虐待を受けた子どもは解離状態、解離性障害に陥っていることが多いといわれている。解離は一言でいえば感覚のボタンを切り替えるということになるが、わかりにくい概念である。解離現象について西澤がわかりやすい例をあげながら説明している。「(アメリカの精神科医の）レノア・テアは、継父から身体的虐待を受け続け、殴られても蹴られても痛みを感じなくなってしまった七歳の男の子の事例を報告している。彼は、父親からの虐待という行為にファンタジーの能力で対処していた。『最初は叩かれたら痛かった。だから、叩かれるときには一生懸命にピクニックに行ったときのことを考えていた。ピクニックでママの膝で寝ていたらとても気持ちが良かった』と彼は述べている。やがて彼はファンタジーの中で母親の膝の上に行きさえすれば、継父は自分を痛い目に合《ママ》わせることができなくなると感じるようになり、そのうち、母親の膝を思い浮かべるだけで痛みを感じないで済むようになった。そして最後には、何も考えなくても、痛みを感じることは全くなくなったの

である。この事例から、ファンタジーの能力を使って虐待の痛みから逃れてきた彼の歴史を窺い知ることができよう」（『子どものトラウマと心のケア』〔藤森和美編、誠信書房〕所収の「虐待に対するトラウマ反応——単純性PTSDと複雑性PTSDの違いについて」）

恵美が解離状態に陥っていたかどうかはわからないが、ファンタジー能力を使って、伝道訪問の苦しみから逃れていたことは間違いないだろう。

〈注6〉前出の埼玉県立小児医療センター精神科医長の奥山眞紀子は「トラウマによるストレスは身体症状となって表れる。身体化障害、転換性障害と呼ばれるものです」という。大人でも嫌なことを体験すると胃が痛くなることを考えればわかりやすいと思うが、症状は軽いもので夜尿症、湿疹、発熱、胃痛、倦怠感など、症状が重くなると失語症、一時的失明となる。アメリカの精神医学会編の『DSM-Ⅳ』では、身体化障害の症状として「疼痛症状」「胃腸症状」「性的症状」「偽神経学的症状」（失声、尿閉、幻覚、触覚または痛覚の消失、複視、盲、聾、痙攣、記憶喪失など）をあげている。このあとで触れる統一教会、ヤマギシ会の子にも身体化障害が見られる。

奥山が説明する。

「疾病利得というんですが、病気になることによって得られる利得があるということです。虐待を受け続けると、子どもは何とかその環境に適応しようとします。私が診た子なんですが、その子は親から性器を焼かれるという虐待を受けていました。痛いはずなのにその子はニコニコしているんですよ。環境に適応するために痛みの感覚を解離（麻痺）させているのです。虐待によって骨折した子もそうでした。感覚のボタンを切り替えるわけです。

見たくなければ見えないように身体が反応する。失明は珍しいことではなく、昔はヒステリー性失明症と呼ばれたものです」

〈注7〉『エホバの証人　マインド・コントロールの実態』（ウィリアム・ウッド著、三一書房）。現在の信者二二万人にあてはめれば四万七〇〇〇人ということになる。妻をエホバの証人から取り戻したいと願う夫たちが「エホバの証人の夫たち」という会をつくっている。

〈注8〉神戸国際キリスト教会牧師の岩村義雄は「キリスト教新聞」（九九年四月二五日付）で服部論文についてこう述べている。「幼児虐待に関する作為的な分析はアカデミックとは言えない。データの多くは、無理矢理脱会させられた元研究生（求道者）たちに注入された偏見に基づいている」。服部の調査対象者は元研究生ばかりでなく、元信者もいる。「注入された偏見」の意味がわからないが、まだ信者にもなっていない研究生が「エホバの証人は子どもを叩くように教えているという偏見」を、誰かの手によって注入されたと言いたいのか。しかし、エホバの証人に長く所属していた岩村自身、懲らしめの教えが「ものみの塔」などの冊子や文献に載っていることはよく知っているはずなのだが。

〈注9〉稲津麻美著『偽りの楽園』（恵友書房）

〈注10〉こうした変化は、ワクチン療法、臓器移植が解禁になったときと同じである。統治体の聖書解釈によってこれまで教義はたびたび変更されてきており、輸血が禁止になったのは一九五〇年代以降のことである。その輸血も近々解禁になると噂されている。一九七五年に起きるはずだったハルマゲドンの預言は、その後「第一次世界大戦（一九一四〜一八年）を見た世代がいなくなったときに起きる」に変更され、数年前からは単に「終わりの日はも

う近い」とだけ言うようになっている。　教えが変更になっても統治体や支部委員など組織の上層部が責任を取ることはない。

〈注11〉三〇の宗教団体に所属する一一万三〇〇〇人の信者を調査したアメリカの「全国宗教確認調査」（九三年）によれば、大学卒業率のベスト三は「ユニテリアン・ユニヴァーサリスト」（四九・五%）、「ヒンズー教」（四七・〇%）、「ユダヤ教」（四六・七%）。「エホバの証人」は最下位で四・七%だった。

〈注12〉保坂渉著『虐待』（岩波書店）

〈注13〉澤口俊之著『幼児教育と脳』（文春新書）

韓国生まれの統一教会（世界基督教統一神霊協会）が日本で最初に話題になったのは一九六〇年代後半の「親泣かせの原理運動」としてであった。

苦労して大学に入れた息子や娘の挙動がおかしい。親たちが調べてみると、子どもは統一教会の学生組織、原理研究会に所属し、花売りや募金活動に奔走していた。家に戻ってこいといっても言うことをきかない。原理研究会や統一教会を批判すると、あの真面目で聞き分けの良かった子が『原理講論』（教典）を振りかざし、反論してくる。血走った目はどう見ても尋常ではない。そのうちに大学を中退し、ホームや教会に寝泊まりしながら販売活動や布教活動に専念する「献身者」になっていく。まさに「親泣かせ」の原理運動であった。

たまりかねた親たちは六七年九月に「原理運動対策全国父母の会」を結成し、統一教会本部に①「原理運動」のために家出する者を〝すばらしい人〟とほめて、家庭を破壊するような指導をやめる、②学業を続ける者を「罪悪なり」とする大学の原理研内の風潮を改める、③子女に無理な献金を強要し、無報酬労働をさせない――などの九項目を申し入れた。が、効果はまるでなかった。

それどころか、その後、彼らは合同結婚式に参加するために次々と韓国に渡っていった。

反対する親に彼らはこう主張した。

神はアダムとエバを創造した。神は人間始祖の二人が成人してから結婚するように願ったが、エバは霊的存在である天使ルーシェルの誘惑に負け、堕落してしまった。そのため人類は罪を血統的に引き継ぐことになり、罪悪世界が続くことになった。

神は二〇〇〇年前にイエス・キリストを遣わしたあと、再び救世主として一九二〇年生まれの文鮮明《ムンソンミョン》を地上に送った。文鮮明は韓鶴子《ハンハクチャ》と聖婚し、全人類の父母（真のお父様・お母様）となった。人類が救われるにはメシア（文鮮明）が伴侶を選ぶ合同結婚式に参加し、血統転換をはかるしか道はない。そして、罪から解放された真の家庭が次々とできあがり、万物（財産など罪悪世界のあらゆるもの）が文鮮明のもとに復帰したとき、地上天国（神の国）が建設される。

そう説明されても、親には何のことかわからない。「何を荒唐無稽なことを言っているんだ。文鮮明が選んだ、見も知らない人との結婚なんか絶対に認められない」と反対するが、子どもは「合同結婚式に参加して血を清めれば、結局のところ、お父さんやお母さんを含めてうちの一族すべてを救うことになるんだ」を繰り返すばかり。親は終いには泣きながら思い止まるように懇願するが、子どもは一切耳を傾けず、家を飛び出していった。

彼らが参加したのは「七七七双（組）」と命名された七〇年の合同結婚式だった。文鮮明によってマッチング（組み合わせ）された七七七組が合同で結婚式をあげる。俗にスリーセブンと呼ばれる、日本の若者が最初にまとまって参加した結婚式である。

キレた花嫁

あれから約三〇年――。

韓国のソウルから車で一時間余りのところに水澤洞《ステクドン》という町がある。統一教会の中央修練所があるところだ。その隣町に日本人の親子、永瀬克子（四七）と娘の好美（一八）がやってきたのは九七年の秋のことだった

二人を案内してきたのは韓国人の母と息子だった。韓国人の親子は車の中で耳を覆いたくなるほどの大声でしゃべり続け、ときにゲタゲタと笑っていた。

好美がいささかうんざりしていると、いきなり胃がおどるようなデコボコ道となった。韓国の大通りは舗装されているが、そこからそれると砂利道になる。アスファルト道路しか知らない好美は驚くと同時に、すぐに気分が悪くなった。がまんが限界に達しようとしていたとき、韓国の親子がタクシーを止めた。

車からよろけるように降りると、荒涼とした風景が好美の目に飛び込んできた。

赤茶けた岩石が剝き出しになっている小高い丘に、壁が煤《すす》けたコンクリート造りの古いアパートが数棟。一棟に二十数世帯は住んでいようか。緑はほとんどなかった。

雨が降ると泥流とともに流れてしまいそうな欠けた石段を登り、アパートの階段をあがった。三階の彼らの住まいは四畳半が三つあるだけの狭い部屋だった。机とタンス以外に家具はほとんどなく、壁という壁に張りつけてある写真を除けば殺風景な佇まいである。写真は母親と息子、また息子の弟や妹たち。親戚と思われる人の写真もたくさん飾ってあった。ひときわ大きいのは統一教会では「真のお父様」「真のお母様」と呼ばれる、教組の文鮮明と妻の韓鶴子の肖像で

あった。

この日は統一教会の、輝かしき「約婚式」の日だった。世界中の未婚の信者が文鮮明に写真を送りマッチングしてもらったあとに、統一教会の本部から「相対者」（婚約者のこと）となった相手の写真が送られてくる。約婚式は、写真だけでマッチングされた若き信者たちが初めて対面し、結婚を誓う儀式である。

永瀬克子は七〇年の「七七七双」の合同結婚式に参加した、当時親を泣かせた若者の一人で、一八歳の好美はその二世だった。

写真を片手に日本からやってきた二人は、約婚式の会場となった水澤洞の中央修練所の会場で、初めて写真の青年とその母親に会い、お互いを確認するだけの簡単な約婚式を終えたあと、彼らの家を訪問した。

韓国人の母親は七五年の「一八〇〇双」で合同結婚式をあげた一世で、息子は好美と同じ二世だった。

写真に囲まれた部屋で、青年の三人の弟と妹たちは慎ましやかに礼儀正しく挨拶をした。青年の祖母は顔を涙でぐちゃぐちゃにして、小さい身体を折り曲げて克子と好美の手を握り、喜びをあらわにした。式が終わってから異様にはしゃいでいた青年は家にもどってからも顔を上気させたまま、何やら叫んでいた。統一教会で単語程度の韓国語は学んできたが、好美にはみんなが何をしゃべっているのかまるでわからない。

克子が日本円にして一〇万円相当のウォンの包みを渡すと、相対者の母親は身体全体で喜びを表した。

先ほどの約婚式の会場では、韓国人の親たちの間で日本人が何をプレゼントしてくれるのか、現金だとしたら金額はどのくらいかが話題になっていた。「献金に明け暮れる日本の統一教会の信者は貧乏で、一ウォンも持ってこない日本人がいる」と話す韓国人もいた。それだけに、何も要求しないのに克子が多額の現金を渡してくれたことが、相対者の母親にとってはことのほかうれしかったのだ。

みんなでご飯とキムチとテールスープの食事をしたあと、克子と好美は金浦《キンポ》国際空港に向かった。玄関先では二人の母親が「二カ月後の合同結婚式で再会しましょう」と手を握りあっていた。好美は小さい頃から合同結婚式はとても重要なことだと教え込まれてきた。が、約婚式を終えると、急に色あせて見えるようになってしまった。

それには三時間余り前に見た光景が影響している。

二世同士だけを対象とした約婚式は、日本と韓国の若者四〇〇人とその家族が参加する賑やかな祭典だったが、好美が唖然としたのは青年の態度だった。式が終わるやいなや青年は椅子の上に立ち、後方にいた自分の母親に親指を突き出し「やったぞ」のサインを出したのである。母親も椅子にのぼり興奮した口調でそれに応えていた。青年は式を終えてからずっとしゃべりっぱなしだった。まるで宝くじでもあてたように興奮し、家に戻る途中風船を貰うと、満面の笑みを浮かべながら見知らぬ子どもたちに配るほどのはしゃぎようだった。好美は次第に鼻白《はなじろ》んでいった。

好美は平凡な顔つきだが、韓国人が好む二重瞼だった。日本人には理解しがたいが、ソウルに整形通りと呼ばれる通りがあるくらいに、韓国の青年は男も女も二重を好んだ。青年は好美の二重瞼を見て「やったぞ」と思ったのである。また、好美の父親は統一教会系企業を転々としたあ

と、配管加工の会社を立ち上げた。社員一人、アルバイト一人の三人ばかりの零細企業だが、肩書は韓国人が好む「社長」である。一方、相対者の家は早くに離婚し、母親が統一教会系企業の株式会社一和の工場に勤めながら祖母と四人の子を養っていた。

相手の家からすれば、好美は文鮮明からもらった宝物である。それが韓国人親子の態度に露骨に出るから、好美は鼻白む。

それに、青年は鮮文大学（統一教会系の大学）の一年生の一九歳、好美は高校を中退して二年目の一八歳。写真とプロフィールが送られてきたとき、好美は相手が大学生であることにほのかな期待を抱いたが、冷静に考えれば、結婚すれば言葉の通じない狭い家で、朝から晩まで一家六人の家事に追われるのは目に見えていた。小さい頃から想っていた合同結婚式が現実的になればなるほど、好美は醒めていった。

しかし、両親の期待を今さら裏切るわけにはいかなかった。合同結婚式（祝福）で血統転換をはかった両親からすれば、自分はサタンの血が流れていない汚れなき神の子（祝福二世）である。神の子同士が結婚し、さらに真っ白な子が生まれれば、永瀬一族は血統的に原罪から免れ、一族揃って地上天国に行くことができる。両親は昔からそれを期待していた。

好美の約婚式から二カ月後に行われた九七年一一月の合同結婚式は、アメリカと韓国で同時に開催された。アメリカの現地時間に合わせたため、韓国では散々待たされた挙げ句、未明の開催となり、雨の中、花嫁たちはずぶ濡れになりながら祝福を受けた。ちなみに、このときのワシントンでの合同結婚式は、出演予定だった有名な女性歌手、ホイットニー・ヒューストンが直前になってキャンセルしたことで話題になっている。

好美の心は式が始まったときには完全に冷えきっていた。

相手の母親と再会を約束していた母親の克子は渡航費用を捻出することができず、好美は一人で韓国にやってきた。前の日、再び青年の家を訪問すると、布団が敷かれてある四畳半に案内され、「今晩は泊まっていけ」と言われた。青年は明らかに発情していた。当日、ホテルに迎えにきた青年は「式が始まるまで時間がある。プレゼントしたいから一緒にデパートに行こう」と片言の英語で誘った。日本の地方スーパーのような店に連れていかれ、好美の好みもきかず、帽子、手袋、セーター、マフラーなどを次々と買いまくった。金の出所は母親の克子が渡した包みであることはすぐにわかった。買い物が終わると、青年は道に迷い、結婚式の受付に遅刻した。

一八歳の花嫁は完全にキレてしまった。記念写真のときだけは笑顔をつくったが、式の間中、青年の顔を見ることはなかった。式後にはあっちこっちで新しい家族の輪ができ、韓国人の親が日本人の親に「いくらくれますか」と持参金の交渉が始まっていた。まるで売買の対象にされているようで、好美は嫌悪感を抱いた。式が終わると、「このままここに残ってくれ」と哀願する相手の声を無視し、好美はさっさと日本に帰ってしまったのである。

韓国の青年からはその後、何度も国際電話がかかってきたが、好美は無視し続け、しばらくして「祝福二世成婚解消届」を日本の統一教会本部の二世局に郵送した。両親は怒ったが、娘の意志が固ければ諦めるしかない。重要な教義に背けば、エホバの証人であれば排斥処分となるが、統一教会の場合は克子によれば「親子関係が多少ぎくしゃくすることはあっても、組織から二世が処分されることはない。首に縄をつけて韓国に引っ張っていくわけにもいかないから諦めるしかありませんでした」という。

好美が両親の期待に妥協していれば、今頃は片田舎の煤けたアパートで、幼子を抱え、夫の三人の弟と妹、祖母の世話に追われ、私と会うことなどなかったであろう。

罪の子(ヤコブ)と神の子

「親泣かせの原理運動」が話題になってから三十数年。統一教会の霊感商法はすっかり有名になったが、親を泣かしたあのときの若者たちの二世のことは全くといっていいほど知られていない。親から虐待を受けているという話は聞いたことがないし、親と一緒に募金活動をしている姿も見たことはない。いったい、統一教会の二世はどんな暮らしをしていて、どんな悩みを抱いているのか。

そもそも、親泣かせの若者たちが結婚してから誕生した二世はどれくらいの人数にのぼり、いま何歳になっているのか。

合同結婚式に参加した日本人の割合は七〇年の「七七七双」が二三五組(約三〇%)、その次に行われた「一八〇〇双」が七九九組(約四〇%)。八二年の「六〇〇〇双」は不明だが、仮に三〇%の日本人が絡んでいるとすれば一八〇〇組だ。合計すれば三つの合同結婚式だけで二八三四組のカップルが誕生したことになる〈注1〉。

彼らが産んだ子どもの人数はわからないが、好美の母親、克子の話が参考になる。

「統一教会では中絶が認められていないので、年子がやたら多いですよ。私の場合も、最初は子どもができなかったのですが、妊娠するようになると立て続けに生まれましてねえ。好美を筆頭に三人ですよ。三番目が生まれてから身体がもたないと避妊を始めたのですが、好美の相対者

が四人きょうだいだったように、四、五人なんてざら、ともかく子だくさんの人が多いですよ」

一カップル三人とすれば二世は八五〇二人。四人とすれば一万人を超える。もちろん、八二年以降も合同結婚式は続いているから、二世は今でも毎日、誕生している。

たまたま手元にあった統一教会の機関誌「祝福」（九五年秋季号）をめくると、夫婦と子どもの名前を記した「二世誕生」という記事があった。数えると、九四年四月二一日から七月一〇日までの約三カ月間に日本で誕生した子ども（現在六歳）は三五九人にのぼる。一日平均すると実に約四人、年間にすると一四六〇人の二世が誕生していることになる。

これ以外に「ヤコブ」（罪の子）と呼ばれる子どもがいる。合同結婚式に参加するのは未婚者ばかりでなく既婚者もいる。その既婚者が合同結婚式に臨む前に産んだ子どものことをヤコブというが、その子を合わせると統一教会の二世は日本だけで一〇万人を超えるのではないかと推測される。

一方、子どもの年齢は、計算上のことだが、七〇年の「七七七双」で式を挙げた信者の子どもの最年長は現在二五歳。その次に行われた七五年の「一八〇〇双」の子どもは二二歳になっている。八二年の「六〇〇〇双」の子は中学生だ〈注2〉。

日本人が絡む祝福二世同士の最初の合同結婚式は八九年の「七二双」で、二回目は九二年の「二〇〇双」である。八九年の七二組のうち日本人が絡むのは一組（女性が日本人）。「二〇〇双」は九組で、そのうち日本人同士が一組、男性が日本人で女性が韓国人が三組、その逆が五組となっており、九組一八人のうち一人を除き全員が大学生（多くは統一教会系の大学）である。このあとが九五年の「三〇〇双」で、五〇組に日本人が絡んでいる。好美が参加したのは九七年の

「四〇〇双」である。

文鮮明は、八六年に韓国人の二世だけをマッチングの対象とした最初の二世結婚式で、こう語りかけている。

「自分の思いのままに結婚すれば行く先は地獄であり、自分の思いのままにでなくて結婚すれば行く先は天国なのです」〈注3〉

自分の思いとは関係なく結婚した二世が、文鮮明の言う通り、地上天国に行っていれば何の問題もない。しかし、九七年の合同結婚式には好美を含め四〇〇組の二世が参加しているが、好美によれば「現在、八〇%以上の家庭が壊れています」という。渡韓してみると相手の韓国人男性のほとんどが教団が禁止している酒や煙草をやっているし、中には愛人がいたり、さらには妻子がいたという悲惨なケースもあるという。

統一教会の二世の将来は、「真のファミリー」と呼ばれる文鮮明のファミリーに象徴されているように思う。

文鮮明と韓鶴子は一三人の子どもを産んでいる。以下、素描すればこうなる。

第一子の誉進《イエジン》（女）は組織を脱会。第二子の孝進《ヒョウジン》（男）はドラッグ漬け。父親が選んだ女性と離婚したあと再婚。第三子の仁進《インジン》（女）は離婚。第四子の興進《フンジン》（男）は改造した車を無免許運転で飛ばし事故死。第五子の恩進《ウンジン》（女）は組織を脱会し一般の人と結婚。第六子の顕進《ヒョンジン》（男）は世界原理研究会の会長。第七子の國進《クッチン》（男）は世界の統一教会系企業の総まとめ役。銃器製造工場の責任者で、自身、拳銃のコレクター。第八子の権進《クオンジン》（男）は表に出ず。第九子の善進《ソンジン》（女）は合同結婚式を忌避し、組織から離れる。その後、復帰。第一〇子の榮進《ヨンジン》（男）は九九年自殺。第

一一子の亨進《ヒョンジン》（男）と第一二子の妍進《ヨンジン》（女）は表に出ず。第一三子で現在高校生の情進《チョンジン》（女）は自殺未遂歴あり。表に出ないという意味は、組織の役職に就かず表立った活動をしないという意味である。

悲劇だったのは次女、仁進のケースである。彼女は合同結婚式の前に、ある信者と付き合っていた。その男性は文鮮明の隠し子だった。異母きょうだいと恋仲になっていたのだ。そのことがわかったとき、仁進は激しいショックを受けている。

これが全人類を象徴する真のファミリーの姿なのである。

文鮮明の第二子で長男の孝進と最初に結婚した洪蘭淑《ホンナンスク》は次のように書いている。

「文夫妻は子どもたちの養育にはあまり手をかけなかった。（略）赤ちゃんが生まれるとすぐ、その子は教会の『兄弟姉妹』に預けられ、彼らが乳母や子守をした。『イーストガーデン』（東の園、引用者注・文ファミリーの家）にいた一四年の間、文師か夫人が子供たちのだれかの鼻をふいてやったり、一緒にゲームをするのを見たことは一度もない。（略）私自身も、彼の創成期の弟子二名の娘として、子供時代に両親の放置を耐え忍んだ。文師はこの点に関して、ひとつの神学的説明を用意していた。メシア第一、である。彼は信者たちが彼の代理として、大衆に対する改宗運動に身を捧げることを期待していた。個人的な家族の幸せを追求するのはわがままというものだった」〈注4〉

洪蘭淑によれば、文鮮明ファミリーの子どもがうまく育たなかった理由は、宗教活動が忙しかったからなのか、それとも子どもに関心がなかったからなのか、親としての愛情を子どもたちに注がなかったことにあるとしている。

母を待ちわび、靴を舐める

文鮮明の神学的説明に基づいて、一般信者の家庭でも育児に時間を割くことはなかった。

好美が七九年に生まれたとき、母親の克子は巡回師の補佐役であるチームマザーとして全国を飛び歩いていた。

住まいは大阪の銃砲販売店の寮（活動拠点）で、文鮮明の子どもたちがそうだったように、好美はベビーシッターとなった女性信者に育てられた。一歳からは都内にあった朝鮮人参の販売会社の寮に移り、小学校にあがるまで寮の共同保育所に預けられた。

わかりにくいので補足説明をしておくと、統一教会といえば朝鮮人参が有名だが、その前は銃砲の販売が主な収入源だった（現在でも名古屋を中心に全国に数カ所ある）。また、「七七双」と「一八〇〇双」で合同結婚式をあげた信者は幹部候補と位置づけられ、二世が誕生すると信者の家には女性信者がベビーシッター兼家政婦として派遣されていた。

好美が乳幼児時代の大半を過ごした保育所は、一般の無認可保育園と違って、献身者となった親たちが活動に専念できるように、末端の信者がにわか保母となって子どもを預かるところである。一般の子どもと交流のない二世ばかりの保育所だが、子どもが預けられるのが日中だけだったらさほど問題はなかっただろう。しかし、好美は一度保育所に預けられると四、五日は放ったらかしにされた。それは好美ばかりでなくほかの子どももそうだった。

統一教会の教義に母子分離はなく、克子たち一世信者が意図的に子どもを放置したわけではな

い。万物復帰、つまりこの世のすべてのもの（人・金・物）を文鮮明、統一教会のもとに取り戻し、地上天国を一刻でも早く実現するために、子どもどころではなかったのである。

彼らがいかに〝信仰〟に燃えていたか。一人の信者に同行取材した「朝日ジャーナル」（六七年九月二四日号）は次のように書いている。

「（地方で伝道しながら、クズ集めで）もうけたカネは、下宿代と帰りの汽車賃にあて、残りは全部、協会（引用者注・統一教会）に献金する。食事代は、ほとんどいらない。パンの耳があるからだ。それが手に入らないときは、市価の三分の一以下で売っている特価パンを買う。（略）伝道に行った先でご馳走になることも多い。それに第一、朝食は決まって抜くし、伝道に熱心のあまり昼抜きのこともある」

また、明治大学を中退した女性信者の母親は「週刊文春」（七五年二月五日号）のインタビューで次のように話している。

「どこかの教会の飯炊き係をやって、ときどきニンジン茶も売るっていってました。大学まで行った子がなんで中退までして飯炊きせにゃならんのかと思うと、情けなくて情けなくて。

二、三度帰ってきましたが、いつも乞食みたいなボロボロの格好なんです。そいで、オーバーを買ってくれ、パンツを買ってくれいうもんですから、買ってやるとフトンやコタツまで持ってっちゃったんです。しまいには『鍋と釜はないか？』いい出したんで、それまで持ってかれちゃとんでもないっていったんです。ウチは今度の集団結婚（一八〇〇双）のメンバーには入っていませんけど、『そのうち神様に選んでいただいて結婚することになると思うから、金ためといてくれ』なんていうんですよ。全く、情けないったらありゃしない」

一般の信者でさえパンの耳をかじりながら生活のすべてを統一教会にささげていた。ましてや、合同結婚式をあげた「七七七双」の二三五組、「一八〇〇双」の七九九組の男女は日本に統一教会の根をおろす種子である。取り憑かれたように東奔西走していたのは容易に想像できるだろう。チームマザーだった克子は、好美を保育所に預けると、統一教会系企業の販売所や活動拠点に出向き、人間関係など後輩信者の悩みを聞いたり、活動が停滞しているところにテコ入れしながら布教活動に奔走した。

克子が当時の記憶をたどってくれた。

「販売や募金活動は、地上天国を創ってくれるという文鮮明への献金を目的としたもので、目的を明かさず難民救済だとか嘘をついて集めるわけですから、喜びよりは苦しいことの多い活動です。その結果、脱退者が次々と出る。教団では心霊が落ちた人と表現するのですが、そうした人たちを説得するのにかなりの時間を割かれました。食口《シック》（信者）が販売活動で寝泊まりするマイクロバスを回って、そこで一緒に寝ながら話したり、みんな着の身着のまま、食うや食わずで活動していますから、ときにはレストランで食事を御馳走したり、服を買ってあげたりしました。また、家に戻ろうとする食口も少なくありません。家に戻れば心霊は確実に落ち、組織に戻ってくることはありません。だから、必死で家に戻さないようにしました」

とりわけ克子が重視したのは祝福をあげた信者の脱落防止だった。

「祝福をあげた食口が自宅に戻ると、私たちは何日間でも張り込みました。家から出てくると、つかまえて、このままではあなたは『死の道』を歩くことになるわよって、説得するわけです」

息子や娘が何年かぶりで戻ってきたと思ったら、通りの向こうで幹部らしき信者が張り込んで

いる。親からすれば何と陰湿なと思うが、克子たちにすれば兄弟姉妹（信者）たちが「死の道」を進んでいくのは耐えがたいことだった。張り込んでいるときはわが子のことを忘れ、ひたすら万物復帰を願った。

泊まり込みでの活動だったから寮に戻ってくるのは不規則だった。とりわけひどかったのは好美が一歳半から三歳のときで、克子は月に一回しか戻ってこなかった。

「あの頃は統一教会の影響を国会にも広めようと自民党の国会議員の選挙応援を熱心にしていましたので、泊まり込みで四〇日間も選挙カーで走ったりしていた。あるいはアメリカでの指導者セミナーに一カ月近く参加したり。もうムチャクチャでした」

子どもたちは親が帰ってこない夜は保育所で寝た。

この頃の好美について、克子はこう話す。

「預けっぱなしだったので、子どもの詳しい様子はわかりません。私が驚いたのは夜中の一時に音を立てないように玄関をそっと開けると、保育所の部屋で寝ていた好美がフワーッと起き出し、幽霊のように玄関に現れることでした。音なんか絶対に聞こえてないはずなのに。よほど敏感になっていたのだと思います」

好美が五歳になった頃、保母役をしていた後輩の信者が克子に「お姉さん、そろそろ限界ですよ」と告げた。克子たち七七七双は組織のエリートであるため、後輩信者は遠慮して好美の問題行動について詳しいことは話さなかったが、ひとことこう述べたという。

「好美ちゃんは日中保育所にいるとき、（お母さんの帰りを待ちわび）いつも玄関に座り、靴を舐めていますよ」

母を待ちわび、靴を舐める。何とも寒々しい光景である。

靴を舐めるのは愛の代償行為だったのではないかと克子は分析する。好美には二つ下の弟がいるが、弟の代償行為は「ザラザラしたものに触れることと、布切れを昼も夜も口にくわえチューチューすること」だった。

「タオルケットとか、とにかくザラザラしたものを手にしていないと落ち着かなかったようです。夜寝るときも口に布切れをくわえながらザラザラしたものを握りしめて寝る。中学を卒業するまで続いていたと思います。壁であろうがクッションであろうが、ザラザラしたものなら何でも手でなでる。一度だけ恥ずかしい思いをしたことがあります。バスに乗ったとき、前の座席に坊主頭の人が座っていた。そうしたら息子がその人の頭をなでるんですよ。とめても何度も何度も触ろうとする。あのときはまいりました」

好美の弟は、克子が保育所でみんなとしゃべっているときに、仁王立ちになって、歯ぎしりをしながら痙攣したように身体全体を震わせたことが何度かあった。

「一瞬、発作を起こしたのかとあわてました。あとでわかったのですが、私が話をやめて自分のほうに関心を向けて欲しいというサインでした」

克子は好美が五歳になったときアパートを借り、親子で一緒に暮らすことを決意した。「一緒にいるようになって驚いたのは、好美の色彩感覚がまるでなかったことです。赤い花が咲いているねと話しても、好美には何のことかわからなかったんですよ」

好美が小学校にあがると、担任の教師にこう言われている。

「お母さん、仕事をやめて、子育てに専念してもらえませんか。お子さんがどうも変なんです

れ

よ。落ち着きがなく、しじゅうそわそわして集中力がまるでない。多動症のような症状が見られるんです。それに自分のものと他人のものとの区別もつかないのです」

何かあるとすぐにパニックになって物を壊したりするとも指摘された。家でもパニックになることがあったが、それは弟の姿が見えなくなったときだった。母のいない保育所時代、好美にとって弟の存在だけが心の拠り所だった。その弟がいなくなれば不安でいっぱいになる。「弟の名前を大声で叫びながら、半狂乱のようになって探していました」と克子はいう。

好美がようやく精神的に安定するようになったのは高校を中退してからだという。

子どもたちの様子を身近に見ていたのは、ベビーシッター兼家政婦となった信者である。彼らはその後、例外なく統一教会から退会したという。克子が苦笑する。

「私もそうですが、七七七双や一八〇〇双の信者は留守のときでも家に居るときでも彼らに食事や掃除など家事育児の一切合切を任せていました。私たちは何もしないから家の中はメチャクチャ。それを彼らがすべてやってくれる。子どもの様子がおかしいこともすぐわかったでしょう。真の家庭を築くと言いながら、信者の家庭は家族バラバラ、子どもは健やかに育っていない。彼らがやめていったのは当然でしょうねえ」

統一教会の子どももまた、エホバの証人ほどではないが、組織の教義を教え込まれる。

一週間の最初の儀式は、日曜日の朝五時から文鮮明と韓鶴子の写真の前でお祈りをする家庭礼拝である。親は白い礼服か正装に着替え、韓国語で「チョンチュエ　チュンシミン　ウリ　カチョンドゥルン　サンハルル　ヨンハヌン（以下略）」と家庭宣誓を行う。日本語にすると「天宙の中心たる我らの家庭は上下を連ねる兄弟姉妹として、新しき天の前に真の父母の血肉として、

天の命令された伝統と家法を遵守し、責任的活動において自己の位置を失わず、勝利者の栄光を備えることを真の父母の前に、宣誓します」という内容だ。そのあと、朝の九時から教会で行われる子どもの日曜礼拝に参加する。

埼玉県のJR大宮駅から徒歩三〇分ばかりの大宮春日部線（通り）沿いに統一教会の大宮教会がある。教会といっても小さな貸ビルの二フロアである。日曜日の朝九時前に通りから見ていると、二十数人の子どもが教義テキストを片手に、父親や母親に連れられて建物の中に入っていく。小学生が中心だが、中には高校生らしき背の高い子どももいた。建物の近くに寄って耳をそばだてると、しばらくして「聖歌」の歌声がかすかに聞こえてきた。賛美歌のような歌声だけを聞いていれば既成のキリスト教の教会のようだが、通りに面した大きな窓のシャッターが下ろされたままで礼拝室が密閉されているのが奇異である。専用通路の入り口をのぞくと、礼拝室の前で小学二、三年の男の子が女性信者に長々と説教されていた。「自分の感情を優先させてはだめ。公的なこと、礼拝がもっとも優先されるべきよ。それがわからないの！」。何があったのかはわからないが、子どもは長らく泣き続けていた。

日曜礼拝の役員をしていたことがある克子によれば、礼拝は韓国語の挨拶から始まる。チャリョ（起立）、キョンベー（礼）、アンジャ（着席）。そのあと聖歌を歌い、三拝敬礼式のあと、写真の文鮮明夫妻に「私の誓い」を述べる。「天宙の中心的存在として父の御旨（創造目的）と任せられた責任（個性完成）を全うし、喜びと栄光を帰《き》し奉る善き子女となり、創造理想世界において永遠に父に仕え奉る真の孝子女となることを私はお誓い致します」という言葉を、家庭宣誓と同じように韓国語で唱える。そのあと、講師からいかに文鮮明と文のファミリーがすばらしい

か講義を聞く。たとえば、文鮮明についてはこうだ。

「真のお父様であられる文鮮明師が興南《フンナム》刑務所に入れられたときのことです。文師に差し入れられたものを同じ刑務所にいる人が盗んだことがあります。みんながその人を吊るし上げにしようとしたところ、文師は『私がその人にあげたんだ』と庇われました。真のお父様は心のとても広いお方です」

元妻がドラッグ漬けだったと証言する、長男の孝進についてはこう美化される。

「孝進様は学校でいじめられましたが、忍耐に忍耐をかさね、耐えられました。しかし、あまりにもしつこいので義憤に駆られた孝進様はいじめた人に拳骨を見舞われました。真のファミリーのお子様方は不義を決して許さない方でした」

日曜日の家庭と教会での礼拝以外は、「子女の日」「万物の日」「父母の日」「神の日」などの統一教会の記念日に日曜礼拝よりはやや改まった儀式を家庭で行う。この記念日は平均すれば月に一回行われている。週に三回の集会、毎日の伝道訪問などハードな教え込みと宗教実践が行われるエホバの証人と比べるとゆるやかだが、統一教会の場合は小学校高学年以上になると、夏休みに二週間、冬の休みに一週間の修練会がある。

修練会は神の子（祝福二世）とヤコブ（既成祝福二世）とは別々に行われている。好美が参加したのは神の子の修練会で、小学校時代は百数十人、中学時代は三〇〇人が参加していたという。内容は祈りと学習、レクリエーション、身体の鍛錬が主で、好美によれば、「真のお父様、お母様は文鮮明夫妻だとか、私たちは神の子で真っ白だが、両親は祝福を受け血統転換したがサタンの血が流れているとか、あるいは私たち以外の子はサタンの子で、サタン世界では変な男の子が近

寄ってくるから気をつけたほうがいいとかを教え込まれた。そうそう、祝福（合同結婚式）の意義と価値は毎回延々と意気込んで語られていた」。

好美は周囲から模範生のように見られていたが、そうではなかったという。

「心の中では文鮮明が救世主だなんて思っていませんでした。ただ、両親を喜ばせたかったから教会の活動に参加してきただけです。日曜の五時からの家庭礼拝や教会での礼拝などに参加すると親はとても喜ぶ。財布にわざと文鮮明の写真を入れて母親に見せたことがある。そうすると、母はニコニコして喜んだ。親が喜べば私もうれしくなるじゃあないですか」

親から愛をもらうために教団の教えを守るという、エホバの証人の子どもと共通する話である。統一教会の二世の特徴は、乳幼児時代は親からかまってもらえず、物心がつく頃になると統一教会の活動に組み入れられることにある。エホバの証人との違いは、統一教会は酒・煙草・異性交際が禁止されているだけで、宗教活動をさぼってもエホバの証人のように「愛の懲らしめ」を受けることはない。一方、エホバの証人の親たちは乳幼児期に宗教活動のためであっても統一教会のように育児を放棄することはない。そうした違いはあるが、二世が抱える問題の構造は同じだ。親の無条件の愛を受けた経験がなく、親が信じる宗教に反発すれば親の存在そのものを否定することになり、結局は条件つきの愛さえもらえなくなってしまう。また、エホバの証人ほど極端ではないが、統一教会にも親や組織の指示（とりわけ男女交際）に背けば地獄行きという教えがある。親が宗教を捨てるか、子どもが立派な二世になるか。それ以外に解決方法がないから、教団に疑問を抱いた子どもたちは葛藤し、もがき苦しむ。

好美が仲間たちのことを振り返る。

「おかしな子がいっぱいいましたよ。いきなりひきつけを起こす子。ノイローゼ気味で修練会の会場の外にずっと立っている子。うしろのほうでボーッとしてる子。急に暴れ出す子。手に自分でコンパスを使って入れ墨をする子。学校を休みがちな子が多かったですね。それでも修練会にくる子はまだまともだったのでは。教会や修練会に来ない子どもの中には自殺未遂を繰り返す子がいたし、殺人事件を起こし鑑別所に入れられた子もいましたから」

献金ノルマと純潔

「一八〇〇双」で式をあげた女性信者の一人も、克子と同じように全国を飛び歩いていたことがある。五年前に退会し、今は統一教会の教義の間違いを整理しているという。

「統一教会の問題点はいろいろありますが、そのうちの一つは二世問題です。不登校はものすごく多いし、多動症というんでしょうか、物事に集中できず絶えずそわそわしている子がやたら目につきました。自閉症や鬱状態となって家に引きこもっている子もいた。七七七双のお子さんで殺人事件、傷害事件を起こした子どももいます。最近、少年事件が多いでしょ。報道に接するたびに統一教会の二世ではと心配するほどです」

重大事件を引き起こした少年の九〇%は親に虐待（心理的虐待を含む）された経験を持つ、と言われている。彼女の心配を単に思い過ごしと言うわけにはいかない。

日曜の子ども礼拝で役員をしていた克子が、マンガを読んでいる子を注意したことがある。その子はこう反発したという。

「来たくて来てんじゃねえよ」

この一言に、二世の葛藤が象徴されているように思える。

子どもの様子がおかしくなったり、非行に走ったりすると、統一教会の親はアダムとエバの原罪を受け継いできた自分の罪を感じ、断食をしたり、冷水をかぶったり、徹夜祈禱を行う。これらの行は「蕩減条件《とうげん》」と呼ばれ、自分が背負っている罪の要素や堕落性を清算するための条件と教えられている。子どもが問題を起こす根っこにあるのは、親が文鮮明のほうばかり向いていて子どもに目を向けないことにあるはずだ。子どもの心を開き悩みを聞けばいいのに、親は冷水をかぶり続ける。

エホバの証人の親は子どもが問題を起こせば子どもを叱責する。行為としては対照的だが、どちらも子どもの声に耳を傾けないという点では共通している。

統一教会の二世の受難には経済的要素も絡む。

統一教会はエホバの証人のように組織として高等教育を否定することはなく、高偏差値大学への進学を奨励していたこともある。しかし、大学に進学する子どもは少ない。好美によれば多く見積もって短大を含め一〇人に一人ぐらいではないかという。相次ぐ献金によって家庭が貧しいからである。大学進学どころか、高校生でも生活費を稼ぐためにバイトをしなければならない状況にあるという。

献金ノルマは年々厳しくなり、二〇〇〇年にはなんと一冊三、〇〇〇万円もするという文鮮明の言葉を集めた本の販売である。教団は寄付をすれば本をプレゼントするという形を取っているというが、二八〇〇の教会に一冊ずつの割りあてができているというから事実上のノルマである。完売すれば八四〇〇億円もの巨額な資金が組織とメシアに流れ込む。各教会に割りあてられた三〇〇

〇万円は、個々の信者に割り振られ、信者は献金活動に奔走しながら、乏しい家計の中から資金を捻出する。八月時点ですでに一七〇〇冊の本が売れたというから、それだけで五一〇億円がメシアのもとに〝復帰〟したことになる。

統一教会に疑問を抱いた子どもの目からすれば、親は文鮮明ばかりにのぼせ、献金、献金で、満足に学費も出してくれない。心がすさんでいくのは当然だろう。

好美は高校時代に日曜教会で知り合った、やはり二世の男の子の家に遊びに行ったことがある。好美の家も貧しかったが、下には下がいることを知ってショックを受けた。

彼の住んでいる古びた木造アパートには統一教会信者の家族たちが身を寄せ合うようにしていた。部屋は二畳の台所に四畳の食堂と五畳の居間。そこに両親と彼を含め五人のきょうだい、合わせて七人が暮らしていた。食堂の床が彼と弟の寝場所で、風呂のシャワーは壊れたままだった。後述するが、母親はブラジルに派遣されており、父親は統一教会系の企業で働き、夜遅くならないと帰ってこない。弟や妹の世話は彼が一手に引き受けていた。好美が「こんな生活、おかしいと思わないのか」と質問すると、彼は「文鮮明の御言葉集を読みなよ。読んだらそんな質問はできないはずだ」と答えた。好美は「二世の一、二割程度は教義を信じきっている」と話す。

母親の克子も、かつての仲間はみんな貧しいという。

「大学や職を捨て献身した人は生活費に困っています。定職があるわけでなく、男の人は警備員や運転手、あるいは統一教会系の企業に勤め、配置薬や冷蔵庫の脱臭剤を売り歩いている。人脈を生かしてマルチ販売に手を染めている人も多い」

克子があげたマルチシステムの商品は、健康器具、健康食品、羽毛布団、化粧品、洗剤・石鹼。

出資法違反で警察に摘発されたＫＫＣ（経済革命倶楽部）にも統一教会の男性信者が絡んでいたという。

しかし、貧しいからといって子どもの心に傷を与えるわけではない。子どもにとって大きいのは、親の目が常に祭壇の前に飾られている文鮮明に注がれ、自分のほうに向かないこと、そして好きでもない人と結婚しなければならないという宿命にある。統一教会の親が願うのは極論すれば、わが子が「純潔」を守り、メシアが選んだカップルと祝福をあげることだけである。いつも口うるさく言うのは「純潔を守れ」だ。

とくに男女交際のこととなると、親はエキセントリックになる。

好美は高校生時代、母親の克子に竹刀《しない》で殴られたことが何度かある。理由は帰宅時間が遅かったとかカラオケに行ったとかいずれもたわいないことだが、そのたびに克子は激怒し、一度だけは竹刀が折れるほどの激昂ぶりだった。克子の当時に思考はきわめて単純で、帰宅時間が遅い・カラオケに行く、きっと男女交際しているに違いない。男女交際が続けばいつかは一線を越える。そうなれば娘の血は汚れてしまう。被害妄想特有の図式的思考である。「堕落するな、セックスをするな」を、一日一〇〇回も母親から呪文のように繰り返されたこともあったという。

好美の親に限らず、統一教会の資料を読めば組織そのものが性に対して過剰な意識を抱いていることがわかる。二〇〇〇年八月号の機関誌「ファミリー」には「『七・一節』敬礼式後の御言」として文鮮明の挨拶が載っている。前後の文脈に照らしても意味は理解しにくいが、不倫をするなと言わんがためにこんな説教をしているのである。

「それは何かというと、男性と女性の生殖器が地に落ちたというのです。その地獄に埋められ

ているものを復活させて還元する式をしたのです」「昔のヨーロッパで使用していた貞操帯というものがあるでしょう？　貞操帯をするよりも、服の中にそのような写真（引用者注・韓国の山中で発見されたという男性と女性の生殖器の形をした石の写真）を保管するのです。ではそのとき、（生殖器を使えないように）はめておいた写真をだれが取ってくれるのですか？」「たとえ数千人の美女たちが裸でいるところ、最高の美人が裸でいるところに裸の自分が投げ入れられて、生殖器が接触したとしても、そこで動じてはなりません」

合同結婚式後の初めてのセックス（三日儀式）のときには三通りの体位とその順番が決められているという話は有名だが、好美は合同結婚式にあたっての初夜の心構えの説明を受けたことがある。

「明かりは消して、ローソクの火を灯しましょう。女性にやさしくしましょう。ローションを使うとスムーズにいきます」

好美が乾いた笑い声をあげた。

「合同結婚式まで絶対にやるなと言っておきながら、式が終わったら二世の場合はすぐにやれでしょ。極端なんですよね。説明を聞いていたときは韓国の二世の男の子も一緒でしたが、発情しちゃってしょうがないという感じでした」

好美は、母親に殴られてもそれで心が傷つくことはなかったという。「お母さんが涙を流しながら叩いていたからです。それより二重生活の葛藤のほうが大きかった」と、改まった調子で次のように語った。

「私たち二世は幼稚園や保育園の頃から、あなたたちは神の子だから、サタンの子である非原

理世界（一般社会）の子とあまり遊んではいけないのだと言われて育ちました。学校生活が始まると葛藤が起きるようになります。友だちには統一教会のことは恥ずかしくて口が裂けても言えない。家には文鮮明夫妻の大きな写真が飾ってあるため、仲のいい友だちを家に呼ぶこともできない。大きな秘密をもって学校生活を送るのは辛かった。中学生になると、話題はほとんどが異性の話。もちろん自分だって仲間外れにされたくないから話に参加する。一方、教会ではそんな話に加わると霊人体（スピリチュアル・ボディ）がぐちゃぐちゃで真っ黒くなり地獄へ行くと何度も聞かされる。もう、毎日が葛藤の日々でした」〈注5〉

「いま思うと完全に教会に脅かされていたと思います。悔しすぎる。二世の半分が合同結婚式に参加すると思いますが、心の底には諦めがあるからです。小さいときから親や教会に言われ続けてきましたからねえ。もう一度青春時代に戻って、何も心配せずにのびのび生活したいですよ。小さい頃は、私はいつも寝る前に〈もし私が普通の家庭に生まれていたら〉と空想し、楽しいことを考えながら眠りについていました」

〝結婚〟をめぐる修羅場

男女交際や結婚に関する親の態度に深く傷ついている二世もいる。プロローグで取り上げた神野三千子の子どもたちである。神野は下の娘が精神障害になったのは病院でのミスが原因していると語っていたが、長女のユキによればそうではなく、男女交際が原因だったのだという。

神野三千子が統一教会に入ったのは七〇年のことだが、それ以前は立正佼成会の信者だった。

「結婚後しばらくしてから、近所の奥さんの笑顔に魅かれましてね。私もあんな風になりたいと

思った。その奥さんに質問すると立正佼成会の信者だという。それが入信のきっかけでした。人様の役に立ちたいと願っていましたので、法華経の教えには感銘を受けました」という。

地域の責任者になって熱心に布教活動を続けたが、次第に物足りないものを感じるようになった。それは、立正佼成会が現実の政治に積極的にコミットしないことにあった。彼女は六〇年代後半からの左翼運動の盛り上がりに危機感を抱き、反共産主義の立場から政治に参加したいと考えていた。彼女が影響を受けたのは、立正佼成会から六二年に統一教会に移った統一教会の初代会長、久保木修己で、この頃立正佼成会からの移行は一つのブームになっていた。

神野は統一教会に入ると水を得た魚の如く熱心に活動を始めた。統一教会の政治組織である勝共連合の集会に参加する一方、生花、ホンコンフラワー、前掛け、袋などの販売活動に従事し、社会から霊感商法と批判された印鑑、壷などの霊感グッズなどもインチキ霊能者となって売り歩いた。

この当時の母親の変化を、長女のユキ（三六）が振り返る。

「私が小学校一年生のときに母は統一教会の信者になりましたが、子どもの目から見てもすぐにわかるほど母は変化しました。宗教に傾倒する姿勢がまるで違い、顔つきまで変わってしまった。立正佼成会のときは昼に出かけ夜になると戻ってきたが、統一教会に入ると夜になっても帰ってこなくなった。サラリーマンだった父も母親に引きずられて信者になっていましたが、父が夜出かけることはなかった。しかし、父がいても母のいない夜はとても不安でした。いつも母にかまって欲しいと思っていた」

ユキが小学校五年のときに神野たちは既成祝福（七五年の「一八〇〇双」）をあげ、中学一年のと

きに神の子である桃子を産んだ。ユキには三歳年下の妹がおり、神の子、ヤコブの区分けで言えば、ヤコブ（ユキ）、ヤコブ（次女）、神の子（桃子）ということになる。神の子を授かると、神野はいっそう統一教会にのめり込み、月曜日に家を出ると週末まで戻ってこなかった。献金活動ばかりでなく、壮婦（婦人）の修練会や海外での布教活動の募集が行われると、そのたびに何日間も家を空けた。

その間、桃子は統一教会の二世を専門に見る保育所に預けられた。

神野三千子が話す。

「土曜日に引き取ってから月曜日に預けるまで桃子はしゃべりっぱなしでした。それが印象に残っていますが、月曜日に預けるとき桃子は嫌がる様子を見せなかった。チック症状？　それもなかった。最近、桃子に質問すると『嫌のサインは送っていたけど、お母さんは気づいてくれなかった』と言われましたが」

長女のユキは、母はわかっていないという。

「桃子は小さいときから無表情で無口な子でした。それは母親からかまってもらったり言葉かけをされたりすることなく育ったからです」

ユキは「母をガッカリさせたくなかったし、行くと喜ぶから」という理由で二世（ヤコブ）の集まりに参加したが、中学、高校時代は二つのことが不安でたまらなかった。

一つは、家にお金がないことだった。唯一の収入はサラリーマンだった父親の稼ぎだが、大半を献金にあてていた。その額は年間五〇〇万円にのぼったのではないかという。

「立正佼成会時代も献金をしていたようで、一〇円のお小遣いももらったことはありません。

服はいつも従姉妹《いとこ》のお下がり。そうそう、七歳のときに初めてデパートに連れて行ってもらった。私があまりにも喜ぶので、母が涙ぐんだことを覚えています」

神野家がようやく一息ついたのは、父親が内職を始めてからである。父親は腕のいい職人で、会社の時間外に個人的に頼まれた仕事を引き受けるようになった。内職の収入は会社からの給料とほぼ同額だったというから、腕のほうはかなりなものだったようだ。

「父親が内職を始めてから、生まれて初めてスカイラークで外食をしたことがあります。中学三年のときです。うれしかった。でも、献金は相変わらずでした。あとの話になりますが、数年前には父親の退職金にも手をつけ、私と喧嘩になったことがあります。母はいつも『これが最後、これが最後だから』と、耳にたこができるぐらいに言っていました。統一教会の一番の被害者は父親だと思います。何かあると母はすぐに離婚をちらつかせてましたから」

やはり離婚をちらつかせていたエホバの証人の二世、恵美の母親のことを思い出す。

ユキのもう一つの不安は、母が家庭を捨て、献身者になってしまうのではないかということだった。「母がおしるこをつくったり、あくまで私たちにとってですが豪華なものを振る舞ってくれるとき、これは最後の晩餐という意味なのか、明日出ていってしまうのかとものすごく不安になりました」

ユキは統一教会に内心懐疑的だった。教典である『原理講論』には納得がいかなかったし、何より母親の信者仲間で幸せになった人が一人もいないことが大きかった。母の信者仲間の夫は事業に失敗して自殺したし、やはり母の信者仲間は夫が背中が痛いと訴えていたにもかかわらず、日中の大半は献金活動に明け暮れ、がんに気がついたときはすでに手遅れだった。母が布教した

伯母は五〇〇万円の多宝塔や三〇〇〇万円の壺を買ってから「壺の後ろに霊界が見える」と口走るようになった。それが原因で夫婦関係が悪化した。ユキと同年輩の二世は交通事故にあい、一人が亡くなり、もう二人は後遺症に苦しんでいた。

「桃子の問題はあるけど、周囲を見渡してもうちの家が一番まともと思えるほど、ひどい家庭ばかりだった」という。

神野三千子は献金に明け暮れたが、子どもの教育には熱心で、ユキを大学に進学させている。

「統一教会のために家を抵当に入れていましたが、長女が大学に進学するというんで、教団と交渉して銀行に借金を全額返済してもらい、抵当権を解除してもらいました」と神野はいう。

ユキは組織には距離を置いていたが、大学二年生のときに統一教会が自分の問題としてのしかかるようになった。好きな人ができたのである。ユキは葛藤した。その人と付き合えば母は嘆き悲しむし、私は地獄に落ちるかもしれない。母の気持ちを優先させれば別れるしかない。

「葛藤する自分に驚きました。葛藤するほど組織に縛られていたのかと思った。教義には疑問を抱いても心情的に理解していたんでしょうね。好きな人ができたと告げれば母は気が狂うかもしれないと内緒で付き合っていましたが、好きな人と一緒にいても心から楽しむことができず、むしろ辛くて、苦しい日々でした」

彼と別れたあと、ユキは一生独身で通すことにした。合同結婚式の実態を知っていたからだ。

日本人女性と黒人の組み合わせは少なくないし、日本の女性と結婚することが目的で海外の男性が入信しているケースもある。韓国人と結婚した女性は儒教の国ゆえ家事にこき使われている。

信者が口先では文鮮明のマッチングを賞賛しながら、本音では自分の息子や娘の相手には同じ

日本人を希望していることも知っていた。母の信者仲間が「あなたのとこは、（献金額が多いから）ちゃんとした日本人よ！」としゃべっているのを聞いていたこともあった。

三〇歳になり「いよいよ生涯独身か」と思っていたとき、母親に「好きな人がいたら結婚していいよ」と言われ、ユキは驚き、混乱した。「なんで今頃になって言うの！」と母親を詰《なじ》った。このときのことを、神野は「長女はこのままでいけば一生独身で終わると内心焦りました。そりゃあ、祝福を受けてもらいたかったけど、一生独身でいられるよりは好きな人と結婚してもらったほうがいい。まあ、断腸の思いでしたが」と打ち明ける。

ユキはその後しばらくして自分で選んだ相手と結婚した。

話が一段落したところで、「三六歳になった今でも後遺症があるんですよ」と、母親似で意志の強そうな印象を与えるユキが寂しそうな表情になった。

ユキは大学を卒業してから職を一〇数回変えていた。上司から同僚と同じように平等に扱われると、わけもなく苛立ってしまうからだという。母親に小さいときからかまってもらえなかったことが原因だとユキは分析する。

「自分で自分の心理状況は分析できるのに、同僚よりも注目されたい、評価されたいという気分はどうしても拭えないんですよね。蚊に刺されるでしょ。そうするとすごく大騒ぎをするんです。主人が『なんだ蚊に刺されたぐらいで』と言えば、もう感情がコントロールできなくなってしまう。自分が自分であることを認めてもらうことなく育てられてきたことの反動なんでしょうが、どうしようもないですね」

ユキは感情をコントロールするために一人で車を飛ばす。

「ムシャクシャすると会社の帰り道、横浜まで飛ばすこともあります。土日はたいがいダンナさんを放っておいて、一〇時間はハンドルを握る。月にすれば三〇〇〇キロは走っている。それでようやく感情をコントロールできるんです」

ユキが母親に結婚していいよと言われた年、神野家は修羅場だった。

高校生だった三女の桃子が統一教会の二世と付き合っていることが発覚し、母親の三千子が半狂乱になっていたのだ。相手はヤコブで、父親は胃がん、家は献金がたたって自己破産寸前だった。ユキによれば、桃子が相手の身の上話に同情し、付き合うようになったのではないかという。二世の間でよくあるケースだともいう。

しかし、三千子にとって文鮮明がマッチングする前に娘が男性と付き合うことは許されないことである。ましてや、娘は神の子、相手はヤコブである。神の子は神の子同士で結婚しなければならない。

三千子は相手の男の子を呼びつけ、二人を前に顔を真っ赤にして包丁を突きつけ、交際をやめるように迫った。

だが、桃子は付き合いをやめなかった。生まれて初めて自分の意志を貫こうとしたのである。

薬学部を出たユキは仕事上、精神障害の患者をたくさん見ていた。ユキは母親に「強引に仲を引き裂こうとすれば、桃子は廃人になるよ。廃人になるほうがいいか、過ちを犯しても元気なほうがいいのか、どっちがいいと思ってるの」と説得したが、母親は頑として交際を認めようとしなかった。

付き合いは一年で終わったが、それから桃子の声が出なくなってしまった。

ユキが振り返る。

「桃子って、呼びかけるでしょ。ところが、返事ができないんですよ。失語症のような状態が一カ月半は続きましたか。交際をやめるように迫られたとき、本来の自我と、母に従って生きてきた自我とが引き裂かれたのだと思います」〈注6〉

ユキはよく卒業できたもんだと感心しながら振り返るが、ともかく桃子は高校を卒業し、准看護婦となった。

プロローグで紹介した、母親に手を引っ張られている女の子の腕が折れているという構図のイラストを描いたのはそんな頃だった。

桃子は看護婦になってから何度か自殺未遂を繰り返すようになった。ユキは「妹の自殺未遂は狂言的なところがあります。リストカットにしろ睡眠薬の大量服用にしろ、計算しているところがある。みんなから、とりわけ母親に注目され、かわいがってもらいたいんです」という。

桃子はいま両親と一緒に暮らしている。桃子の小さいときからの念願が叶ったわけだが、部屋に引きこもったままで、いまだ精神薬を欠かすことができない状態にある。神野三千子は私に「あの娘を社会復帰させるのがこれからの私の仕事ですよ」と語っていたが、ユキは「妹の症状は軽くありません。仮に軽くなることがあっても、桃子が社会に復帰することは難しいと思います。自分に自信がないから仕事に就くことは難しいだろうし、引きこもっているから結婚相手も見つからないと思う」という。

九二年の「二〇〇〇双」で日本人が絡む九組のカップルが生まれたことは前述した。そのうちの一人、二世のホープと言われたHは韓国の女性と結婚した。好美は修練会で、私たちはいかに幸

せに暮らしているかというH夫妻の講演を聞いたことがある。それからほどなくして、Hは自殺未遂を図った。妻が文鮮明の長男、孝進の愛人だということがわかったからだ。幹部信者の間では有名な話である。

ここまで悲惨ではなくても、韓国の男性と結婚したあと日本に逃げ帰り、その後、鬱状態になったり対人恐怖症など精神障害を患っている二世は少なくないという。

親に勧められて、統一教会系の韓国の中高一貫校、大学、アメリカの大学に進んだ子どもは就職先がなくて困っている。二世の合同結婚式に参加した早稲田の学生は韓国の女性と結婚したが、たちまち生活費に困り、大学を中退して今は二人でバイト生活だ。このような例をあげればきりがない。

統一教会の二世の受難は今も続いている。

四年前の九六年から統一教会は突如、ブラジルに日本人女性を派遣するようになった。ブラジルのジャルジンとパンタナールに広大な未開の土地を購入して神の国をつくるのだという。派遣されたのは五〇〇〇人近くに及ぶ。その間、子どもは日本に置き去りで、祖父母や信者が面倒を見ている。信者の間でたらい回しにされている子どもも少なからずいる。

元幹部だった克子のところには子どもの様々な情報が入ってくる。

「Sさんは三カ月ほど中米のエルサルバドルに派遣され、最近日本に帰ってきましたが、保育所に預けていた長女はいまだ一言も言葉を発しないそうです。Iさんは南米とアメリカへ一年間行っていましたが、戻ってくると五人の子どものうち四人が視力矯正のためにメガネをかけていたので驚いたそうです。Wさんはブラジルに三カ月ほど行っていましたが、帰国したら三歳の子

が赤ちゃん返りをしていて、Wさんが少しでも離れると大声で泣きながら身体中をばたつかせ、どうしようもないということです。トイレに行くときでも抱っこして入らなければならないとこぼしていた。入ってくる情報は、こんな話ばかりです」

最近、統一教会は祝福を受けただけでは罪は償われないとして、祝福一世同士が真に天国で入籍できるためには女性が韓国で三年間献身活動をしなければならないと主張し、その人選が進んでいるという。それが実行に移されれば、また多くの子が「母のいない夜」を迎えなければならなくなる〈注7〉。


〈注1〉「七七七双」以前は六八年に一組、六九年に二二組の日本人が合同結婚式に参加している。このうち六九年の一二組が未婚同士の結婚である。

〈注2〉子どもの年齢が合わないのは、統一教会の教えとして合同結婚式後のセックスを禁じているからだ。その期間は年によって異なり、「七七七双」は五年間、「一八〇〇双」は三年間だった。

〈注3〉『真なる子女の道』（宗教法人・世界基督教統一神霊協会）。

〈注4〉洪蘭淑著・林四郎訳『わが父　文鮮明の正体』（文藝春秋）。

〈注5〉好美のいう幼稚園は、東京にある統一教会系の「光の子園」。

〈注6〉失語症については、第二章の〈注6〉を参照。

〈注7〉「ファミリー」（二〇〇〇年九月号）。

第四章　未来の革命戦士

幸福会ヤマギシ会

一九九八年の五月二一日、東京・原宿の雑踏から中学三年の男子生徒が姿を消した。

少年は「幸福会ヤマギシ会」（以下ヤマギシ会またはヤマギシ）が運営する集団農場の一つ、兵庫県加西《かさい》市にある「北条実顕地」で暮らしながら、地元の北条中学校に通っていた。

少年は中学三年になると自分の将来を真剣に考えるようになった。〈このままヤマギシにいれば、高校に進学することができず、「ヤマギシズム学園」（ヤマギシ学園）の高等部に進んで、毎日農作業をやらされるだけだ。何としてでも普通の高校に行きたい。今度の修学旅行の行き先はおじいさんたちが住む関東だ。この機会を逃したら、ヤマギシから脱走する機会は当分なくなる。自由行動となる原宿で決行しよう――〉

少年は昼過ぎに人込みに紛れるようにして原宿駅に向かった。そこからどのようにして電車を乗り継いだのか不明だが、茨城県取手市の祖父母の家にたどり着いたときには日はすっかり暮れ、時計の針は午後八時を回っていた。

常磐線に接続する地下鉄千代田線を利用すれば、原宿駅に隣接する明治神宮前駅から取手駅までは一直線、二時間もかからない距離にある。それが八時間以上もかかったのは、少年が外の世界をほとんど知らなかったからである。ヤマギシの集団農場で生まれ育った少年が初めて外の世

界を知ったのは小学校に通うようになってからだが、それも学校と通学路のごく狭い範囲でしかなかった。おそらく、地下鉄の乗り方も知らず、JRを何度も何度も乗り換えたのだろう。

少年は見知らぬ土地を歩きながら不安でいっぱいだった。

〈会った記憶すらないおじいさんやおばあさんが僕を受け入れてくれるだろうか。高校に行かせてくれるのだろうか〉

関西に住む「ヤマギシの子どもを救う会」の事務局長から私のところに連絡があったのはその日の夜のことだった〈注1〉。

「このまえ、そっちにヤマギシの子の手紙を送ったでしょ。あの子、名前は悠太というらしいんだけど、その悠太が脱走して母親の実家に逃げてきたんだって！　さっき、おばあさんから電話があったよ。おそらく学校はヤマギシ会に連絡し、今ごろ北条の実顕地は大騒ぎとちゃうかなあ。悠太とも話ができたんだけど、高校に進学したいために脱走したんだって。脱走は悠太だけじゃなく、修学旅行の前にも二人の子どもがいなくなったんやて。このところまた脱走が相次いでいるみたいやなあ」

悠太から救う会に送られてきた匿名の手紙を取り出した。たどたどしい字で書かれた手紙はまるで政治囚からのそれであった。

「私は兵庫県にあるヤマギシに入れられています。私たちのために活動してくれてると聞いてこれを書くことにしました。読みにくいかもしれませんが見つかると何をされるか分からないので紙の反対から書いていています。めいわくかもしれませんがここでの生活をかんたんに書きます。このことについて裁判を起こしてほしいんです。くわしい事は、その時だれでも証人になると思

います。普通の人では考えられないような事をされています。それも人によってちがうのでくわしい事は今は書きません。

暴力をこえた暴力。声の高さのきょうせい（歌をうたわされる時、変声期なのに無理に高い声を出させる）、勉強時間のせいげん、部活動の禁止、きょうせい労働、発言のせいげん（ヤマギシのまつりに、大《おと》なたちがきていて、何か聞かれてもしゃべってはダメと言われた）。まだたくさんあるけどこれくらいにしておきます。それではよろしくおねがいします」（傍点とルビ以外、原文通り）

紙の反対からというのがわからないが、文字の感じからすれば、左手で書いているということだろう。助けを求めた団体に対しても、筆跡から特定されないように左手で書く。そこには、想像もつかないほどの怯えが感じ取られた。

救う会の事務局長は「申し訳ないが」と謝りながら、私に頼んできた。「両親は北条実顕地（集団農場）に住むヤマギシの村人だ。おそらく明日中に親が奪い返しに行くに違いない。こちら（関西）からじゃあ、とてもそっちに行けない。親が来る前に、おばあさんたちに事情を説明して悠太を引き受けるように説得してもらえないか」。電話を切ると、また電話が鳴った。ヤマギシに孫がいる、救う会の会長からだった。「なんとか、その子がそちらで暮らせるようにしてやってよ。高校に行かせてやりたいがな。だめだったらこちらで面倒を見ることも考えるわ」

すぐに悠太のところに電話をかけた。祖母とひとしきり電話で話したあと、急を聞いて駆けつけてきたという悠太の伯母に代わり、面会の約束を取り付けた。

翌二二日の朝一〇時、取手駅の駅ビル一階のコンビニの前に二人がやってきた。悠太を見て、私は一瞬戸惑った。中学三年にはとても見えなかったからだ。それほど小さく、どう見ても小学

校の五、六年の背丈しかない。心労のせいか顔色が悪く、おどおどしていた。獲物として猛獣に追われている小動物のようだった。

周囲をうかがったが、私たちに目を光らせる人影はなかった。昨日の今日であっても、悠太が尾行されている可能性はあった。ヤマギシ会が取手周辺に住むヤマギシ会の会員に連絡すれば、祖父母の家に監視がつく。スパイ映画のような話だが、過去の例からすれば十分に考えられることだった。

ある祖父母は、九五年三月に実顕地にいる孫を救出した。親戚を転々として隠れ回っていたものの、一三日目にして居場所が見つかり、両親に実力で奪い返された。弁護士を立て交渉中だったにもかかわらずだ。

その五カ月後、別の祖父母のもとに孫が脱走してきた。実力で奪い返された前のケースを知っていたため、祖父母は弁護士と一緒に岐阜の児童相談所に保護を願い出た。ところが、三重県津市にある豊里実顕地からやってきた両親はヤマギシ会の幹部とともに路上に停めた車で寝泊まりしながら連日、児童相談所に親権を楯に子どもを返せと要求した。行政訴訟を恐れた相談所は保護から一〇日目にして、それも朝の三時という異常な時間に子どもを両親に引き渡してしまった。

こうした救出、脱出事件がいくつか起きたため、ヤマギシ会は子どもがいなくなると、すぐに監視態勢を敷くようになった。一方、祖父母のほうは孫を救出すると、弁護士を立て実顕地に住む両親と念書を交わすまで、国民宿舎などに孫と一緒に身をひそめるようになった。私が知っている例ではその期間が一カ月間にも及んだことさえある。このときにはヤマギシ会は両親に捜索願を提出させている。

駅ビルのカフェテリアで二人と向き合った。

なぜ甥が突然やってきたのか、どうして第三者の私がいきなり顔を出すのか、伯母には事情がよく飲み込めない。会話がぎこちなくなるのは当然だった。

伯母がこれまでのことを説明してくれた。悠太の母親は自分の妹で、若い頃にみんなの反対を押し切ってヤマギシ会の集団農場に入った。そこで結婚し、悠太を頭に三人の子どもをもうけた。この二〇年間で茨城に戻ってきたのは数回しかなく、悠太を見たのは一、二歳の頃ではないか。そこそこ暮らしているだろうと思ってたけど、最近ではもう思い出すこともなくなっていた。

そうしたときに悠太が突然やってきたのだから、伯母が困惑した表情を見せるのも無理はない。

彼女はひとしきり話したあと、「そうそう」と思い出したように語った。

「出かける前に電話があったのですが、この子の両親がこちらに向かっているそうです」

悠太の身体が一瞬硬くなったように見えた。

北条実顕地がある加西から新幹線を利用すれば取手までは六時間、朝八時に出ていれば二時頃に着く。私は急に落ち着かなくなった。

ヤマギシ会はこれまでの日本、いや世界に例を見ない特殊な団体である。短い時間の中で、何も事情を知らないらしい彼女に、ヤマギシ会のことや、悠太がなぜそこから逃げるのか、なぜ怯えているのか、うまく説明することができるだろうか。この日本で子どもを隔離する場所が存在し、そこで子どもたちが暴力を受けているなんて、どうやったら理解してもらえるのか。まして、悠太に保護が必要なことをどこまで伝えることができるのか……。

私はこれまで知り得たことを一時間に渡って早口でしゃべり、ヤマギシに連れ戻されれば悠太

はひどい目にあうし、ヤマギシ会は高校進学を認めていないので高校に行くことができないことを繰り返し強調した。伯母は祖父母と話し合ってみると、いったん実家に戻った。

悠太と二人きりになり、ゆっくり事情を聞くことにした。しかし、裁判に訴えて欲しいとまで書いてきたというのに、怯えと警戒心からか口数は少なかった。両親に引き渡されたくない。ヤマギシに戻りたくない。おじいちゃんの家に住まわせてもらい働きながら高校に通いたい。決して迷惑をかけるつもりはない。そんなことを、ぽつりぽつりしゃべった。実顕地での暴力のことを聞くと、抑揚のない小さな声で答えた。

「竹刀で殴られたり、背中に熱湯をかけられたり、池の中に突き落とされたり。いっぱいある」

一瞬絶句した。そのとき、私の携帯電話が鳴った。伯母からだった。両親がそろそろ着くそうだから悠太に帰るように伝えて欲しいという。話し合いの結果を聞くと、「両親を交えて家族で話し合ってみる」というだけだった。

悠太を帰したくなかった。親の権利は絶対である。両親が自分の息子だから引き取ると主張すれば、周囲がよほど反対しない限り、悠太はヤマギシに連れ戻される。そうなれば「暴力をこえた暴力」が待っている。それがわかっているのになす術がない。

話し合いは長く続いたらしい。夜には救う会のメンバーが電話で祖父母や伯母たちの説得を試みた。私は東京の女性弁護士に事情を説明し、説得を依頼した。彼女はある祖父母から相談を受けたことがあって、ヤマギシ会の子どもの実情に通じていた。

弁護士の説得があっても、状況ははかばかしくなかった。

二三日の夜までの情報を総合すると、取手の祖父母はそれぞれ九〇歳代と八〇歳代。伯母の家

には悠太と同じような年頃の子どもがいる。とても引き取って面倒を見ることはできない。悠太の母親には兄もいて、伯母と同じように取手の近くに住んでいた。その伯父も伯母と同じ理由で受け入れを躊躇している。両親は、今後学園の世話係が暴力を振るわないように頼んでみるから一緒にヤマギシに戻ろうと悠太に話している――というものだった。

せっかく必死の思いで脱走してきたというのに、受け入れ先がなければ、悠太は弱気になる。電話をかけると、悠太は沈んだ声で「しかたがない」とだけ話した。こうなれば、もはや打つ手はない。

脱走に何の咎《とが》めもないのはこれまでの例からしてあり得なかったし、あとで述べる無我執の徹底によって、両親が世話係に口を挟める余地などないはずだ。再び竹刀や熱湯以上の暴力を受ければ、悠太の精神がどうなるかわからない。焦燥感に駆られ、次の日に伯父に電話をかけた。

伯父はこう言った。

「おっしゃることはわかるんですが、私があの子に会ったのは初めてのことです。血がつながっているといっても、愛情がわかないのですよ。しかたがないことだとは思いませんか。いきなり一五歳になった子がやってきて、一緒に住まわせてくれといっても、はいそうですかというわけにはいかないでしょ」

彼の言う通りである。といって、悠太のことを考えれば諦めるわけにはいかない。言ってはならないことを口にしてしまった。

「救う会の祖父母たちは引き取り手がなければ悠太君の面倒を見てもいいとさえ言っています。赤の他人がここまで心配しているんですよ。悠太君も自分で働きながら夜間高校に通い、衣食の

ことで面倒をかけることはないと言っている。四畳半でも三畳でもいいから場所だけを提供してあげるわけにはいかないのですか。これまで一度も会わなかったといっても伯父と甥の関係でしょ」

二時間後に伯父から電話が入った。「何とかやってみましょう」。思わず、身体中の力が抜けた。救う会の祖父母たちは「良かった、良かった」と、何度も繰り返した。

しばらくしてから、悠太の両親が村を出たという話が伝わってきた。どうもこの頃からヤマギシ内部で方針転換があったようで、問題を起こす子どもがいれば両親ともども実顕地から追放するという方針になったらしい。こうした動きは九九年以降、より顕著になっていく。

ヤマギシ会と無我執路線

私がヤマギシ会の取材を始めたのは九四年の秋のことである。それ以降、雑誌に何度かヤマギシ会のことを書いてきた〈注2〉。一つの団体にこれほど長く関わることになるとは思いもよらぬことだったが、虐待の事実を知ってしまったことが私にとって大きかった。埼玉県岡部町の岡部実顕地を見学したときには、初めて会った小学二年の男の子から直接「おじさん、僕たちを助けてよ」と訴えられたこともある。それを無視するわけにはいかなかったし、それに虐待を受けた子のその後が気になってしかたがなかった。

単行本『洗脳の楽園』をまとめるために、九七年三月に孫の面会を求める愛知県在住の祖父母と一緒に三重県四日市市の内部川《うつべがわ》実顕地を訪れたことがある。ヤマギシ会が「祖父母と孫との面会は自由に行っている」と説明していたことが事実かどうか確かめるためだった。しかし、実顕

地のメンバー（村人）は面会を拒否しただけでなく、実力で祖父母や私を排除しようとした。その際、祖父母と私は暴行を受け、私たちは刑事告訴した。四日市西警察署は一カ月に渡る捜査を行い、実況検分までした上で書類送検した。地検は不起訴処分にしたが、不起訴であっても暴行の事実を認める起訴猶予処分であった。私たちの告訴に対抗するように、ヤマギシ会は孫の両親を原告に立て、当日の行動は面会ではなく、私を主犯格とする未成年略取事件だとして四〇〇〇万円の損害賠償を求めて私を訴えた。

九七年暮れに本が出版されると、雑誌の編集者や本を書評で取り上げた新聞社などに〝未成年略取事件〟のことを取り上げて私を誹謗中傷する手紙を送り、虐待の事実を否定した〈注3〉。その後、広島弁護士会（九八年）、三重県（九九年）、日本弁護士連合会（日弁連、九九年）の調査によって、私のこれまでの記事に間違いがなかったことが証明された。

しかし、それまでヤマギシ会といえば、農業を基盤とする共同体であり、消費者にとってはトラックで食品を売り歩く生産・販売者集団であった。

「ヤマギシの生産物は、ほんものと美味しさを求めてぇ、村人自身がつくったぁ、すべて手づくりのぉ、全品自家生産です」

「ヤマギシの、仲良い鶏《にわとり》が産んだ卵は、生命力あふれるぅ、ほんものの卵で～す」

スピーカーから流れてくる一際澄みきった声と、トラックの横に大きく書かれた「金の要らない仲良い楽しい村」のキャッチフレーズから、食品を購入する人たちの多くは「ヤマギシ会は自然食品づくりを目的に、集団で農業を営みながら楽しく暮らしている人たち」といった牧歌的なイメージを抱いていた。日本を代表する思想家の鶴見俊輔や七〇年代の公害反対運動の旗手だっ

た宇井純（沖縄大教授）、森林生態学者として著名な四手井《しでい》綱英など学者や知識人がヤマギシ会を評価していた影響も大きかった〈注4〉。

その仲良しの楽しい村が、なぜ子どもを虐待するようになってしまったのか。ヤマギシ会と子どもとが関わるまでの歴史を、悠太の伯母に説明したように駆け足で見ていくことにする。

ヤマギシ会は、養鶏家、山岸巳代蔵《みよぞう》（一九〇一～六一年）が提唱したヤマギシズムを実践し、それを実現する趣旨のもとに、一九五三年に発足した団体である。ヤマギシズムとは山岸とイズムをくっつけた山岸主義のことで、当初は山岸会と呼んでいた。ヤマギシズムといっても文章化されておらず、はなはだ曖昧模糊としたものだったが、会発足から三年後の五六年にこの会の目的が明確になる。

この年、二年間かけて試行錯誤を繰り返していた、「特別講習研鑽会」という名のセミナーが完成する。略して「特講」と呼ばれるこのセミナーについては、私が参加したときの体験をもとに『洗脳の楽園』に詳述したのでそれを読んでもらうしかない。あとで少しばかり触れるが、「特講」はその人のそれまでの脳（観念、自我）を激しく揺さぶり、我執（執着心）のない人間につくり変えるセミナー、一言でいえば「脳を洗うセミナー」といっていいだろう。

山岸たちはこう夢想した。

この世の争いごとはすべて執着心に源を発する。世界中の人たちを特講に参加させ我執を取り去れば、争いやいがみ合いのない「全人幸福社会」が出現する。三カ月単位で一人の参加者がそれぞれ一〇〇人ずつを特講にいざなえば、一〇〇人、一万人、一〇〇万人、一億人、一〇〇億人と膨れ上がり、一年間で地球上のすべての人間の観念を変革することができる。

山岸たちはこの特講拡大運動を「Z革命」と命名し、「世界中の人に特講を拡げよう」を合言葉に、特講拡大に邁進した。Z革命とは暴力がともなわない究極の観念革命という意味である〈注5〉。

特講の主役は時代によって異なった。第一期（六〇年代）は山岸巳代蔵の儲かる養鶏技術が学べることに引き寄せられた農民たち、第二期（七〇年代）は学生運動に挫折した、ユートピアを夢見る学生たち、第三期（八〇年代以降）は子育てや生き方に悩む四〇歳前後の主婦とサラリーマンである。第三期世代が登場してから、ヤマギシ会に子どもが深く関わるようになる。ちなみに、私が受けた九六年五月の特講は一六五六回目にあたり、これまでに一〇万人が受講したといわれている。

一方、特講がスタートした三年目にヤマギシズムを実際に地上に顕してみるという実顕地運動が始まった。我執のない人間同士が集まってつくる村づくり運動である。単なる共同体と異なるのは、思想の共鳴ではなく初めに脳のウォッシング（＝洗脳）ありきで、特講に参加した人でなければ村の一員になることができないことにある。当のヤマギシ会も自分たちの集団は共同体ではないと言明している。

ともあれ、第一期世代が持ち込んだ土地をもとに、実顕地（集団農場）は全国各地に広がり、第三期世代の退職金や株券、マイホームの売却代金などの資金流入によってさらに拡大する。九七年には全国に約四〇カ所、世界に七カ所を数えるまでになり、日本の土地（一一〇〇ヘクタールの山林を除く）を合計すれば新宿区の面積をゆうに超える一九〇〇ヘクタールにまでなった。

しかし、実顕地は拡大されても経営は始めから楽なものではなかった。生産の主力にしていた鶏卵の市場価格が安定しなかったからである。とりわけ七〇年代に無一文の学生が大量に流れ込

み、七四年のオイルショックにぶつかったときは危機的な状況に陥った。

それが一転して経営が右肩上がりになったのは主に二つの理由からである。一つは七〇年代後半に、自然食品ブームを背景に、有精卵が人気商品になったことである。七五年に一二〇〇万円しかなかった売り上げは翌年一挙に七億六九〇〇万円に膨れ上がり、以後、生産品目の拡大とともに倍々ゲームで売り上げを伸ばし、九六年には二五〇億円を達成した〈注6〉。

前年の六四倍という七六年の劇的な飛躍にはもう一つの要因、我執批判が徹底されたことが関係している。簡単に言えば、「働きたくない」という人に「それは、働きたくないという意識に執《と》らわれているからだ。我執が抜けきっていない」と批判をすることである。そう言われれば、我執のない村づくりに飛び込んできた人たちは反論することができないし、いちど執着心が揺らいだ特講体験者は無我執になりやすい。その結果、村人は朝から晩まで労働に勤《いそ》しむことになり、労働生産性が飛躍的に向上したのである。

この路線転換によって村の権力者が入れ替わり、反対した幹部は粛清人事の対象となったことから、七六年の転換は内部では「クーデター事件」と呼ばれている。

その後、無我執の徹底は村人の生活のあらゆる面に及ぶようになり、「ハイ、で聴きます」(我を出さず人の意見をよく聞く)という村全体のテーマが八〇年に「ハイ！　でその通りやります」に変わり、八六年に入ると酒や煙草が禁止され、中絶が頻繁に行われるようになった。

中絶についてはこういうやりとりになる。妊娠した村人が「出産したい」と希望する。それが村が原則的に認めていない三人目の子どもや高齢出産であれば、結婚・出産調正係という名の幹部が「産みたいと執着するのはあなたに我執があるからだ。今回は産まないことにしよう」と提

案する。そう言われると、産みたいのは産みたいという気持ちがあるからにほかならず、反論のしようがない。かくして、堕胎手術を受けることになる。なんともグロテスクな話だが、これは調正係の責任者である奥村きみゑが私に話したことであり、秘密でもなんでもないことのようだった。

あらゆる執着心をなくすことに同意すれば、幹部たちの思い通りの村人をつくることが可能になる。無我執路線に反対していた当時の幹部が、ヤマギシの機関紙「けんさん」の四コマ漫画で、人を無我執にするのは原子爆弾より恐ろしいことだ。なぜなら、人を思い通りに動かすことができるからだ――と主張したのは鋭い洞察だった〈注7〉。

この無我執路線はその後、子どもたちに多大な影響を及ぼすことになっていく。

もし、「ハイでやります」ができず執拗に要求を主張すれば、自分の意見に執着していると判断され、「振出寮《ふりだしりょう》」という名の小部屋に入れられ無期限で我執を取り除かれる。それでも改まらなければ、「ヤマギシズムができない人」の烙印《らくいん》を押され、無一文で村から追放される。

先に悠太の両親が口を挟むことはできないと書いたが、仮に子どもとの約束通り世話係に頼んだとしても、「あなたはどうして子どものことに執着するのか。執着心をなくし学園の世話係に任せてみることはできないのか」と逆にたしなめられるだけである。

八〇年代に入り、特講拡大運動と実顕地運動が融合し、ヤマギシの生産物を武器にした〝革命路線〟が明確になっていく。

まず、ヤマギシの生産物の販売を通して購入者に特講を勧誘する。特講を受講すると二週間の研鑽学校を勧める。六三年から始まった研鑽学校は、特講と同じようなセミナーに農作業などの

実技が加わったようなもので、特講の係である江口公子《きみこ》によれば「特講は我執を取り除く基礎作業の場であり、研鑽学校は無我執を体得する場」だという。

研鑽学校の最終日に村への参画（入村）を勧める。無我執を体得した人は職を捨て財産を持ち込んで村人になり、無報酬の長時間労働（衣食住は無料提供）に従事する。売り上げと持ち込まれた財産は実顕地の拡大に投資する。参画の決意ができない人は会員となって、トラックでやってくる生産物の販売を支援しながら、自分たちがそうされたように地域の人たちを特講に勧誘する。

このやや図式的な回転運動の歯車が嚙み合い、九六年には二五〇〇人の村人と二万四〇〇〇人の会員を擁する、イスラエルのキブツを超える世界最大の共同体ができあがった。資産は現金で「五〇〇〇億円以上」（ヤマギシ会幹部）、不動産は坪五万円とすれば三〇〇〇億円だ。

世界最大の「子ども収容施設」

ヤマギシ会に子どもが深く関わるようになったのは八五年、ヤマギシ学園が設立されてからである。

むろん、実顕地づくりが始まると家族ぐるみで参画したから、それまでも子どもが関係しないではなかったが、人数が小規模で、矛盾が表面化することはなかった。村ができた当初から親子分離を方針としてはいたが、学園設立前は親子の交流は頻繁にあったし、高校進学も認められていた。実顕地周辺の地域の子どもたちと遊ぶこともできた。その当時ヤマギシの子と遊んだという三重県の農民は「子ども心にも変な集団がきたという印象はあったけど、実顕地の中で遊んだり、ヤマギシの子もうちらのところに遊びにきたりで、違和感はありませんでした」と振り返る。

ヤマギシ会はもともと子どもには関心があった。山岸巳代蔵は「愛児に楽園を」と唱えていたし、子どもの学育係にはオウムと違いヤマギシの中堅幹部クラスがスタッフとして配置されていた。全共闘世代の一部に影響を与えていた毛沢東主義者で早稲田大学の教授だった新島淳良が七二年に参画したことによって、遊び、言語教育、農業を重視した「幸福学園」づくりが計画されたこともある。

この計画は、村の変質に嫌気がさした新島の離村によってついえたが、七五年からスタートした「子ども楽園村」は新島の企画によるものだった。親と離れ、実顕地で子どもだけで二週間（その後八日間）生活をする。いまでいう子どもの体験合宿のようなものだが、有精卵と並ぶ〝ヒット商品〟となり、ヤマギシ会発展の原動力となった。第一回目こそ三四人と少人数だったが、以後一二五人（七六年）、二〇〇〇人（七七年）、三〇〇〇人（七八年）、五七〇〇人（七九年）、六一〇〇人（八一年）、四五〇〇人（八五年）、六五〇〇人（八六年）、一万人強（九〇年）と、年を追うごとに参加者は増えていった〈注8〉。体験合宿が一時ブームになったことがあるが、一つの団体の主催で一万人もの子どもを集めたのは空前絶後のことである。

この楽園村の熱気を背景にヤマギシ学園が設立される。

学園の狙いはいくつかあったが、最大の狙いは無我執人間の育成にあった。それは、七六年から始まった無我執路線の最後の総仕上げであり、人類始まって以来の壮大な実験でもあった。人間から我執がなくなれば誰とでも仲良しになれ、物事の本質が見通せ何でもできる人間になれる。子どものうちから無我執人間として育成すれば、やがて世界革命の後継者になる。幹部の一人、沖永和則は私にこう語っていた。

「赤ちゃんのときから我を摘んでいかないと我執のない人間になるのは難しい。大人になってからじゃあ、なかなかうまくいかない」

ヤマギシ会の幹部は、世界革命（全人幸福社会の実現）を本気で考えていた。九三年四月の「Z革命の集い」（その後「参画者の集い」に名称変更）に主だったメンバーが集まり、山岸巳代蔵の墓の前で幹部たちは、ある者は感涙にむせびながら、ある者は絶叫調で「私たちの代で革命を必ず成し遂げることを誓います！」と革命の誓いを述べている。その後、私の裁判担当となった大内義行はそのとき泣き崩れ、「私がさぼっていたから革命が遅れてしまいました。山岸先生、どうか許してください」と墓前にひれ伏している。

それにしても、無我執人間を育成するためになぜ学園をつくらなければならないのか。それはこういうことだ。

ゲームが登場する前にはゲームをしたいという執着心が生まれなかったように、執着心と環境は不可分の関係にある。したがって、欲望をそそるような環境に子どもを置いておけばいつまで経っても執着心はなくならない。親からも、「我執がくっつくバイ菌だらけの外の学校（小、中学校）」（古参幹部の服部一馬）からも子どもを遮断しなければ、我執のない子に育てることはできない。その結果、生まれたのが、新島が唱えた「幸福学園」とは似ても似つかぬヤマギシ学園だったのである。

学園は六・三・三制の学校制度に合わせ、幼年部（五歳）、初等部（小学生）、中等部（中学生）、高等部（一五〜一八歳）で構成し、初等、中等部生は当面は地元の学校に通うが、ヤマギシ会が管理・運営する自前の小・中学校ができ次第、転校させる。義務教育ではない高校への進学は禁止

し、高等部生は二四時間実顕地内部で〝学育〟する。簡単にいえば、五歳から一八歳までの子どもを組織的に管理し、バイ菌がくっつかないようにしようというわけである。

学園の設立と同時に、「愛児に楽園を」をキャッチフレーズに、会員にも子どもの入園を呼びかけた。この学園生拡大の狙いは会員の組織化にあった。それまでは、会員を全財産なげうっての参画にまでもっていくのは容易なことではなかった。しかし、学園が誕生したことによって、会員にいきなり参画を迫るのではなく、とりあえず子どもの「学園送り」を勧める中間コースができたのである。

このことを、ヤマギシ会の月刊機関誌「ヤマギシズム生活」（九五年六月号）がわかりやすく、かつ露骨に説明している。

「今、子どもは楽園村→学園→参画、親は特講→学園親→参画というはっきりとした道筋ができています。これほど確実に革命に直結した具現方式はないと言ってよいと思います。子どもが学園に入学しさえすれば、必ず全人幸福社会実現につながっていきます」

平たく言えば、子どもが学園に入ってから数年後（基本は三年後）に「あなたもお子さんと同じように我執のない生活をしてみませんか」と会員に参画を迫ることが可能となった、というわけだ。子どもだけに我執のない生活を送らせ、自分たちは消費社会を享受する。親にそんな負い目があったため、この〝具現方式〟は見事にあたり、学園ができる前年の八四年に五一一人だった子どもは九六年には二五〇〇人に膨れあがった。うち約半数が会員の子で、三〇〇人は五歳未満の村人の子である。村人もこの年二五〇〇人になっているが、これまでの「特講→参画」に加え「特講→学園親→参画」という路線ができた影響が大きい。オウムでは一〇〇人強の子どもが社

会から隔離されていたが、ヤマギシはその二〇倍。おそらく、ヤマギシ学園は世界最大の「子ども収容施設」といって間違いないだろう。

ヤマギシ会は学園を高らかに謳《うた》った。

「ヤマギシズム学園、それは幸せを求めてやまない人類の叡知《えいち》が創り出した学園であり、光彩輝く未来への掛け橋となる真実の学園である」（学園パンフレットより）

しかし、学園に送られる小さな子どもたちは本能的に危険を察知した。

元獣医の赤松茂は、子どもを先に学園に送り親はあとから参画するという、先の「はっきりとした道筋」を歩んだうちの一人である。九一年五月に参画してから村の中でめきめき頭角をあらわし、特講第三期世代ではいち早く幹部になった人でもある。

その赤松が五歳の長男を九〇年九月に東京都江戸川区の自宅から三重県津市の学園本部に連れていくときの場面である。

長男は朝出かけるとき押し入れの中に入って出て来なかった。妻の啓子が無理やりひっぱり出し、そのままおんぶして東西線の西葛西《にしかさい》駅まで連れていった。東京駅のホームで同じように学園に行く十数組の親子と合流し、新幹線に乗った。新幹線のドアが閉まったとたん、長男は泣きだした。それから津駅に着くまで、激しく泣いている子もいればふさぎこんでいた子もいたが、長男は比較的おとなしくしていた。ところが、津駅で下りるとうずくまり動かなくなった。赤松が抱えるようにしてタクシーに乗り込もうとしたが、長男は泣きわめき、足をばたつかせ激しく抵抗した。

「誘拐と間違われてもおかしくないほど、嫌がっていました」と赤松は振り返る。

学園の窓口がある豊里実顕地の玄関前でタクシーを降りると、長男は来た道を泣きわめきながら走って戻ろうとした。赤松はあわてて追いかけ抱きとめた。腕から降ろすとまた逃げた。それが何度か繰り返されたあと、赤松は子どもを窓口の係に渡した。子どもはいっそう激しく泣き、痙攣を起こしたように身体をばたつかせ、そして食べた物をもどした。

私は気分が悪くなったが、赤松はこちらの表情を気にすることなく、子どもの幸福につながることをしたんだと言わんばかりに快活に話した。

学園に送られる子どもは程度の差はあれ、赤松の子と同じように嫌がった。友だちのところに逃げたという子もいれば、学園に着いたその日の夜に逃げ出そうとした子もいる。ある五歳の子は学園に行く二日前に、部屋にバケツを持ち込み親や祖母が見ている前でその中におしっこをして拒否の意思表示をした。あまりにも幼くてそれ以外に「嫌だ」の表現ができなかったからだ。

学園に送られた子どもたちには、どんな生活が待ち受けていたのか。

起床は五時三〇分。六時から作業に取りかかる。小学校四年以下の子どもは主に掃除、高学年以上は農作業である。収穫もあれば、出荷の袋づめ、草取り、豚の糞出しもある。高等部生はそのまま作業を続けるが、初等部と中等部の子どもは時間になると、朝食抜きで地元の学校に集団で向かう。部活は禁止されているので、授業が終わるとすぐに村に戻り、また農作業を行う。学校や地域の子どもと遊ぶことは一切認められていない。夕食・風呂のあと、研鑽会という名の一日の反省会が行われ、日記を書く。夜一〇時になると六人から一〇人部屋で一つの布団に二人で寝る。

この果てしない繰り返しが学園での生活である。学園は三重県津市の豊里実顕地を中心に、北海道の別海町《べっかいちょう》から熊本の甲佐町《こうさちょう》まで二〇カ所の実顕地にあったが、実顕地による違いはなかった。

朝食なしだから、ヤマギシの子がその日最初に口にするのは、前日の夕食から一八時間目にしてありつける学校給食である。数年前から増えている「朝食抜き児童」と似ているが、ヤマギシの子はおやつや夜食がないばかりか、朝牛乳一杯飲むことすら認められていない完全二食である。糖分を必要とする五歳の子も同じだ。

ヤマギシの子の飢えは深刻だった。

学校の帰り道、農家から大根、トマト、オクラなど農作物を失敬する。理科の教材用のヒマワリの種を食べる。その種を塩にまぶし、保存食にして夜寝るときに口にする。学校の給食室にしのびこみパンを盗む。道端の雑草やあけびを食べる。いずれも子どもたちの体験談である。

ある少年は「ともかく腹が減ってしかたがなかった。それで水をがばがば飲んでごまかしていた」と語り、ある少女は「同じヤマギシの子がティッシュペーパーを口にしているのを見た」と話す。ティッシュペーパーについては一人だけではなく複数の子が目撃している。三重県四日市市の内部川実顕地で小学校の大半を過ごした女の子（現在中一）は、救出した祖父母にこうもらした。「あんまりお腹が空くので、消しゴムのカスに削った色鉛筆の芯を混ぜ合わせて口に入れたこともあるよ」

広島県三次《みよし》市の三次実顕地の子が通う志和地《しわち》小学校の四年生を担任していた教師はこう振り返る。

「朝五時三〇分頃に起きて、実学（作業のこと）をして、低学年の子どもたちの面倒を見ながら集団登校する。それだけでエネルギーを使い果たす。実顕地から学校まで四キロあり、一時間か

けて歩いてくるんですから、通学だけでも大変です。どの子も『腹減った、何か食べたい』と言っていた。中には道端の草や実をかじったり、ノートなど紙類をちぎって噛んだりしていた。熱帯魚の餌や輪ゴムなどの異物を口にしていた子どももいました。イライラ状態の子がとても多くて、ちょっとしたことでもすぐにトラブルを起こし、泣いたり、むくれたり、ときには教室を飛び出したり、いつまでも教室に入ってこなかったりする。そんなことが、毎日のようにどこかの教室でありました」

たまりかねた志和地小学校は広島弁護士会子ども人権委員会に相談した。委員会の五人の弁護士は九七年二月一日に学校を訪れ、ヤマギシの子（三四人）に直接事情を聴いた。これにヤマギシ会は猛反発した。「子どもの親権は親にあり、その親や親から育児を任された実顕地に何の断りもなく調査をするとは何事か」というわけだ。会員を動員し、学校や教育委員会に連日抗議活動を行ったあと、なんと三次実顕地の学園を廃止し、有無を言わせず子どもたちをほかの実顕地の学園に転校させたのである。

学園廃止となれば調査結果を公表する根拠がなくなると考えたのだろうが、子ども人権委員会はたじろぐことなくその後も学園の責任者や親たち、小学校の教師へのヒアリング調査を続け、翌年の九八年三月にヤマギシ会に対して「警告書」を発した〈注9〉。ヤマギシの子に公的機関から初めて光が届いたのである。

警告書が出された九八年三月といえば、私が訴えられた裁判が本格化し、ヤマギシ会が会員（中心は学園の親）に動員をかけ、傍聴席を埋めつくしているときだった。休憩時間に一〇人前後の会員に取り囲まれ、嘘ばかり書いていると追及されたことがある。そのときに警告書の話を持

ち出すと、「あんなデタラメなものを出して。いずれ広島弁護士会を訴えてやる！」とこわばった口調で数人の女性会員が突っかかってきた。

それからしばらくして、いつの間にかヤマギシ会は学校がある日に限って朝食にパンと牛乳を出すようになった。ただし、警告書に従ったというより、一年前の九七年に長年の構想だった学校新設の計画書を三重県に提出していたことを考えると、自分たちの学校が認可されるには二食を続けるのは得策ではないと判断したためとみられる。また、子どもを二食主義にしたのは村全体を七七年から八〇年頃にかけて二食生活に切り替えたのに合わせただけのことで、ヤマギシズムや無我執路線とは何の関係もなかったことから変更しやすかったという事情もある。

しかし、それ以外は我執というバイ菌がくっつかないような環境のもとで、徹底した我抜き生活を強要した。

学園のパンフレットに、「〈完全人間〉に生長できるための真の子ども像」として「研鑽態度」「実学的姿勢」「タダ働き」「楽しいのが本当」「明るいのが本当」「我執がない」など二一項目が掲げられている。基本は「我執がない」子ども像にあった。それぞれの項目の前に「我執がない」を修飾語として付けてみればわかりやすい。「我執がない研鑽態度」（ハイでやります）、「我執がない実学的姿勢」（文句を言わず朝夕の農作業）、「我執がなければ楽しいのが本当」といったように、我執をなくし〈完全人間〉に近づける。それが学園生活だった。

親に会うのは、村の子も会員の子も二、三カ月に一回の「家庭研鑽」で親元に帰るときだけ。日数は三泊四日の夏と冬以外は一泊二日である〈注10〉。村は正月を除き一年中が日曜なしの労働日となっているため、村の子が宿舎に行っても親は働きに出かけていていない。団欒できるのは

その日の夜の数時間。一年を通して親と一緒に過ごす時間を合計すれば、会員の子が二週間、村の子は四、五日程度だろう。もっとも名前の如く、家庭研鑽は親子の交流や団欒の場ではなく、わが子が我執のない子になるために家庭で研鑽する場とされていたから、短すぎると文句を言う親はいなかった。

子どもが学園に入ると、世話係は「今日からあなたの親代わりだ」と、自分のことを「△△お母さん」と呼ばせた。学校の授業参観や運動会などの行事には世話係が出席し、通知表も世話係が受け取った。学校が親と連絡を取れないほどに徹底した親子分離策を取ったのである。家族一緒に参画すると、親子、兄弟姉妹バラバラに実顕地（集団農場）に配属し、きょうだいが一緒になるのは夏と冬の家庭研鑽の場だけというのも珍しいことではなくなった。ヤマギシをやめた子どもにきょうだい意識がほとんどないのはこのせいである。

一般社会からの情報遮断も徹底した。

子どもたちが学校にいる時間は授業だけにし、放課後部活に参加することも、友だちと遊ぶのも禁止した。

電話の使用も禁止した。手紙を出す場合は封をせずに世話係に提出させた。係は内容に問題がなければ切手を貼って投函するが、そうでなければ書き直しか、そのままごみ箱行きだ。手紙が来ると世話係が開封し、内容をチェックした。テレホンカードが入っていようものなら没収となって世話係のものになる。むろん、手紙そのものが子どもの手に届かないケースも少なくなかった。

学校経由で孫と手紙のやりとりをするのは理屈の上では可能だが、たとえば三重県四日市市の

水沢小学校が祖父母から手紙が来ると世話係に渡していたように、事実上難しかった。ある祖父母が水沢小に抗議したところ、校長は「お孫さんはまだ小さいので手紙を読むのが難しいから」と、取り合わなかったという。きわめてまれなケースだが、子どもの担任がたまたま良心的な教師で、子どもが祖父母の住所を覚えていた場合には、祖父母に手紙が届く。しかし、「ここから出して」と書かれていても、学園がいいと思っている両親に親権があり、せいぜい息子や娘と喧嘩をして終わりだ。

年に数回行われるヤマギシ会のイベントには大勢の一般社会の人たちが訪れる。参加者に無料で食べ物を振る舞う五月三日の「タダの祭り」には三重県伊賀町の春日《かすが》実顕地の会場に一万人以上が訪れていた。参加者に実情を訴えることはこれも理屈の上では可能である。だが、「発言のせいげん(ヤマギシのまつりに、大《おと》なたちがきていて、何か聞かれてもしゃべってはダメと言われた)」と冒頭の悠太の手紙にあったように、訴えるのはおろか、質問にも答えてはならないと命じられていた。それを破れば虐待としかいいようのない体罰を受ける。それが怖くてどんなに人がいようが黙々と作業をするだけだった。その姿を見て、見学者たちは「あんな小さい子が農作業している」と感動する。悠太の手紙は「それは違う」という心の叫びでもあった。

ヤマギシの実顕地といっても塀があるわけではなく、すぐ隣は一般社会である。隣の農家や通行人に訴えることもできる。だが、そうしたからといって行政や警察が動くわけではなく、あとで叩かれて終わりだ。

学園は小さな灰色の箱

一般社会にいる祖父母が直接面接に行く場合はどうなるのか。私が感じた疑問でもあるが、面会が可能なのは親（村人か会員）が同席する場合だけに限られ、親を含めヤマギシの関係者がいないところで、祖父母と孫だけで会うことは認められていない。もし、面会中の祖父母に両親の前で「おじいちゃんのところに戻りたい」と訴えたら、両親は世話係に報告し、親が見ていないところで世話係が子どもに体罰を加える。それが怖くて、というよりも身体が凍《い》てつき、ヤマギシ学園の運動会に祖父母が来ていても近寄ることさえできないのだ。

祖父母が学校で孫と面会することは可能である。しかし、これも手紙と同じで、面会を求めると、学校からの通報によって駆けつけてきた世話係が祖父母の前に現れる。手紙にしろ面会にしろ、こうまで学校が卑屈な態度を示すのは、ヤマギシに内緒で会わせたことがわかると激しい抗議を受けるからだ。埼玉県岡部町の本郷小学校の校長が朝日新聞の取材を受けたことがある。ヤマギシにわかるはずのないことだが、翌日にはもう岡部実顕地の村人数人が校長のところにやってきて、どんな質問にどう答えたのか質問した。盗聴が噂されたが、ヤマギシに共鳴する教師が実顕地に報告したからではないかということに落ち着いた。私の取材に応じ、「ヤマギシの子には無欲様顔貌（無気力顔）が多い」と答えたヤマギシのかかりつけの北海道別海町《べっかいちょう》立中央病院の医師も抗議を受けている。

内部情報が外に漏れないだけでなく、外からの情報もほとんど入ってこない。

学園内で目にできるものは、ヤマギシ会関連のものか、世話係が推奨したビデオと書籍だけ。書籍といっても限られており、それもしょっちゅう本を読んでいると、世話係に「本のために本

中毒になって人生がおかしくなってしまった人がいる」と注意を受ける。外の情報は学校の友だちか家庭研鑽でテレビを見た会員の子からしか入ってこない。

八五年にできた学園が長い間、闇に閉ざされ、内部の情報が漏れてこなかったのは、こうした見事なまでの情報統制、外部遮断のせいである。

子どもたちの日常生活は、我が出ないように個人の自由を一切なくし、二四時間の集団生活を強いられた。

宿舎は六人から一〇人の集団部屋。寝るときには二人で一つの布団。農作業も風呂も食事も〃みんな仲良く一緒〃である。一人になれるのはトイレにいるときだけだが、「いつまでも入っていると、がらりとドアを開けられることもあったから、一人で落ち着けるという気持ちにはなれなかった」という。ヤマギシの宣伝物の写真はどの子も明るく、楽しそうだ。「楽しいのが本当」「明るいのが本当」とされていたから、ひとり心に閉じこもって暗い顔をしていると、世話係に睨まれる。常に緊張を強いられ、孤独にさえなりきれない。記念写真を撮るときはいつも明るく笑ってハイ、チーズだ。

物はすべて共有だが、個人専用の服を入れる棚と引き出しがあり、そこにささやかな私物を入れることはできた。唯一の個人の空間である。しかし、世話係が子どもがいないときに点検する。村人と同様に現金の所持は認められていないので、子どもが所有するのは「提案」に応じて支給される鉛筆、ノートなど最低限の物に限られる。個人的な物が入っていてはならないのだ。もし、不必要なものが入っていれば勝手に取り上げられる。マンガの切れ端でも入っていようものなら、即体罰だ。

岐阜県恵那《えな》市の恵那実顕地で暮らしていた小学生は実顕地のそばに穴を掘って、私物入れにしていた。それをほかの子が掘り出し、中からナイフが出てきたというので大騒ぎになったことがある。個人の空間がないため、四人映画の一コマのようなエピソードも生まれるのだ。

子どもたちから我執がなくなれば、「研鑽態度」「実学的姿勢」「タダ働き」が身につく、つまり世話係の指示を「はい」で受けとめ、報酬のない作業を明るく楽しくやれるようになる。農作業はその実践の場だった。初等部の高学年から中等部までの農作業時間は週に二五時間。高等部は、村人と同じように一日中が作業だから週七〇時間以上。親が村人の高等部生は労働基準法違反の農薬散布までやらされた。高等部生の中には世話係の「ヤマギシの高等部で（仕事を）やれるようになればどこに行っても通用する」の言葉を信じていた者もいたが、あとで愕然とすることになる。

無我執が身についたかどうかは、日記と毎晩行われる研鑽会でチェックされた。研鑽会で不遜な態度をとれば世話係からマークされたし、日記に個人的なことを書けば書き直しを命じられた。

男女交際は禁止で、女子は高等部を出て二、三年すると世話係が〝正しく調《ととの》えてくれた〟相手と「調正結婚」をしなければならない。女性が若ければ優秀な赤ちゃんが生まれる確率が高いというのが早期結婚の理由で、調正係が提案する相手の男性は四〇歳代が多かった。「優秀な赤ちゃんは母体の良し悪しで決まり、男性の年齢は関係がない」と係は説明していたが、村では離婚、再婚が頻繁に繰り返されており、離婚した男性は若い女性との再婚を希望する。そのため、どうしても男性の年齢が高くなってしまうようだ。

これ以外にも子どもにとって深刻な高校進学の禁止など〝戒律〟をあげれば際限がないが、と

もかく無我執人間を育成するというヤマギシ学園の目的から外れることはすべてが禁止され、個々人の個性を抜きにして、ある鋳型に嵌《は》めこもうとするのである。

中等部、高等部を経験したある青年はこう表現する。

「学園はたくさんの子どもを小さな灰色の箱に押し込めて大人の力でぎゅうぎゅう押している感じです」

それでも、子どものことを大切にしているならまだ救いようがある。ところが、学園では病気や怪我をしようが、子どもはほったらかしにされた。津市の市議会がヤマギシの子どもが通う高野尾小学校と豊里中学校でヒアリング調査を行ったことがある。小学校の校長の説明を聞いた市議のメモにはこう書かれている。

「九五年一月二五日、マラソンのときに、○○君がアカギレで足の指に深い傷があって走れなかった。ひび、しもやけの児童が多い。五月二〇日、虫さされで、かゆみ、痛みを訴えた子がいる。陰部から尿道まで腫れ上がっていた。学園では皮膚病にたいする対応ができていない。九六年八月一九日、虫さされがとびひになった子がいた。入浴の帰り、子ども同士頭をぶつけて鼻血を出した子がいたが、学園の対応は遅かった」

岐阜県恵那市の武並《たけなみ》小学校の教師が祖父母に出した手紙にはこう書かれていた。

「ある男の子の耳垢があまりにも溜まっていたので、学校で病院に連れて行きました。入院するほどにひどく、医者はこんなになるまでほっとくとは、と怒っていました。また、ある男の子が世話係に突き飛ばされ、柱にあたって、後頭部を切りました。しかし、一晩中学園ではほったらかし。翌日、学校で病院に連れていったところ、三、四針も縫わなければならないほどの怪我

でした」

こんな状態だから、学園に入れられた子どもたちは例外なく「親から捨てられた」と感じる。愛してくれていたはずの親からある日突然捨てられる。子どもたちにとってこれほどショッキングなことはない。

親は学園に入れることが子どもの幸福につながることになると信じきっている。我執がなくなれば誰とでも仲良くでき、物事を正しく見通せる何でもできる子になる。そう夢想する親たちに、育児を放棄しているという意識はさらさらなく、あるのは善意のみである。信じきっているから、最初の家庭研鑽で子どもがヤマギシを嫌がる素振りを見せればわがままが出ていると判断する。世話係も「わがままさえ取れれば何でもできる子になれる」と親たちに話す。

いくつかのエピソードを紹介する。

埼玉県岡部町の岡部実顕地から小学生が五〇キロ離れた同じ埼玉県大宮市の親（会員）のもとに雨の中を自転車で脱走した。親は村から事前に連絡を受けていたのか、到着するやずぶ濡れのわが子をそのまま車に乗せ、実顕地に送り返した。この子が通っていた本郷小学校の教師が溜め息をつく。「事情はどうあれ、親であればまず風呂に入れ、着替えをさせて、温かいものを食べさせてやってから、送り戻すはずなのに……」

津市の市議会でも取り上げられたケースだが、豊里実顕地がある高野尾小学校で放課後、ヤマギシの子が校庭にぽつんと立っていた。不審に思った教師が問いただすとポケットから親への遺書が見つかった。

「ぼくは死にます。弟だけは学園から出してやってください」

さすがにヤマギシもあわてたのだろう、その日の夜のうちに会員の親に子どもを引き取らせた。後日、心配した教師が京都の自宅を訪ねると、親は「この子は自殺する気なんかなかった。ポーズだけ。あのときそのままにしておいてくれたら、（我が取れて）誰とでも仲良くでき、何でもできる子になっていたのに」と恨み言を口にしたという。

前述の、学園に入れられることに激しく抵抗した赤松茂の五歳の長男はその後どうなったか。入園三カ月後に長男は家庭研鑽で帰ってきた。赤松がそのときの模様を話す。

「送ったときとは打って変わって落ち着いていましてね。親の言うことを素直に聞く子になっていた。学園に戻るときも淡々とした感じで嫌がりませんでした」

赤松はそれからしばらくして豊里実顕地に出向き、二時間ほど子どもに会ったことがある。

「私の姿を見ても駆け寄ってくるわけではなく、じっとしていました。世話係が『お父さんのところに行きなさい』と声をかけると、寄ってきた。お父さん、よく来たねという感じで、早くも自立したように見えました」

五歳の子が早くも自立したのか、あるいは感情を封印してしまったのか。

わが子への関心が薄いという点ではオウムやエホバの証人などの親とも共通するが、ヤマギシの親は度を越しているように思える。

そうなったのには「特講」が関係している。

子どもをヤマギシ学園に入れるにはどんなに金を積んでも無理がある。両親のどちらかが特講を受けるのが絶対条件である。

七泊八日の特講はヤマギシの係からの問いに答えるだけのシンプルなセミナーだが、発せられ

る質問は主に四つしかない。そのうちの一つは「怒り研（鑽）」と呼ばれるもので、参加者に最近腹が立った例を出させ、なぜ腹が立ったのかを執拗に追及する。足を踏まれたから腹が立った。それでなぜ腹が立つのか。痛いから。それでなぜ腹が立つのか。痛ければ腹が立つではないか、それに相手は謝りもしなかった。それでなぜ腹が立つのか。これを延々と何時間も繰り返すのである。参加者は脂汗を流しながら考え続ける。それが臨界点を超えると突然、「もう腹は立ちません」と言うようになる。その瞬間、参加者の目にうっすらと幕がかかり、感動の涙を滲ませる。目に変化があると、係は「落ちた」と判断する。

腹が立つのは感情があるからであり、怒りや笑いの感情がどうしてわいたのか正解があるわけではない。笑いを例に取れば、わかりやすい。漫才を聞いて笑う。それをなぜ笑ったのかと質問される。ボケぶりがおかしかった。それでなぜ笑うのか。いや、あのボケたしぐさが何とも笑えた。それでなぜ笑うのか。そう追及され続けると答えに詰まる。普通ならいい加減にしろとなる。それでもしつこく質問してくれば喧嘩になる。

ところが、特講は正解のない質問を、思考を中断させることなく、何時間も考えさせるのだ。思考を停止させていると、係が「もっと真剣になりましょう」と注意する。もっともインパクトが強いのは「怒り研」だが、ほかの三つの問答も構造は同じで、四つの問答のいずれかで少なからずの参加者が目をうるうるさせる。

参加者の多くは特講によって人が変わったようになる。私の場合は、特講後しばらくニュースにまるで関心がなくなった。ヤマギシの子どもたちは特講後の親の様子を一様に「違うお母さんになったみたいだった」と表現する。それは、解答なき解答を執拗に問われ続けた結果（衝撃的

な体験）、そこから逃れるために防御反応が働き、感覚が解離（麻痺）し、自分のそれまでの自我の一部と子どもへの感覚が変容してしまったからである。私自身も、精神科医の斎藤環に「軽い解離状態に陥っている」と診断されている。

わかりやすく言えば、ロックなどに夢中になっているとき雑音は耳に入ってこない。これは病的ではない解離で、音楽が終わると元の状態に戻り、雑音が聞こえてくる。ロック・ミュージックのたとえを続ければ、ヤマギシの親たちは夢中になったコンサート（特講）が終わったにもかかわらず、元に戻らず、ロック（ヤマギシ会）のことばかりが心を占めるようになり、会社人生が虚しく思えたり、雑音（子どもの訴えなど）が心に届かなくなってしまうのである〈注11〉。

ヤマギシ会は解離という言葉は使わないが、特講を受けると子どもへの関心（執着心）が薄れることは間接的にだが正直に認めている。前述した江口公子の「特講は我執を取り除く基礎作業」という言葉がそれだが、我執には金・地位・名誉のみならず子どもへの執着心も含まれており、特講を受けると子どもへの執着心もガタガタに崩されてしまうのだ。崩された状態を精神医学では解離状態と呼ぶが、症状が進めば解離性離人障害になる。もっとも解離段階では日常生活に変化はほとんどない。ある祖母が次のように語る通りである。

「うちの娘（三〇歳代の会員）はふだんは何ともない。だけど、孫のことを心配したりヤマギシを批判したりすると、とたんに目つきが変わり興奮してしまう。その興奮があまりにもすごいので一度精神病院に連れていったことがある。しかし、病院に入ると落ち着きを取り戻し、元の娘に戻ってしまった。だから、診断では何ともないと言われたけど、どうしたわけであるものだろうか」

話を学園に戻す。ヤマギシの子はエホバの証人やオウムのように一つの教義を教え込まれるということはないが、その代わり執着心の芽を摘まれ、無我執人間に仕立てあげられる。初夏になると雑草が生い茂ってくる。雑草はしぶとく葉っぱだけをむしっても一カ月もしないうちにまた生えてくる。根こそぎ引き抜かないと何度も草取りをしなければならなくなる。我と我執の関係を雑草にたとえれば葉が人間の我執、根が我に相当する。

おいしいものを食べたい。ゲームがしたい。なぜそんなことに執着するのか。突き詰めていくと、それは我があるからである。執着心は人間の自我の一部を構成し、何に執着するかによってその人の個性が決まってくる。我執をなくすには結局のところ我をなくさなければならないが、そんなことは不可能だ。雑草を根こそぎ取るようにロボトミー手術をして自我を司る大脳新皮質をいじくれば自我を抹殺することは可能だが、そうすれば人間が人間でなくなってしまう〈注12〉。

自我をなくすことができなければ、我執が出るたびに何らかの形でそれを抑えるしかない。ヤマギシ学園ができた当初は主に言葉で注意を与えようとしていたらしいが、無理やり学園に入れられた子どもたちが言葉だけで赤の他人の言うことを聞くわけがない。そこで、必然的に暴力が振るわれるようになった。実に単純で効果的な〝我執抹殺法〟だが、自我という根っこがある限り、摘んでも摘んでも雑草のように我執は芽生えてくる。そのために来る日も来る日も体罰を加え続けることになる。

栃木県大田原市の大田原実顕地で小学校の三年間を過ごした少年が話す。

「女の子も関係なく一週間に最低でも二人は殴られていた。よく鼻血を流していた。オネショをすると、真冬であっても、裸にされ外で水をかけられた。ちいちゃな子がわんわん泣いていたよ」

豊里実顕地で小学校の五年間を過ごした少女も話す。

「殴られるのは日常的だったけど、一度だけ友だちが階段から突き落とされたことがある。今でも思い出すとぞっとします」

暴力は半端ではなかった。豊里実顕地の中等部を終えるときに学園をやめ、今は大学生となった青年が話す。

「思いっきり腹を何度か殴り、うずくまったところを足蹴《あしげ》にし、ぶっ飛ぶと、今度は髪の毛をつかんで引きずり回す。それがいつものパターン。ともかくすごかったです。泣いてもやめようとしないんだから。キレると世話係の目つきが変わり、金属バットを振り回すこともあった。理由？　さしたる理由があったとは思えない。一度は学校から借りてきた宗田理《そうだおさむ》の小説が見つかり、それでやられた」

彼を殴った世話係は精神科医で、子どもたちの間では有名な存在だった。今は名古屋でタクシーの運転手をしている青年が振り返る。

「彼から殴られたのは覚えています。四日か五日ぐらい学校に行けず草引きをさせられた。殴られて顔がまんまるになってしまい、とても学校に行かせられなかったからです」

暴力以外では「個別研」（個別研鑽）と称される体罰があった。

個別研とは一室に閉じ込められての反省である。学校はむろん欠席で、丸一日はざら、長くなると一〇日以上も閉じ込められる。部屋から出ることは許されず、食事は差し入れ、風呂も一人で、部屋にいるときは正座の姿勢を保たなければならなかった。

最近知ったことだが、暴力、個別研以外に、学園の宿舎とは別のところで一人で住まわせると

いう体罰もあった。中学三年の男子が証言する。

「名前は知らないが、そいつは六カ月間に渡って、ひとりぼっちにさせられていた。学校には通っていたけど、食事も風呂もすべて一人。夜になると、N（実名であげていた）という世話係がワォーという声を発しながら、そいつの部屋に入り、殴った。ちょっと精神的におかしかったんじゃないかなあ」

学園が設立されてから十数年、このような実態が外に漏れなかったのは前述した外部遮断のシステムばかりでなく、恐怖によって学園が管理されていたからだ。

ヤマギシの暴力は『洗脳の楽園』で一部明らかにしたが、ヤマギシ会は真っ向から否定していた。本を出版した翌年、三次実顕地の三四人の小学生を調査した広島弁護士会は次のような事実認定を行い、体罰と個別研鑽をやめるように警告した。

「学園は子どもたちに対し、頬や大腿部をたたく、頬をつねる、突き飛ばす、倒す、引きずる、といった体罰を加えていました。その理由としては、お金等を持ち出したという例もありましたが、単に係員（引用者注・世話係のこと）に口答えしたとか、下級生に掃除を手伝ってもらっただけで体罰を受けた例もありました」

「学園は、学園内の子どもたちに対して、個別研と称して、子どもたちを狭い一室に一人でとじ込め正座して反省させていました。理由としては、切手を持ち出した、下級生をいじめた、けんかを持ちかけた、朝起きるのが遅い、といったものもありましたが、学園の世話係に返事をしなかった、出発研（引用者注・毎朝学校に出かけるときに行うミーティング）の際笑った、掃除を下級生に手伝ってもらった、個別研の文句を言った、などを理由として行われたケースもありました。

個別研の間は、子どもたちは、世話係の大人以外には誰にも会うことができず、食事もその部屋でとることとされていました。個別研の長さは、数時間から数日間の場合もありましたが、八〜一〇日の場合もありました」

この警告に対しても、ヤマギシは子どもにプレッシャーをかけた調査であり事実と異なると突っぱねたが、ともかく私の取材は警告書によって裏付けられた。

しかし、ヤマギシ会や会員たちはその後こんな主張をするようになった。「一部に問題のある子がいたため行き過ぎもあったかもしれないが、全体として世話係が子どもに暴力を振るっているという事実はない」。二〇人以上の子どもに取材しているとはいえ、全体から見れば一部に過ぎない。それに会ったのは学園をやめた子ばかりである。警告書も現役の学園生とはいえ広島の一実顕地の学園だけを調査したもので、子どもの生の声が記録された原資料は公開していない。

私は虐待の全体像、「どれだけの子どもがどの程度の虐待をどんな理由で受けているのか」を知りたいと痛切に思っていた。

それが九八年一一月に三重県が実施したアンケート調査によって示され、今回、子どもたちの肉声を綴った学園の秘密報告書とも言うべき未公開の資料を入手することができた。

このアンケートを説明するには、話を九七年に遡らなければならない。

四〇七人の声なき叫び

この年の五月、ヤマギシ会は学園設立当初から構想していた私立「やまぎし学園・津小学校、津中学校」の計画書を三重県に提出した。小学校は一二学級、募集人員は四八〇名。中学校は九

学級、三六〇名である〈注13〉。

学校が設立されるまでの手順を示せばこうだ。学校教育法に定められた設置基準に則って計画書を県に提出し、書類に不備がなければ次に申請書を提出する。申請書に盛られた学校の目的、校舎の敷地面積、建物面積、カリキュラム、教員数など書類上入念なチェックを受け、それでも不備がないとなると、知事は私学審議会（地元有識者で構成）に諮問する。審議委員は申請書を再度チェックし、現地を視察したうえで、知事に答申を出し、知事が答申通りの決定を下す。

文部省（現・文部科学省）との関係だが、高校以下の学校認可の裁量権は地方自治体にあり、相談があればアドバイスするが、文部省のほうから口を出すことはない。また、設置の認可基準は書類に書かれた内容が法律の設置基準を満たしているかどうか、申請通りに敷地が確保されているかどうかにあり、書類さえきちんとしていれば設立母体が宗教法人であれ個人であれ認可されるのが通例である。審議会で検討されているときに文部省に質問したが、担当職員は「審議委員に私立学校の理事長がいれば利害関係上しのごの言って難癖をつけるでしょうが、そうでなければ書類がOKなら認可でしょう。津市の周辺には私立学校がなく、ヤマギシの学校ができても競合関係が発生することはない。認可せざるを得ないのでは」と教えてくれた。

あわてて学校予定地を見学した。ヤマギシ会のセンターでもある豊里実顕地は近鉄の津駅から車で二〇分のところにある。実顕地は村というよりはニュータウンと表現したほうがふさわしく、真新しい無数の建物がそこかしこに林立している。そこから少し離れたところに学園（子どもたちの宿舎）があり、地図で調べるとなんと学園の目の前のなだらかな丘陵が学校の予定地だった。元ゴルフ場だったところを買収したもので、環境といい広さといい学校の建設地としては申し分

子どもたちが社会を全く知ることなく育つのは火を見るより明らかだった。学校ができればヤマギシの敷地内を通って通うことになり、子どもたちが社会を全く知ることなく育つのは火を見るより明らかだった。

書類審査で認否が決まるのであれば、「やまぎし学園」は間違いなく認可される。ヤマギシの参画者の前職は教員がもっとも多く、必要な教員数はすぐに確保することができる。県の関係者からはオフレコで「書類上は全く問題はなかった」と聞かされていた。

学校の認可を求め「ヤマギシ学園親の会」は一〇万人の署名を集め、学校認可に反対する「ヤマギシの子どもを救う会」と「ヤマギシを考える全国ネットワーク」はそれぞれ数千人の署名を集めるなど緊迫した雰囲気の中か、なんと三重県は書類審査主義という前例踏襲から一歩踏み出し、実態調査に乗り出したのである〈注14〉。全国でも初めてのことである。

青少年・私学課の調査方法は主にアンケート形式で、元学園生、学園の（元）親、元参画者、他県の小中学校の教師に質問用紙を送るとともに、直接の当事者であるヤマギシ学園の児童・生徒には直接記入を求めた。とりわけ、子どもへの無記名のアンケートは県内の七つの小学校・中学校に通う小学四年以上と中学生全員を対象とする大がかりなもので、人数は小学生一九〇人、中学生二一七人、合計四〇七人にも及んだ。

アンケートは学校の教室を借りて放課後、七校一斉に行われたが、隣との空間をカンニングを防止する大学受験なみにたっぷり取り、書き終えると封筒に入れて提出させるなど、県の職員は細かな配慮を示した。もし座席の間隔が狭ければ、ヤマギシの子どもは〈隣から覗き込まれ世話係に告げ口される可能性もある。そうなればどんな仕打ちを受けるかわからない。それだったらほんとうのことを書くのはやめよう〉と考える。悠太が助けを求めた「ヤマギシの子どもを救う

会」にすら左手で手紙を書いたことからすれば、賢明な措置だったと思う。

それでも、ある子がこう質問して担当職員を驚かせている。

「用紙や封筒にぼくの指紋がつきます。そこからヤマギシにばれることはありませんか」

そこまで子どもたちは世話係に怯えていたのである。

アンケートは選択式と記述式部分からなり、調査結果は九九年の一月末に発表された。記述式部分は記入者が特定される可能性があったため公表する予定は当初からなかったが、記者発表の前にヤマギシ会の幹部が、責任者である生活部理事の珍道世直《ちんどうときなお》たちに面会を求めて恫喝をかけている。

「少しでも公表したら、誰が書いたか、子ども全員を調べるぞ」

そのため記述式は二、三の例すら公表されることはなく、選択式の回答の集計結果だけが数値として示されただけだった。それでも、先の私の疑問のかなりの部分に答えるものであった。通信、作業、食事、日記など膨大な設問項目のうちから暴力に関する項目だけをピックアップすると、次の通りである。

	（小学生190人）	（中学生217人）
世話係に殴られたりしたことがあるか	八五・三％	七九・七％
個別研鑽を受けたことがあるか	六六・三％	八一・一％
逃げ出したいと思ったことがあるか	七四・二％	八六・六％
逃げ出したことがあるか	一八・九％	二四・〇％

実に五人のうち四人までが世話係から暴力を受け、五人のうち三、四人が個別研を受け、五人に一人が脱走を試みていたのである。

アンケートには頻度の項目もあり、殴られた回数は小学生が一〜五回が四五・一%、六〜一〇回が一七・九%と圧倒的に多いが、六、七人に一人は一一回から五〇回殴られ、五一回以上もしくは数えきれないほどという児童が一九〇人中一二人いた。中学生は一〜一〇回が五三・八%、一一回〜五〇回が一二・七%となっており、五一回以上、数えきれないほどが二一七人中二四人。九人に一人が日常的に暴力を受けていたのである。

個別研で学校を欠席させられた小学生は三三人、中学生は半数近い一〇五人。中学生で一回の個別研で一週間以上も学校を欠席させられた生徒は二二人（一〇人に一人）もいた。そのうちの二人はなんと一カ月以上である。また六回以上個別研を受けていた小学生は二七人（全体の一四・二%）、中学生は五四人（二四・九%）にも及んでいる。私の取材に何人かの子どもが「個別研はしょっちゅう受けていた」と語っていたが、決してオーバーな表現ではなかったのである。

ところで、指紋を気にするほど怯えているとすれば、本音を明かさなかった子どももいると考えられる。その割合はどの程度なのか。あくまでもそれを考える材料でしかないが、小学生で「親といつでも会うことができる」と答えたのは一〇・〇%。二食について「健康に良いと思った」が一二・六%、「二食の方がよい」が七・九%となっている。中学生で親と自由に会えると答えたのは一六・一%、高校に行けると思うと答えたのは一二・七%となっている。

二食のほうがよいというのはそもそも首を傾げざるを得ないし、親に自由に会えると答えた子

どもは明らかに事実と異なる選択肢に丸印をつけている。高校に行けると答えた生徒もやはり嘘をついている。

こうしたことからすれば、一〇人に一人程度はアンケート用紙が万が一学園に渡ったときのことを考えて、本心を明かすどころか、逆に迎合する回答をしたのではないかと思われる。

調査結果が公表されてからの足取りを簡単にまとめておく。

三重県は未公表の記述式部分を含めアンケート結果を、審議委員に配布するとともに、文部省、児童虐待の所管庁である厚生省、また「ヤマギシの子どもを救う会」から人権救済の申し立てによって調査を行っていた日弁連の担当者に送付した。日弁連は九九年五月、ヤマギシ会に人権回復の「勧告書」を出すとともに、知事に対してヤマギシの学校を認可しないように異例の要望書を提出する。

日弁連の動きはマスコミに報道されたが、ヤマギシ会は強気の姿勢を崩さず、学校認可の行方は六月三〇日の最終審議会の場に持ち越された。アンケート調査があるといっても、ある三重県選出の国会議員(民主党)は県の幹部に「県の調査には思想的偏見がある」と圧力をかけていたし、またこの議員を応援している県会議員が審議委員になっているなど、予断を許さなかった。

賛成派も反対派も、みんなが固唾《かたず》を飲んで見守っている最中、六月三〇日の三日前に突如、ヤマギシ会は学校設置の申請書を取り下げたのである。

記者会見でヤマギシの幹部、北大路順信《よりのぶ》と堀芳彰《よしあき》は臆することなくこう語った。

「ヤマギシの学校がまだ社会的に認められるところまで到達していないと判断しました。しかし、ヤマギシ学園の子どもの人権が侵害されているという事実はありません。アンケートは設問

の仕方にも問題があり、数値が事実を反映したものとは言えません」

審議会に結論を出させず、学校をつくるのは当面見合わせるが、その代わり人権侵害の事実も認めない。あとでアンケート調査の方法を批判した分厚い文書も配っている。

肩透かしを食らわされたマスコミの手に残ったのは、裏取りをすることのできないアンケートの数値だけ。なぜ殴られ、一室に閉じ込められたのか。それ以上追及することはできない。一方、焦眉《しょうび》の学校問題は当面決着がついた。ヤマギシの狙い通りに、マスコミの関心は急に失せていった。このシナリオを描いたのはヤマギシと親しい県の有力者と言われているが、真意のほどは定かでない。

凄まじい暴力の実態

子どもたちは指紋まで気にしながら何を書いたのか。おそらく命がけで何かを訴えたのだと思う。私はアンケートの記述式の部分を知りたいと痛切に思った。このままではヤマギシの子どもが人権侵害を受けていたという事実がはっきりしないまま終わってしまう。

「ヤマギシの子どもを救う会」は県に情報公開を求めたが、にべもなかった。一一月に情報公開審査会に異議申し立てを行ったが、今年（二〇〇〇年）の八月四日に却下された。これで子どもたちの声は永遠に闇に消えることになった。おそらく一〇年もしないうちに文部省や厚生省では廃棄処分となり、当の三重県ですら資料の所在すらもわからなくなってしまうのではないか。

何ともやりきれない気分になっていたが、ひょんなところから、幸運にも資料のコピーをもらうことになった。数年前に、ある公務員向けの雑誌の仕事で取材した中央官庁の職員が私のこと

を聞きつけ、どういうルートかわからないが、もってきてくれたのである。

『ヤマギシズム学園等から公立中学校に通学する児童・生徒に対するアンケート調査記述内容一覧表』。表紙に取扱注意と印刷されたこの資料はA４判で、表紙を含めると一四二ページにも及ぶものだった〈注15〉。記述内容は、（1）世話係からどのような理由で叩かれたか、またどのようなことを何回ぐらいされたか。（2）どのような理由で「個別研」を受けたか、また、どのような「個別研」を受けたか、（3）高校に進学できない理由は。（4）どのような理由で「やまぎし学園小学校、中学校に行きたい」と答えたか。（5）学園に入って良かったと思ったことは。（6）何か言いたいこと、意見があれば自由に――の六項目である。

読み進んでいくと、私の想像をはるかに超える暴力が組織的に行われていた。あまりにも凄まじく、声を失ったのは私ばかりではなかった。初めてこの資料が配られたとき、ざわついていた私学審議会の会議室は静まり返り、ヤマギシ寄りの委員を含め全員が長らく押し黙ったままだったという。

長くなるが、この中から（1）（2）の一部を転載する〈注16〉。制限された時間内で書かれたものであるため読みにくいが、ヤマギシの子が指紋まで気にしながら命がけで書いたことを想って読んでもらえば幸いである。なお、文末の番号は三重県が名前を記号化したものである。巻末に（6）の一部を掲載した。

小学生は暴力の問いにはこう答えている。（回答者は一九〇人中一五六人、男女の区別はない）

服をもって、上に持ち上げられて、下に叩きつけられた。チョーもろくそ、むかついた〈3〉。

いくら鼻血が出ても殴られる〈7〉。二〜三回投げ飛ばされたり、ビンタをされたり。私とあと

三人が広い部屋に連れて行かれて、投げ飛ばされたり、壁にゴンゴン頭をやられた〈8〉。頭を二回ぐらい叩かれた。その後、頭が痛くなって二時間ぐらい部屋で寝ていた〈19〉。壁にぶつけられたり、殴られたり、服をつかんで持ち上げられたり、破られたりした。何回か、わからない〈29〉。寝るときに騒いでやられたのが二〇回くらい。友だちと喧嘩してやられたのが二〇回くらい。ソフトボールでバントして怒られたのが四回くらい。バットを左打ちに変えたらやられたのが一回、係に文句を言ってやられたのが五〇回くらい。ほかにも沢山あるけど、数えきれない〈31〉。壁にぶつけられるのを七回くらい〈33〉。殴られる。突き飛ばされる。投げつけられる。ふりまわされる。持ち上げて、投げおろされる。叩かれる。顔を持って持ち上げられる〈43〉。ビンタとか、壁に頭をガンガンやるとかを四〇回くらいやられた〈64〉。何回ももち上げて放られたり、ほっぺをつねられたり、叩かれたり、足を顔に乗せたり、まだあるけどあんまり覚えていない〈67〉。パジャマの首の所と足の所を持って、ベランダに叩きつけられた〈93〉。ビンタ、蹴飛ばす、髪の毛を引っ張る。物を投げてきて、頭に当たって血がでてきた。毎年、毎年、一〇回以上される〈153〉。

これが中学生になると暴力はさらに凄まじい。（二一七人中一六〇人）

棒で叩かれたり、壁に頭をぶつけられたり、本を投げられたり、飯なしにされたりした。目立たない家に連れていかれて、首をつかまれたり、棒で殴られたり、殺すと言われた〈5〉。頬とか喉をつまんで振り回したり、鼻をつかんで引っ張ったりして、鼻血が出たりした。叩かれたことは何十回もあります。つねられたことは一五回ぐらい。倒されたりしたのは五回ぐらい〈7〉。思いっきり蹴ったり、ほっぺを両手で叩いたり、投げ飛ばしたり、体を持ち上げて壁にぶつけた

り、ガラスに突っ込まれたり、殴ったり、一回で鼻血が止まらなくなるくらいやられる。泣いてもさらにやる。机のたくさんある所にぶち込まれて、机の角とかにぶつけられたり〈11〉。やりたくもないのに、係にプロレスみたいのをやらされて、苦しくて気絶しそうになって、パンチとかくらわされた。口から泡が出かけていたらしい。それを五回くらいやられた〈15〉。往復ビンタをたくさん。足を叩かれて、真っ赤に腫れた。箒《ほうき》で殴られた。蹴られた。手を強引に引っ張って、階段から引きずり出された〈21〉。

バットでケツを叩く。耳をつねる。箒でケツを叩く。蹴っ飛ばす。叩く。殴る。ぶっ飛ばす。持ちあげる。すれる〈22〉。武器を使う。バットで尻を叩かれる。蹴られたり、叩かれる。つねられる。殴られる。平手でビンタ。耳を引っ張られる。服をつかまれて、持ち上げられて、投げられる。気絶とかしてもやられる。髪を引っ張られる。頭と頭をぶつけられる。服を脱がされる。冬の夜に外に出される。汚れを服にかけられる。ソフトボールを思いっきり投げて、あてられる。プロレス技をかけられた。突き飛ばされて、ガラスに突っ込んで割れたり……沢山された〈24〉。頭と頭をぶつけられた（二回）。蹴られた（一〇回）。殴られた（一五回）。押入に叩きつけられた（二回）。真夜中に外に出されて、閉め出された〈27〉。ロープで手と足と体をむすばれた。夜の六時半頃から一一時まで。トイレに行きたくて「トイレに行きたいからロープを離して！」と泣いて叫ぶと、係は「そこでしな！」と言った。がまんした。ロープを外されても、一週間ぐらい痣が残った。痛かった〈34〉。お尻を痣ができるまで殴られた。一緒に焼き芋をやったもう一人は布団叩きでやられていた。この後、何日かはまともに座れなかった〈35〉。けつをつねったり、叩く。（顔を叩いたらバレるけど、けつならバレないから）〈43〉。

二日間食事抜きで学校も行けず、しばかれたあと紐《ひも》で縛られて、一一月ぐらいなのに、雨漏りのするコンクリート張りの部屋に鍵をかけられて閉じ込められた〈50〉。鉄の棒で頭を殴られた。足を叩かれた。服を破かれた。二回〈62〉。倒されて三〇発ぐらい殴られた。食事を抜かれた。竹刀で二、三回殴られた〈86〉。雑巾で頭をふかれた〈88〉。顔を殴られたり、叩かれたり、投げられたり、足を一〇〇回ほど叩かれて内出血した〈117〉。泥のついた長靴で、何回も顔を蹴られた〈127〉。一番むかついて訴えたいと思ったのは、服とか全部脱がされて、夜ベランダに出されて三〇分から一時間ぐらい放っとかれたこと。しかも冬。死にそうに凍えた〈131〉。いきなり叩かれて、「?」と思ってたら、もう一回叩かれて、「まじめに、やらないんなら来な」と言われて、引っ張られて、男子更衣室で正座させられた。恥ずかしかった。んで、五時間くらいして呼び出されて、ごちゃごちゃ言われて、横向いたら、「どっちを向いてんの!」と言われて、また叩かれた。何なんだよ、全く〈155〉。

「個別研」は前述したように狭い部屋に一人閉じ込められ、トイレ以外に出ることはできない罰である。風呂は三日に一回で、食事は冷めたものが部屋に運ばれてくる。姿勢は正座で、反省するまで部屋から出ることができない。一二六人の小学生と一七六人の中学生が記述しているが、その中でも目を引いたものを紹介する。

始めは使っていない部屋に連れて行かれて、叱られてほっぺを叩かれたり、足を叩いたりして、ここに居ろっていう。普通に座っていたら叩いてきたから、なんでと聞いたら、壁に向いて正座しろっていわれた。夜だったからご飯も食べられなかったし、眠くて寝ころがっていたら、係が入ってきた。蹴ったり叩いたりした〈25〉。裸にされて、外にほっぽり出されたり、夜中外に出

されて（それで）熱が出て部屋で寝ていた。起きれるようになったら毎日一回怒られた〈47〉。（以上小学生）

冬だったのですが、窓を全開にして、その正面に座らされ「一ミリも動くな」と言われ、指定された場所にいたのに動いたと言って怒られた、丸一日一睡もできなかった。服を着ることもできなかった。寒かった〈1〉。縛られて、暗い部屋に閉じ込められた。食事を抜かれた〈6〉。冬、夕方の四時から朝の六時頃まで窓を開けた部屋で座らされた。コートを取りに行って怒られた〈38〉。物置場みたいな所の荷物の詰まった押入に入れられて、たびたびしばきにきて、また入れられるの繰り返しを一週間近く〈82〉。真っ暗なところで一人で正座させられて、夜みんなが寝たらぼこぼこにされた〈170〉。（以上中学生）

「個別研」に労役が加わるケースもある。中学生の記述である。

○～四歳の子どもがいるところ（引用者注・太陽の家という村の託児所）に行かされて、そこで毎日朝五時四五分に起きて、お風呂掃除、そのあと学校の用意をして、行く前に「行って来ます」と言わなきゃいけなくて、学校から戻ったら、トイレ掃除、全部の部屋に掃除機をかけ、廊下を掃いて、ふいて、食事の準備をして、食事の片付け、食器洗い、食堂掃除、そして小さい子の子守して、全員（引用者注・村の母親）迎えがきていなくなったら、大広間の掃除、そしてやっとお風呂に入って、学校の宿題をやって、日記（係が書けって言ったやつ）を書いて係がくるまで、その部屋で正座させられて、係がきてごちゃごちゃいわれて、係が帰ってやっと眠れる毎日（一カ月と一三日くらい）でした〈110〉。

いったい、どんな悪いことをしたために、こんな仕打ちを受けたのか。所持してはならないお

金をもっていたとか、万引きしたという事例もあるが、多くはたわいもないことばかりだ（以下、番号は省略する）。

壁に落書きをした。勝手にテレビを見た。寝る部屋で遊んでいた。学校から帰ってくるのが遅かった。二階に上がった。歌の練習で口を大きく開けなかった。転校したいと言った。鶏舎で卵を三個ぐらい割った。ソフトボールの練習試合で、バッターが打った球を取れなかった。言うことを聞かなかった。実学（作業）をさぼった。頭が痛くて畑に行かなかった。学校の帰り道を近道した。「人権」とか、そういう言葉を言った。学園から出たいと母に言った。名前を呼ばれても返事をしなかった。名前を呼ばれて歩きながら返事をした。係に口答えをした。スポーツに行こうとして、外に出たとき、靴の紐がほどけていたので、しゃがんで結んでいると、係が来て「今オレの顔を見て隠れただろ」と言って来て、「紐がほどけたから結んでいた」と言うと、「嘘つけ！」とか言って。

ほとんどといっていいほど、こんな理由で殴られ、個別研をやらされている。

たとえば、「中等部に行きたいか」と聞かれ、「行きたくない」と答えると、ほっぺたと足を叩かれ、三日間食事を抜かれた。

すごい嫌な係がいたから、そいつを四〜六年の女で無視した。そしたら、係の中心的人物が六年生の一人を夜中に起こして、何もかも聞き出して、その後、五年生女子も夜中に起こされて、ビンタされたりして怒られた。

世話係の話を目を見ないで聞いていたら、湯船に投げこまれた。

劇の練習のとき、やるのが嫌で、ほかの人がやっているのを見ていたら、喧嘩売っとんのかと

かと言って、頭を持って五回ぐらい投げ飛ばされた。

といった有り様である〈注17〉。

特別嗜虐的な性癖のある人が世話係に選ばれたわけではない。村に入るまではコミューンを夢見る普通のお父さん、お母さんだった。学園ができてから年を追うごとに暴力はひどくなっていったというから、暴力を重ねるうちに感覚が麻痺してしまい、子どもたちが一個の人間ではなく「わがままな生き物」のように映り、人間に暴力を振るっていることさえ忘れてしまっていったのではないか。

親から捨てられ、閉ざされた場所で暴力に怯えながら暮らす。どれだけ想像力を働かせても子どもの気持ちを推し量るのは難しい。

虐げられた者同士が身を寄せあい励ましあうことができていたのならまだ救いがある。しかし、「五月三日の祭り（ヤマギシのイベント）のときに使う餅を口に入れたら、チクられて、風呂に連れ込まれた。まず、ひざを二、三回叩かれて、頭を二回ぐらい叩かれた」（アンケート調査、傍点・引用者）といったように、係に迎合し告げ口する者もいた。殴られた者同士だからといって気を許すわけにはいかなかった。子どもたちの話によれば全体の一、二割が優等生だったというが、好き好んでチクリ役になったわけではないだろう。

五歳から小学校五年の終わりまでヤマギシ学園にいた現在中学三年の柴田直樹が振り返る。

「ぼくは幼年部からメチャクチャやられたほうですが、いつも同じようにやられていた子がいて、そいつとはとても仲良くしていたけど、小学四年ぐらいになると、係の奴隷のようになって、チクるようになっていった」

「精神的に殺されたって感じ」

世話係の暴力だけでなく、学園では陰湿なイジメもあった。北海道別海町の別海実顕地の学園に一年間いた子どもが話す。

「友だちの中にはイライラすると小さい子や弱い子をいじめまくる奴がいた。いじめられるのはいつも決まっていて、中学生は男子三人、女子二人の五人がいつもやられていた。小学生は一、二年の大半が上級生のストレスの発散の対象になっていた。イジメといってもすごいんだよ。髪の毛をつかんだまま頭を壁にぶつける。仰向けになって泣いているのもおかまいなしで、その子の腹の上に思いっきり飛び乗る。唾《つば》を吐き、頭をさらに蹴飛ばす。泡を噴いて倒れていても関係なかった」

先の直樹は自分は友だちをいじめるほうだったという。

「係からやられると、係に気にいられている奴をバカバカやった。ムカツクと低学年に当たり散らした。心臓が悪い奴がいて、死んだらヤバイので、そいつにだけは手加減しましたけど」

豊里実顕地の初等部の一つの部屋では監獄なみに序列が決まっていたという。

「一〇人ぐらいの部屋だったけど序列があって、一番弱い奴はボスに貢《みつ》がなければならなかった。ごくたまにお菓子が支給されることがあって、といっても賞味期限切れの菓子パンだけど、それを食べずに渡さなければならなかったんだ。ボスの特権は朝の収穫のときにトマトなんかを口に入れることができた。弱い奴は見張り役をやらされた」

絶望的な状況下では殺意さえ生まれる。別海の初等部にいた男の子は仲間数人で係を殺そうと計画し、北海道の原野で猛毒のトリカブトを探した。一〇年間学園にいた青年は「係を殺して少

年院に入れられたらヤマギシに戻ることはないと思ったことがある」という。係を殺そうと考えた男の子は少なくない。数年前には長野県飯田市の飯田実顕地で世話係への集団暴行事件が起きている。

村がなくならない限り自由になれないと考えた小学四年の女の子は、岡部実顕地に放火したあと、本郷小学校にも火をつけた。九五年のことである。いずれも未遂に終わったが、少女は会員の親元に帰され、なぜか事件は公表されなかった。前出の直樹は「小学五年のとき、高野尾小学校でも放火未遂があった。その子はそのあと係にぶんまわされて、骨を折られた。それから北海道の別海実顕地に飛ばされた」という。この証言の裏付けを取ることはできなかったが、とかくヤマギシに放火の噂は絶えず、豊里実顕地内では一時期不審火が相次いだことがある。そのうちの一回は消防車一〇台が出動して鎮火にあたっている〈注18〉。

生きる希望を失えば、自殺の二文字が浮かぶ。係の殺害と同じように、複数の子どもが一度は自殺を考えている。アンケート調査の六項目の自由欄に、ある中学生はこう書いている。意味が通じにくい部分があるが、そのまま引用する。

「自分の本当の気持ちを友達には何でも言えるけど、親には言えない。今は高校に行きたいと思っているけど、親はダメって言うし、親と会ったりしたらすごくガミガミとは言わないけど、いろいろ言ってくるし、前は精神的にしんどくなって胃がおかしくなったりして、自分の中では精神的に殺されたって感じになっている。

自分の人生めちゃくちゃだって思う。自分のやりたいことが満足できるまでやれなかったり。マジで殺されたって感じ。自殺しようって何回も思ったし、今でも精神的に辛い」

直樹は、リストカットをした少女が実顕地の診療所に運ばれたのを目撃している。

実際、命を絶ったケースもある。九二年に豊里実顕地で起きた飛び降り自殺である。亡くなったのは中学二年の女子で、個別研を受けている最中の出来事だったといわれている〈注19〉。

知り得た限りではこれまで九人のヤマギシの子ども（一歳から一八歳まで）が事故などで死んでいるが、ヤマギシ会は一度とて真相を明らかにしたことはなく、このときの飛び降り自殺も「誤って落ちた」と事故説を強調するのみだった。子どもを亡くした当の両親や一般の会員、村人が問題にしたことも、やはり一度もなく、それどころか自殺した少女の葬儀会場に来た会員たちは「なんであんないいところに入れてもらいながら自殺するんだ」とささやく始末である。さらに驚くべきは、自殺した少女の両親のその後の態度である。少女は妹と一緒に学園に預けられていたが、両親は娘の死の真相を究明するどころか、次女を学園から引き取ろうとしなかったのである。それを会員は「すばらしいことだ」と賞賛していたという。

母親の住所を調べ、一度だけ電話をしたことがある。自殺から七年が経過していた。彼女は一方的に同じことをうわ言のように繰り返ししゃべった。

「こっちの社会もそうであるように、ヤマギシにもいいところと悪いところがありますから。ヤマギシばっかりが悪いわけではないでしょ」

娘がなぜ死を選んだのか。突き詰めればヤマギシとそれを信じた自分の問題に返ってくる。それを避けるために、無意識のうちに娘の死と自分の感情との間にバリアを張ってしまったのだろう。病んでいるとしか言いようがなく、私はただ頷くしかなかった。

親子分離の影響

親子分離を強いられ、我を出すと殴られ、どこにもSOSを伝えることができなかった子どもたち。学園から一般社会に戻るとどうなっていくのか。

率直に言ってこのテーマに答えるのは難しい。心に深く傷を負った子どもにはインタビューすることができないし、取材に応じてくれた子どもはヤマギシでの体験は話してくれるが、まだ心の奥底を語れる段階までに至っていないからだ。

あとでいくつかの事例を紹介するが、それを理解するには学園で暮らしていたときの子どもたちの心身の状態を知っておいたほうがわかりやすいだろう。

ヤマギシの子には、とりわけ幼いときから学園に入れられた子に顕著だが、一般社会の子どもと比べ際立った特徴がいくつかある。

まず、オウムの子と同じように、身体発達に遅れがある。

津市の高野尾小学校の生徒数は二六四人、うち一七一人が豊里実顕地から通うヤマギシの子である。同小学校の養護教諭が調べたところ（九六年）、いずれの学年の男女も全国平均を下回っていた。

四年生男子　—《マイナス》三・四cm　—二・三kg　女子　—五・六cm　—三・八kg
五年生男子　—三・八cm　—三・三kg　女子　—二・五cm　—一・一kg
六年生男子　—四・六cm　—三・五kg　女子　—四・一cm　—三・九kg

おおよそ、一学年下のレベルである。これは二食の影響だけでなく、第一章で述べた「愛情遮断症候群」「愛情遮断性小人症」の症状と思われる。

オネショや小児喘息が多く見られるのもヤマギシの子の特徴である。

オネショの頻度は不明だが、学園にいた子に聞くと必ずといっていいほどオネショをした子が虐待される話が出てくる。三重県は子どもとは別に、ヤマギシの子どもが通う他県の学校にもアンケート調査を行っているが、子どもの健康・衛生状態の質問に延べ一三校が答え、そのうち二校までがオネショのことを書いている。

「オネショする子は別の部屋に寝かされ、いじめの対象となる場合がある」（A校）

「オネショをすると叱られ、水をかけられるなどの罰があるようだ。オネショするのは、精神的な面、心の問題であると思うが」（B校）。

また喘息は、埼玉県の本郷小学校に通うヤマギシの子（八三人）は私の調査では九人に一人、豊里実顕地の学園初等部（二七六人）は「六人部屋に一人は喘息の子がいた」というし、また直接取材した子ども（三〇人弱）は七人に一人の割合で喘息を患っていた。平均の二、三倍の発症率である。

エホバの証人の恵美は一時期視力障害に陥ったが、ヤマギシでも視力が落ちた子どもがいる。学園での放火や自殺未遂のことを証言してくれた前出の柴田直樹である。母親が話す。

「小学校の一、二年の頃に視力が二年間ほどガクンと落ちたことがあります。耳鳴りも一時期ひどかったようです。眼科でも耳鼻科でもとくに悪いところはないという診断でした」

視力障害に陥ったのは直樹だけではない。高野尾小学校の校長は津市の市議にこう証言している。

「視力障害、黒板の字が読めない子がいる。（診察を受けた）東海眼科の話では、視力矯正では回復しない、ストレスか二食主義からくるものではないか、と言われた」

ヤマギシ学園を見学した人なら誰でも驚くのは、初めて会ったというのに幼年部（五歳）の子どもが人見知りもせずに近寄り、やたらベタベタしてくることだ。児童相談所に保護されたオウムの幼い子が初期に見せた「ベタベタ」である。ヤマギシに好印象を抱いている人は「人見知りしない素直な子に育ってるなあ」と感じ入るし、ヤマギシを批判的に見る人たちは困惑する。

〈虐待を受けていると聞いていたが、この人懐っこさはどういうわけだ？〉

ところが、初めて会う他人にはベタベタするのに、前述した村人の赤松茂の子どもがそうだったように、親が久しぶりに顔を見せても近寄ってもこないのである。

ヤマギシの子が学校の大半を占める高野尾小学校の教師たちはどのように見ているか。質問した津市市議のメモによればこうだ。

「泣きわめく、すねる。一時間でも泣いている。教師の何でもない注意にでも、ふてくされる。固まった心を解き放つのに時間がかかる。何か言われると泣く。他人の足を踏んでも、私じゃないといって泣く」

ヤマギシの子が通う他県の学校は、親子分離の影響についての問いにこう回答している。

「低学年では、些細なことで泣き続ける。すねる、甘えて教師を独り占めしようとするといった現象が毎年繰り返されている。担任がかわっても、子どもがかわっても、同じ現象が続くというのは、ヤマギシの子育てに原因があると考えられます」（C校）

「高学年になると、親に対する不信がつのり、親をクソババア呼ばわりする。子ども時代に受

けた心の傷の深さが人格形成に与える影響がとても心配です」（D校）

「愛情に飢えて、情緒が安定せず、服装や身の回りのことがきちんとできないままになっているので、学校での指導が大変です」（E校）

「『自分は捨てられた』という言葉を発する子どもが、かなりいる」（F校）

「早くから親と離れた子は、情緒不安の点が多かった。たとえば、よく泣く、いつまでも泣く、すねる、暴れる、嘘をつく、夜尿、失禁、友達をいじめる」（G校）〈注20〉

癒えない傷

こうした子どもたちが一般社会に戻ってくればどういう反応を示すのか。

長くヤマギシにいた子どもが帰ってくる。それは祖父母にとって感動的なことである。ある祖父は私に「死ぬ前に一度でいいから孫をしっかり抱きたい。おいしいものを食わせてやりたい」と語っていた。数年ぶりの孫との再会。寂しい思いをしていたはずのかわいそうな孫。きっと身体を震わせ咽《むせ》びながらヤマギシで辛かったこと、怖かったことを話してくれるだろう。

ところが、子どもはオウムの最年少解脱者の弟、洋二と同じでヤマギシのことは一切しゃべらない。

ガツガツ食う。挨拶はしない。本音をうち明けない。社会常識がない。熱中するのはゲームとテレビ・ビデオのアニメばかり。それ以外は無気力状態で子どもらしい溌剌《はつらつ》としたところがない。

九九年八月、親子四人がヤマギシから信州に住む祖父母、久米幸男・信子のもとに戻ってきた。二人の子どもは中学一年と小学四年。ヤマギシに家族揃って入ったのは中一の子が六歳のとき

だったから、孫たちは七年間ヤマギシにいたことになる。久米たちは早くから学園の実態を知り、学校の教師を通して孫に「ヤマギシに反対している。きっと救出する」という気持ちを伝えてきた。三重県議会、中央官庁への陳情にも何度か訪れている。孫も最初の頃は「ヤマギシは嫌いです。おじいちゃん、おばあちゃんのところに戻りたい」とやはり学校の教師を通して手紙を送ってきていた。

それなのに、戻ってから一年が経ったというのに、いまだヤマギシでの体験を語ろうとしない。孫はしょっちゅうやってくる。しかし、やることと言えば「まあ、ゲーム。それからアニメビデオ。出したものは何でもガツガツ食う」。久米が続けて話す。

「(表情は)暗くはないけど、声は小さいし、自分の気持ちをしゃべろうとしない。下の子は近所の子どもと遊びまわり、普通の子と変わらんが、上の子は難しい。わしらがヤマギシの批判を散々したうえで話を持ちかけると、ポツリと漏らすが、それ以外はヤマギシのことについて何も言わん。腹が立つこともあるが、七年間もあんなとこにいたことを考えないと……。わしらもだんだん歳を取ってきて、身体も思うように動かなくなるだろうけど、まあ気長にやりますよ」

この例に限らず、学園に入れた親にはむろんのこと、ヤマギシに批判的な祖父母にも積極的に口を開こうとしない。それればかりか、関東地区で脱走した子どもを含め元学園生が数十人集まって同窓会を開くときがあるが、近況報告のあとは飲んで歌って騒いで終わり。ヤマギシ時代の話題はほとんど出ないという。

それを早く忘れたいからだろうと推測する人たちは少なくないが、決してそうではない。あまりにも衝撃的で苛酷な体験だったがゆえに、それを口にするのは辛く、体験を封じこめようとし

ているのだ。

トラウマ（心的外傷）が流行語のように使われているが、親に捨てられ親代わりだという係から暴力を受けてきたヤマギシの子の心の傷はとてつもなく深い。

虐待の場から解放されたといっても心的外傷が癒えるわけではない。「虐待されているときはその辛さを防御するため、虐待環境に自分の諸感覚を適応させるのに精一杯」（埼玉県立小児医療センターの奥山眞紀子）で、むしろ解放されると、逆に抑圧されているものが様々な形となって現れるからだ。現れ方やその程度は学園に入った時期とその子の個性によって異なるが、とりわけ感受性の強い子、幼くして学園に入れられた子どもは深刻である。

久米の孫はヤマギシから戻ってくるとすぐに入院した。原因不明の胃痛である。転げ回るほど痛みはひどかったらしく、二週間入院した。胃痛は今でも二週間おきに起きる。また、最近ではなくなったが、一年近くときおり熱を出した。病院で検査をしても原因はわからなかった。

九五年に家族揃って村を出てきた子ども（高等部生）は半年間、発熱が続いた。やはり、原因不明の発熱だった。ストレスが身体症状となって現れたとしか考えられない。

久米の孫は学校をときおり休む。不登校もヤマギシにいた子どもの傾向である。学園の幼年部に一年間いた子どもは小学校は親（会員）もとから通うようになったが、一年間に渡って不登校を繰り返した。元会員からは「学園から戻って数年間経つが、一度も学校に行っていない子がいる」と聞いている。

元学園生たちにこの話をすると、「ヤマギシで生活していた者からすればこちらの学校はまるで異世界。そこに飛び込んでいくのは勇気がいった。学校に行きたくなくなる気分はよくわか

る」という。学園にいるときは学校が唯一の安楽の場所だった。ひとりぼっちではなく同じヤマギシの子がいた。ところが、こちらの学校ではひとりぼっち。ゲーム、スポーツ選手、タレントの話題にはついていけない。転校してくる前はどこにいたのかと聞かれると、口ごもってしまう。ヤマギシでの体験を隠しながら付き合っていくのは常に違和感がつきまとう。

しかし、ヤマギシの子どもは学校そのものが嫌いなわけではなく、家族が適切にフォローしてやれば不登校は直る可能性が高いと思われる。といっても、家族揃ってヤマギシから離れた場合には親は失意のもとで生活費を稼ぐのが精一杯だし、現役の会員であれば仮に子どもの様子が気になったとしても〝理想の学園〟の実態を知らないからどうしていいのかわからないのが現状だが〈注21〉。

他者への攻撃となって現れるトラウマ

坂本彰吾が埼玉県岡部町の本郷小学校から川崎市の学校に転校してきたのは九五年の秋だった。五歳から岡部実顕地の学園に入れられ、小学三年の二学期に会員である親のところに戻された。学園では手に負えないというのがその理由だった。

転校した当座は授業中歩き回ったり、腹が痛いといってしょっちゅう保健室に行ったりしていたが、そのうち攻撃的になり、友だちに悪口を言ったり、弱そうな子を突っつくようになった。さらに行動はエスカレートし、ちょっとでも友だちに注意をされるとパニックに陥ったようになって暴力を振るったり、教室の窓から飛び出したりした。教師が注意すると、「ぼくなんか死ねばいいんだ」と興奮し、コンクリートに頭をごんごんと打ち続けた。こんなことが毎週のよう

に続いた。

あるとき、彰吾が障害児を階段の踊り場でいじめていたときのことだった。その子が「先生に言うよ」と話すと、彰吾は突然階段の手すりを飛び越え、飛び降りようとした。そばを通りかかった教師があわてて足をつかまえたため事なきを得たが、教師がいなかったら大怪我をしていたか、打ち所が悪ければ死んでいただろう。

教師が興奮をなだめようとすると、彰吾は決まって最初はうわ言のように「ぼくなんか死ねばいい」「死んでやる」と泣きながら繰り返したあと、「ぼくが悪いんだ」と反省し、最後には赤ちゃんのようになって教師に甘えた。

五歳のときに一年間だけヤマギシにいた渡辺栞《しおり》も、友だちに対して攻撃的という点では彰吾と同じである。

滑り台の順番待ちに割り込んで友だちから注意されたり、友だちが物を貸してくれなかったりすると、相手を罵倒したり、相手の持ち物をふんづけたり、実際に殴ったり蹴ったりした。栞が怒り出すと、上級生もびびるほどだったという。栞も彰吾と同じように、同じ小学一年の障害児を傘でつつき、用水路に突き落とそうとしたことがある。

なぜヤマギシにいた子は弱い子を攻撃するのか。あとで登場するユカリの分析を紹介しておく。

「鶏と同じなんですよ。鶏は傷ついた鶏を残酷なまでに突っつくでしょ。ヤマギシの子も弱い子を攻撃することによって、自分が優位に立ち、自分を守ろうとするんです。私もやられたけど、いじめた子は私との関係で優位に立ったわけです。私だって、社会に出てから自分を守ろうと、相手の弱点を口で攻撃していました」

攻撃とは逆に、やはり五歳のときに一年間だけいた中沢萌は何かあると片隅にじっとしながら泣くか黙ったままの状態になって、他者からの攻撃を避けるように内にこもった。

何かの琴線に触れると、萌は内にこもり、彰吾と栞は攻撃的になる。彰吾の場合は、自傷行為という形で攻撃性を自分にも向ける。友だちと仲良く遊んだり教師から褒められたりするときにはほかの子どもと何ら変わりがない。三人に共通するのは、注意されたり間違いを指摘されるとそれを自分の存在を否定するメッセージと受け取り、マイナスの感情がわいた瞬間にパニックになるということだ。

そうなる原因はヤマギシ体験にある。ヤマギシでは、指示された以外のことをすれば暴力を受けたし、部屋に閉じ込められて反省を強いられた。肯定されることはほとんどなく、常に抱かされたのは負の感情である。

そのため、他者から否定されると、ヤマギシ体験がフラッシュバックとなって蘇り、パニックを起こす。九五年の阪神・淡路大震災のときに話題になったPTSD（心的外傷後ストレス障害）の症状である。震災を体験した子どもは飛行機の音とか地震を想起するような何かに遭遇すると不安感が生まれたり、鬱状態になったりする。それと同じで、ヤマギシの子も否定とか負の感情などによってヤマギシ体験が無意識のうちに蘇ると、内にこもったり、他者への攻撃となって現れるのだ。

前出の西澤哲は「トラウマ反応で一番大きいのは強い怒りだ」という。

「虐待を受けた子には共通して強い怒りがあります。それが外在化、外に出てくると怒りを爆発させる。パニックになったり、破壊的行動をしたり、暴力を振るったりする。逆に内在化、怒

りが内（自分）に向かうと、鬱状態になったり、不登校、引きこもり、自傷行為になる。怒りといってても生半可なものじゃなく、すごいですよ。根源的な怒りといっていい。阪神・淡路大震災のときのPTSDと異なるのは、虐待などによるPTSDは一回だけの単発的、突発的な体験ではなく、反復的で蓄積性の強い体験によって生じているということです。トラウマ反応が複雑で、ともすれば『わけのわからない行動』とされてしまいかねません」〈注22〉

三人とも月日の経過とともに問題行動の回数は減っているが、心のどこかに石ころのように固まった心の傷が癒えない限り、いつの日か本人にも自覚できないような言動を示すことは十分に予想されるという。

ある少年は学園を去ってから四年が経過するが、一人の世話係の名前をあげながら「あいつのことを思い出すとぶっ殺したくなる。将来は警察官になってあいつを捕まえたい」と話していた。この少年が希望通り警察官になったらどうなるのか。たとえば、児童虐待の現場に踏み込んだとき、子どもに暴力を振るっていた親にどんな反応を示すのか。逮捕する前に殴り続けてしまうのではないか……。

ヤマギシの子に共通するのはヤマギシ体験をしゃべらないことのほかに、もう一つある。それは親を許さないこと、もしくは親を前と同じように見なくなっていることだ。捨てられたという思いは子どもにとってこの世でもっともショックなことだろうし、そのうえ〝捨てられた〟場所でアンケートに記述されていたような暴力を受け続けたのだ。そう簡単に親への不信感が払拭できるわけがないのは当然だろう。

ヤマギシにいたとき視力障害になった前出の柴田直樹は親と一緒に小学校五年の終わりに村を

出たが、母親によれば直樹の家庭内暴力は中学一年まで続いたという。

「ちょっとしたことで暴れたし、お父さんと取っ組み合いになったこともあった。ベランダから飛び降りようとしたこともあったし、私も殴られたことが何度かあります」

一度だけ包丁を突きつけられたことがある。

「目が血走っていて、あのときは私も覚悟を決めました。それで『お母さんを刺すんだったら刺してみなさい』とあの子に立ち向かいました。それからですかねえ、暴力の頻度が少なくなったのは」

直樹は、包丁を突きつけたことが信じられないほどやさしい顔つきをした子である。表情も穏やかである。ヤマギシ体験をひとしきり話してくれたあと、母親との関係に水を向けると、気負った風もなく淡々と語った。

「親はどうでもいいです。親に甘えたいとは思わない。お母さんはどうしてヤマギシに入ったのか説明するけど、そんなことどうでもいいやという感じ。ともかく、お母さんたちがぼくをヤマギシに入れたんだから」

直樹の母親は元ヤマギシには珍しく自分の子どものことを心配し、ときおり電話で子どもの様子を知らせてくるような人だっただけに、やりきれない。

ヤマギシから戻った子どもで家庭内暴力を起こす子はそれほど珍しくない。

小学二年の女の子はやはり母親に包丁を突きつけている。

小学六年の男の子は一年近く父親に暴力を振るい続けた。父親がされるがままにしたほうがいいと判断したために暴力が長引いたようだが、その間メガネを割られたり、ベルトで殴られたり、

散々だったという。

親を攻撃する子もいれば、内にこもる子もいる。何かあると片隅でじっとしていた前出の中沢萌は、母親が抱くと、身を硬くした。嫌なことがあっても決して母親に近寄ろうとせずに、トイレに閉じこもったりしていた。学園を出てから二年後になってようやく母親の膝の上に乗るようになったが、いまだにヤマギシでの出来事は口にしていない。

名前を変えて再生する家族

親から捨てられたという想いをどうすれば払拭できるかわからない。

一例だけだが、裁判所に申し立て、家族揃って名前を変えた例があった。そのケースを紹介しよう。

猛志の一家が村に入ったのは八八年一月、猛志が小学五年のときだった。いまは大学生になった猛志が話す。

「学園に入るのはものすごく嫌でした。豊里に行くまで泣きながら、何度も車から逃げようと考えていた。でも、家族全員で村に入るというんだから、逃げ帰るところがないんですよね。最後には泣き疲れてしまった」

両親は津市の豊里実顕地、猛志は同じ三重県阿山町《あやまちょう》の阿山実顕地の学園に配属されることになった。猛志は阿山に移動してから二、三日学校に行かず部屋に閉じこもり、泣いた。「いきなり見知らぬ集団の中に入れられてとても怖かった。ヤマギシだけでなく、学校に行けばまた初めての集団の中に入らなければならないでしょ。メチャクチャ苦痛でした。実顕地が親と一緒だっ

たらなんとかやれていたかもしれませんが」。猛志は何度も脱走した。脱走というより行くあてがないから実顕地の周辺を徘徊《はいかい》していたといったほうがいいかもしれないが、そのたびに叩かれたり、個別研を受けた。

家庭研鑽で豊里の両親のところに行ったときは阿山に戻ろうとしなかった。父親と世話係を交えての研鑽となった。猛志はあくまでもここに居たいと言い張った。そのとき世話係の前で父親は猛志を殴った。猛志からすれば嫌いな係と好きだった父親がグルになっているように見える。

「父親に殴られたのが一番ショックだった」という。

猛志は対人恐怖症になり、学校に行っても誰とも口をきかず、服で頭を覆い、黙々とノートに絵を描いて過ごした。どんな絵を描いていたのか。

「将来住みたい家とか、ヤマギシから出たときのことをテーマにした絵だったと思います。いや、その絵に親は登場しません。だって、裏切られたと思っていましたから。親のことは意識にのぼってこなかった。前の学校の友だちの家で、友だちのお母さんが親代わりになってくれて、そこで暮らすことを夢見ていた」

猛志の父親が話す。

「ヤマギシ以外のところだったらどこでもいいから、ともかく出たいとばかり言っていました。どうやって生活するかと聞いても、寝るところや食べ物なんかどうだっていい、ともかく出たい、と。まるで飢えた野良犬のように見えた」

猛志の両親は実顕地を理想郷と思い全財産をもって村に入ったが、すぐに村ではとてもやって行けないと思った。自由がまるでなかったからだ。しばらくして、一家で村を離れた。

猛志が学園にいたのはわずか三カ月である。それだけなのに、こちらに戻ってからも猛志の対人恐怖症は続いた。新しい学校に行っても一カ月間はやはり顔を服で覆っていた。精神科に通うようになってから、覆いは取れたが、五月の修学旅行のときには帽子を深めにかぶり、夜はみんなと離れ、別室で修学旅行に付き添ってくれた父親と寝なければならない状態だった。

秋の運動会にはまだ参加できず応援席で声援を送るだけだったが、中学生になると見違えるようになり、三年間元気で学校に通った。ところが、高校入学が決まってから、猛志は親に「ノドがつまっているような感じがする」と訴えた。それが一週間続いた。それでもそのときは親に訴えただけで終わり、高校の二年間は欠席なしで通った。

高校三年になりクラスが変わると、学校を週に一回さぼるようになった。夏休み、両親は猛志の言い分をともかく聴いてみようということにした。

「学校に馴染めないんだ。友だちになりたいけど、うまく入って行けない。気軽に会話ができないんだ」と猛志は泣きながらいったあと、唐突に呻いた。

「ヤマギシで係に叩かれたとき、助けてくれなかったじゃないか」

ヤマギシを出てから七年目にして初めて心の奥底に溜まっていた恨みをぶつけたのである。

このあと、母親と猛志は二週間に渡って、ときに涙しながら、ヤマギシでのことを話し合い、母親は「おまえの気持ちを無視してヤマギシに入れてしまった。申し訳ないことをした」と猛志に何度も謝った。

このとき猛志は「自分の名前が嫌でしかたがない、できれば名前を変えたい」と訴えた。

両親は長男が生まれたとき、集団の中で強くたくましく育って欲しいと願って「猛志」と名づ

けた。母親は名前に託した通りに猛志を強い子にしようと努力した。集団で遊べるようにスポーツクラブに入れたりしたが、うまくいかなかった。もともと感受性が豊かで思索型の猛志はますます内にこもるようになっていった。あるときヤマギシ会の「楽園村」のチラシを読んだ。これだと思った母親は嫌がる猛志を何度か強引に参加させた。しかし、やはりうまくはいかない。思い悩んでいると、ヤマギシの会員から「子どもを変えたければ親が変わらなければならない」と特講を勧誘された。このあと父親も特講に参加し、夫婦揃って舞い上がり、ヤマギシに参画することになったのである。

こういうわけで、ヤマギシ会と猛志という名前は切っても切れない関係にあった。

両親は名前の変更を了解し、自分たちもヤマギシと決別し家族の再生を誓って名前を変えることにした。

裁判所がよく認めたものだと思うが、ともかく猛志は良介となり、その後、関東の大学に合格した。私が良介に会ったのはその年の冬だった。父親に似て背が高く、線の細さは母親譲りのようにに思えた。寡黙な印象を受けたが、初めてヤマギシの楽園村に参加したときから現在までをよどみなく話してくれた。大学ではまだ腹を割って話せる友だちがいないのが悩みだというが、両親への不信感はほとんど消えつつあるように思えた。

それにしても、小学五年のときのわずか三カ月のヤマギシ体験と親への不信感を吐露するまでに七年間もかかっているのだ。

九六年に母親と一緒に三人の子が取材に応じてくれたことがある。すき焼きをつつきながらの取材だったから思い出深いが、上の二人は表情から母親への不信感がありありと読み取れた。そ

れに比べ、「ヤマギシで楽しかったこと？　空き缶を漁っていたらジュースが半分ほど残っていた。それを飲んだとき！」を茶目っ気たっぷりに屈託なく話していた一番下の小学五年の男の子は、何の問題もないように見えた。その子はいま中学三年だ。

その後、一家は引っ越しをして連絡が取れなくなってしまったが、最近取材で知り合った人のところに突然連絡があった。母親はどこに住んでいるかも言わず、「下の子が荒れて荒れてどうしようもない」とこぼしたという。

時間が子どものトラウマを解決してくれるわけではない。今は安定しているように見えてもいつかは爆発する可能性があるのだ。

「私が大きくなって赤ちゃんを産んだら、ヤマギシに入れてやるからな！」

小二の女の子が母親にナイフを突きつけたときに叫んだ言葉である。

子どもが村から脱走したあとも実顕地に住み続ける村人の親たちは、会員の親のように子どもとの修羅場を経験したことがない。子どもの様子を聞いても「元気でやっていると思いますよ」とほんわかとした答えしか返ってこない。

所得税、健康保険って何？

一人で社会に出てきた子どもはどうしているのか。

数年前に村を脱走した島田篤史は、大企業の下請け工場と安普請のアパートが背中合わせで立ち並ぶ大阪の下町で暮らしていた。

篤史は中学一年になるとき、母親に連れられて村に入った。暴力を振るわれたことはほとんど

なく、学園生活にさほどの不満はなかった。そのため学園の高等部を〝卒業〟すると大学部（三年制）に進んだ。大学部生になったといっても高等部生を指導しながら作業をするだけだが、村ではエリートの一員である。大学部時代はヤマギシを発展させ世界を変えようと考えていたという。それが一転して村を出ることになったのは、大学部二年の終わりに高等部の女の子と付き合うようになったからだ。学園では男女交際は禁止されている。発覚したときは思いっきりぶん殴られ、交際をやめるように迫られた。篤史は恋人のほうを選び、その子と一緒に村を出た。女の子は社会を知らない、村で生まれた幹部の子だった。

祖父の援助でアパートを借り、町工場に勤めるようになってから、篤史は愕然とし、そしてふさぎこんだ。世間のことがまるでわからず、何の能力も身についていないことに気がついたからだ。ほがらかで、いかにも人の良さそうな篤史が苦笑いしながら話す。

「浦島太郎そのもので、ベルリンの壁やソ連の崩壊、湾岸戦争が起きていたことも知らなかったんですわ。流行歌とか有名なスポーツ選手の名前もわからない。話しかけられてもポカンとするだけ。所得税、健康保険のこともわからなかった。異国にやってきたような感じでした」

魚が砂漠で生活するようなものと話していたエホバの証人の二世と同じである。

篤史は高等部から大学部の五年間を養豚一筋でやってきた。それが自信になっていたし、大学部にいたことは誇りでもあった。

「履歴書の最終学歴の欄にヤマギシズム学園大学部と書いたんですわ。おじいさんに大学部にいたことを話したら、一般の大学と勘違いし、すごいと褒めてくれたこともあって、僕も勘違いしたんですよ。あとでゲラゲラ笑われて恥ずかしい思いをしました。それはいいとしても、学園

を出れば何でもできる子になると言われ、それを信じていましたが、仕事がまるでできなかった。五年間タダ働きをしていただけの単なる中卒やないか。それに気がついたときはとてもショックやった」

最初の笑顔はなく、最後には涙をこらえているようだった。

これと同じような体験はほかの子もしている。

「俺は高等部では建設作業を専門にやっていた。村を脱走してから建設現場で働いているけど、動き方も作業の仕方も服装もヤマギシとはまるで違う。親方から、『おまえ、なんも建設作業のことがわかっていないなあ』と驚かれる。ヤマギシでは作業着に長靴姿で雨の日だって作業をやらされたが、ここでは地下足袋に鳶ズボン。雨の日はむろん中止。安全帯や、安全基準があることも初めて知った。ヤマギシでは足を滑らせたらそのまま地面にズドン。実際に落っこって、瀕死の重傷を負った先輩もいた。ともかく、ヤマギシでやったことに何の意味もなかった。学園にいれば何でもできる子になる？　嘘ばっかり。かなり長く落ち込んだ」

篤史は自信をなくしたあと、恐怖に取りつかれた。〈俺には何の資格もない！　資格を取らなきゃあ〉。猛烈に勉強し、次々と資格を取った。ガスの溶接、電気溶接、移動クレーン車など牽引車以外の車の免許すべて、危険物取扱者、医療電子機器取扱者、家庭物理療法士、英検四級。妻も篤史の恐怖に影響されてガス溶接、宅建登録、英検四級を取得した。どんどん資格が増えていくにつれて、篤史は自分でも病気ではないかと思ったという。

初めて会ったとき、篤史は夜間の職業訓練学校に通っていた。

「訓練校には中卒コースと高卒コースがありましたが、中卒コースしか選ぶことができなかっ

ましくて、涙が出る。俺はヤマギシにいた八年間何をやってきたんだと……」

ヤマギシから脱走した子どもはすぐに自活しなければならない。みんなの話を総合すると、仕事先は建設作業員、車の整備工場、バーのホステス、精肉店、葬儀屋、焼鳥屋、そば屋、中華料理店、タクシー・トラックの運転手、花屋、クラブの客引きなど学歴を問われないものばかりだった。安アパートで数人が身を寄せるように暮らしている例も少なくなく、仲間が集まって酒を飲むと決まって愚痴が出る。「職場で高卒や大卒が偉そうにしていると、ムカツクよな」

篤史は課長に可愛がられ、社会のことを教えてもらっている。その中には「人の保証人になるな。人には金を貸すな」というのもあった。彼は、学園出身者の中には世間がわからずに騙された奴もいるのではないかと心配する。「噂ではマルチ商法に手を出した奴がいて、それを元の学園生に広めて、被害が出ていると聞きました」という。ありそうな話である。実際、サラ金のブラックリストに載った元学園生がいるし、数年前には一人の青年が借金苦で自殺している。

ヤマギシから脱走した女の子が銀座のバーに勤めていると聞き、会いに行ったが、すでに辞めたあとだった。同期の元学園生に転居先を調べてもらったが、所在はつかめなかった。先の建設現場で働いていた青年はその後二度ばかり仕事を変えたあと、やはり所在がわからなくなっている。消息がわからなくなった子どもは少なくない。

篤史が仕事で困ったのは、自分の頭で考えて自分で判断することができないことだった。何か言われると、わからなくても「ハイ」と答えてしまう。八年間、「ハイでやります」を叩きこまれ、自分で考える力を削がれてきたからだ。「おまえは言われたことだけはハイ、ハイとやるが、

自分の考えで仕事をやろうとしない」と何度も注意されたという。これは彼に限ったことではなく、村で生まれ、やはり大学部の途中で村を出た女性は「自分で考えようとすると罪悪感が生まれ、脳にロックがかかったような状態になりました」と語っている。

篤史の古びたアパートは一DK。狭い部屋の片隅に鳥籠があり、数匹のインコが飼われていた。ペットに話題を転じると、「いやあ、反動ですよ。ヤマギシでできなかったことを全部やってみよう、と。ネコも飼ったし、インコの前には別の鳥も飼っていた。嫁はんはマンガを描き続けていた。とりわけ二人が熱中したのはゲームでした。二年間は資格取得とゲームの生活でしたよ。最初はファミコン、次はプレステ。そこに天袋の中はゲーム・カセットだらけです。ヤマギシを出た子はゲームに熱中するといいますが、気持ちはよくわかります」。

彼の気分を変えようと思ってペットに水を向けたが、ゲームのことからも学歴の話題に戻る。

「人生ゲームって知ってますか。いろんなことをインプットし、選択肢に回答していくと、自分の今後の人生が示されるというものです。ステータスが高くなれば職種も幅広くなる。ゲームの画面に出たぼくの人生は働くコースで、仕事はコメディアン、歌手、フリーターやったかな。画面を見て、この野郎って思いましたよ。ゲームにもバカにされているような気分になって、すごいショックだった」

篤史は涙を浮かべていた。

ヤマギシの世話係は篤史たちに「大学生は遊び呆けている。学歴なんか何の役にも立たん。いまの仕事をしていれば実力がつく」と教えていた。しかし、社会に出てみると仕事は現場作業しかなく、それも技術を必要とする仕事になるとまともにできない。篤史たちが憤り、人生を無駄

にしたとふさぎこむのは当然だろう。

篤史が落ち込みながらも前向きなのは、ヤマギシ体験を共有する妻がいたからだろう。それがなかったら、篤史のほがらかな性格は歪んでいたかもしれないし、取材に応じることなどなかっただろう。玄関の壁にイラストが貼ってあった。大きな家と小さな牧場、そこに子どもたちが楽しそうに遊んでいるという単純な構図の絵である。

「これですか。嫁さんが将来住みたい家です。こんな家庭を築きたいと思っているんですわ。馬鹿みたいに思われるかもしれませんが、ぼくが職業訓練校の建築科に通っているのは奥さんの夢を叶えてあげようと思ってのことです。いずれ両方の親もヤマギシから出てくるでしょう。それだから、できるだけ大きな家がいいんですよ」

狭い玄関先に木材の切れ端が散らばっていた意味がわかった。それと同時に対人恐怖症になった前述の猛志のことが思い浮かんだ。

学校でひたすら将来の家を描き続けていたとき、猛志の頭には親のことはなかった。ヤマギシをやめた子で親のことを心配している子どもはいない。篤史は例外である。

「ぼくが二歳頃に父親が死んだから、お母さんは女手一つで働きながらぼくを育ててくれた。

「ヤマギシに魅かれたのは生活に疲れたからだと思います。現状から逃げ出したかったんでしょうね。だから、恨みには思っていません」

篤史がここまで母親に優しくなれるのは、ヤマギシに入る小学校まで愛情豊かに育てられ、学園ではそれほど嫌な目にあっていないからだろう。

だが、小さいときからヤマギシに入れられ、脱走した子どもは違う。「あいつらなんて親と

思っていないからもういいんだ」「親は親、私は私。もう会いたいとは思わない」。そのように話す青年たちを見ていると、親から受けた心の傷はすっかり凍結してしまい、もはや葛藤することすらなくなってしまっているように思える。

最近は、ヤマギシでの生活に疲れたのか、親のほうからそれとなくヤマギシから出てそっちで一緒に暮らしたいと打診してくることがある。しかし、子どものほうは「ようやく生活が落ち着いてきた。無一文で転がり込まれても困る。ずっとヤマギシにいて欲しい」とはっきりしている。子どもを捨てた親は今度は子どもから捨てられるというわけか。

取材を終え、駅まで送ってくれたとき、篤史は快活にしゃべった。「来年、二人で通信教育の高等部に行きます。卒業するときは三〇歳になっていますが、三〇にしてようやく高卒です」。入学の知らせがきたときにはわずかばかりの祝い金を送った。最近電話をすると、明るい声が返ってきた。

「いよいよ来年高校卒業です。もう一つうれしいことがあるんですよ。赤ちゃんができたんです。いまは妊娠八カ月です。それから請われて仕事先も変えました。仕事の時間が短くなり、給料も上がりました。それをきっかけにアパートも広いところに移りました。お母さんが出てきても大丈夫です」

「カルトの子」を取材して気分が明るくなったのは後にも先にもこのときだけである。

おそらく、篤史は子どもが生まれても上手に育て、明るい家庭を築いていくだろう。しかし、篤史以外の子、とりわけ小さいときから村で育った子どもは気がかりだ。当のヤマギシの子でさえそれを危惧している。次の手紙は、中学のときに村に入り、高等部修了とともに親のところに

戻った子どもが書いたものである。

「（ヤマギシ学園の）初等部はもし自分の子供ができたら入れたくない所。雰囲気悪い。よっぽど酒乱で狂ってて暴力をふるうとかひどい親じゃないのなら、普通の家庭で育った方が子供にとってはうれしいのではと思います。無理やり入れるのはかわいそうだと思う。

その子の人生を変えてしまうことになる。

あと、村の子がつぶやいた言葉。

『家庭ってどんなのだろう……』

私はそれをきいてショックを受けました。家庭のよい所、温かさ、安心感を、ヤマギシの村で生まれた人は知らないのです」

そうした子はいったいどんな家庭を築くのか。

男漁りと買い物依存症

二五歳のユカリは気の強そうな子だった。親にはずっとヤマギシにいて欲しい、と語ったのはユカリである。

ユカリは小学一年のときにヤマギシに入れられているが、それまでも母親の愛情を感じたことは少なかった。全共闘世代の両親は学生結婚で、母親に「あんたができちゃったのよ」と言われたことがあるというから、妊娠したからしかたなく二人は結婚したのだろう。そして、若き母親はユカリの育児に追われ、やりたいこともできず、そのためゆとりをもって子どもをかわいがることができなかったようだ。母とユカリの妹はとても仲がいいというから、母親が根っからの子

ども嫌いというわけではなかったと思う。

ヤマギシ会の特講を受けて両親とも変わったが、より舞い上がったのは母親のほうだという。母親はすぐに参画を希望したのに対し、父親は「こっちの社会でまだやりたいことがある。それをやり遂げたら参画してもいい」と躊躇した。母親は「だったら離婚して参画する」と息巻き、離婚騒動に発展した。ユカリはヤマギシに入ることの意味はわからなかったが、ともかく離婚だけはしてもらいたくなかった。

ヤマギシ学園の子ども部屋に入れられ、係から「あなたは（両親とは別に）ずっとここにいるんです！」と強く言われたとき、子ども心に未来を悟り、「違和感を感じないようにして生きていこうと思った」という。

世話係にはいつも目をつけられた。最初に殴られたのは小三のときで、部屋でみんなが騒いでいるとき、一人ぽつねんとしていただけなのに、いきなり係に平手打ちをくらわされた。ぬれぎぬだった。反抗的な態度は取らなかったが「女の子の中ではしごかれたほうだ」という。ユカリが受けた仕打ちは省略するが、「個別研を四日以上受けていたらおそらく気が狂っていただろう」という話からおおよその想像がつくだろう。

些細なことで叩かれたり個別研を受けたりしたのは、世話係から見て存在感のある子だったからである。それには学園に入ってからのユカリの決意が原因している。「反抗的な態度は取らなかったけど、係に媚びることもしなかった。誰とも仲良しにならず、精神的には独立してやっていこうと思っていた。集団に媚びず、集団の中に埋没していたかった」。それがユカリの意図とは逆に目立つ結果になり、係のカンに触ったのだろう。当然、ヤマギシの子どもたちからも浮い

た存在になった。イジメに耐えかねて、暗い夜道を泣きながら母親のいる宿舎に行ったことがあるという。

誰とも仲良くせずに集団に埋没する。中等部、高等部でも一貫してこの姿勢を貫いた。ユカリは一〇年間に及ぶヤマギシ時代の自分をこう分析する。

「ヤマギシでは仮面をかぶって生きてきたと思います。生きていくために精神的に防御し、自分を殺していた。そんな自分は嫌いだったし、人間すべてが嫌いだった。親友、友だちって、何かわかりませんでした」

高等部二年のときに、何でも話せる仲のいい子ができた。初めての友だちである。「その子と話していて、初めて自分は自分の（ありの）ままでいいのかと思い、ふぁっとした気分になったことがあります」。仮面が瞬間的に取れたときだろう。ユカリが続ける。

「私、戦争をしているところに行っても生きていける自信があります。だって、現実を直視しないで生きる能力が身についたんだから」

ユカリがヤマギシを出たのは高等部を終えた直後である。

名古屋にいる祖母を頼り、しばらくして生まれ育った東京・大田区に戻ってアクセサリーショップでアルバイトを始める。

一人で暮らすようになったとき、ユカリは猛烈な孤独感に襲われた。

「あれほど一人になりたかったのに一人になるとものすごく寂しかった。スーパーに買い物に行きましたが、何を買っていいのかわからなかった。何が欲しいのか何が食べたいのか。それさえもわからなかった。取りあえず、洗濯バサミを買った。何もない部屋に戻って、ラジオをずっ

とかけていました」

東京に住んでいる叔母がユカリの気持ちを晴らすために新宿のゴールデン街に連れていった。それからユカリはこの街に入り浸り、居合わせた客と寝るようになった。セックスが好きだったわけではない。相手が本気になれば重くなり、別れた。関係は一晩で終わったこともあれば、三カ月続いたこともある。「一緒に住もうって言われると、何っ、それ、という感じでした。ともかく人間不信の塊でしたから」。

ユカリはただ温もりが欲しかっただけだったと分析するが、誰かに依存したかったのではないか。依存したいのだが依存の仕方がわからず、温もりを求めるという形で自分の依存心を満足させようとした。逆に、男に依存されると依存された経験がないから心が急に重くなった。あとで紹介するエピソードと重ね合わせるとそのように解釈できる。

男漁りと同時に、買い物依存症に陥った。

「洋服にはまりました。バイトで稼いだ金はすべて洋服に注ぎ込んだ。流行、ブランド関係なし。一回着るとまた次の洋服を買う。何なんですかねえ。ヤマギシで服を選べなかったことの反動か、それとも子ども返りなのか。ともかく自分の好みというものがわかり、それを自分で買って自分で着てみることができる。その喜びは大きかったですね」〈注23〉

村を出るときは大学に進学しようと思っていた。その気持ちがわき起こると、叔母に「酒断ち、男断ちをする」と宣言して勉強に専念した。予備校では「最初はビリから二番目のクラスに入れられた」ものの、最後には「私大トップクラス」になり、大学入学資格検定に合格した年に東京の有名大学にも合格し、祖母の援助で大学の門をくぐった。ヤマギシ時代も授業を聞いているだけなのに学校では常にトップクラスだったというから、もともと能力があったのだろう。私が

知っている限り、脱走した子（親は村人）で大学に進学したのはユカリを含め二人しかいない。

大学ではすぐにサークルに入り、みんなともうまく関係がつくれるようになった。

その年の暮れ、雨の中、三重の豊里実顕地から母親が会いに来た。離婚の報告だった。父親は別の村人と再婚するという。

ユカリはすぐに母親と別れ、大学に行き、荒れに荒れた。

〈おまえらに離婚してもらいたくないからヤマギシでがまんしてきたんじゃないかよぉ〉

一〇年間抑圧していたものが一気に噴出した。キャンパスに置いてあったビニール傘を片っ端から壊した。パイプの傘立てを蹴り、そこら中の樹の枝を折った。

ユカリにとって大学は楽しかった。アルバイト先での人間関係は最悪だったが、サークル仲間はヤマギシ体験のことを告白するとみんな同情してくれ、ユカリの存在を認めてくれた。法学部の授業も興味深いものだった。

サークルの仲間とはよく酒を飲みに行った。

そんないつもの飲み会のあと、終電に間に合わないことがあった。ユカリは好感をもっていた男の子に誘われ、彼のアパートに泊まることにした。彼は手を触れようとさえしなかった。ユカリは驚いた。男は一緒に寝ると必ず身体を求めてくるものだと思っていたからだ。あとで聞くと、彼は「君はぼくの大切なものだから、手を出したくなかったんだ」と話した。

ユカリは彼のことが好きになり、付き合うようになった。ある日、彼がこう話した。

「ユカリは強がっているように見える。とても辛そうだ。ぼくのことをもっと頼っていいよ。ぼくは君のすべてを受けとめる」

彼はユカリが仮面をかぶっているように思えたのだろう。頼り方を知らなかったユカリは、彼に赤ちゃんのように全面的に頼るようになった。ありのままの自分を出したのである。すると、彼にはユカリが次第に重くなり、電話を避けるようになった。電話がつながらないと、ユカリは不安になり、何度も何度も電話をかけた。彼が電話に出ると、ユカリは駄々をこねるように「なんで電話に出ないのよぉ」と詰《なじ》った。彼は重くなったことを正直に打ち明け、「ユカリとは言葉が通じない」と話した。その前にこんなやりとりがあったという。

「ユカリの言葉はサークル仲間のA子を傷つけているよ」

「傷つくのはA子の勝手でしょ。彼女を傷つけるために言ったわけではないんだから」

「いや、そうじゃなく、A子の立場になって発言したほうがいいと言ってるんだよ。このままだと友だちをなくしていく。ユカリのためを思って言ってるんだ」

「そんなこと言って欲しくない」

「どうしてわかんないのかなあ」

「私のことすべてを受けとめるって、話してくれたじゃない。なんでそんなことを言うの」

ユカリが教えてくれた会話の一例だが、おそらく何度もこんなやりとりがあったのだろう。ユカリは相手の立場に立つといったことや、相手の心を傷つけてはいけないということの意味がまるでわからなかった。それればかりか、自分を殺して集団生活をしてきたために、相手に頼ること、またどの程度頼っていいのか学んでこなかった。おそらくヤマギシの子の多くに共通するものだろう。

ユカリがヤマギシに入ったのは小一だが、それまで母から愛を受けたことがほとんどないとい

うから、親に依存しそれから徐々に脱皮していくという経験を学んでこなかったのだろう。彼が心理学の専門家ならともかく、ありのままの自分（小一レベル）をぶつけてこられればユカリの存在が重くなったのは当然だろう。

ユカリはどうすればいいのかわからなかった。東京にいる元ヤマギシの子の五人と会ったとき、さめざめと泣いた。

彼と疎遠になってから、六カ月後に電話がかかってきた。ユカリは一方的にしゃべってから電話を切った。あとで思った。「これまで彼から電話を切られ不安になったが、いまは私が切った。逆の立場になった。彼はいまどんな気持ちでいるのか」。相手の気持ちを考えるという意味が少しばかりわかったような気がしたという。

取材したときは彼との付き合いが再開したばかりのときだった。ユカリの表情は明るかった。しかし、私はユカリのこれからのことを思うと明るい気分にはなれなかった。それはユカリの妹への態度を知ったからだ。

五歳年下の妹もやはり高等部が終わると村を出た。一年間兵庫の山奥で住み込みで働き、金をためたあと、ユカリを頼って上京してきた。ユカリはしぶしぶ同居を認めた。

妹の生活能力はゼロに等しかった。料理はできない。掃除は時間を決めてやるように言いつけるとするが、汚れていても自分から掃除はしない。自分の服がそこら中に散らばっていても片付けようとしない。常にユカリの指示を待つだけ。自分の頭で考えようとしない。「お姉ちゃん、どうしてNHKは受信料を徴収するのに民放はそうしないの」と聞かれたときは、唖然として答える気力を失った。疑問が生まれても考えようとしない。それは長い間、世話係の指示に従って

動くだけという生活を続けてきたためである。

妹には腹立たしさを覚えたが、妹が初めての東京で不安を感じていることは理解できた。だが、ユカリは「妹にヨシヨシと甘えさせるのはやめよう」と考えた。最近、妹に泣きながら詰られたことがある。

「なんで、お姉ちゃん、私のことかまってくれないの。お姉ちゃんには私が思っていること、もう話せない！」

そう叫んだあと、妹は布団をかぶって堰《せき》が切れたように大声で泣き続けた。それに対して、ユカリは自立して生きていくしかないといった趣旨のことを話したという。

私には妹が不憫《ふびん》に思えたが、彼とのことで相手の気持ちになって考えるということを学んだはずのユカリは、妹とのエピソードを話しても反省する風ではなく、むしろ彼女の存在がうとましそうだった。

一〇年間仮面をかぶって生きてきたユカリが社会に戻って七年が経過する。ヤマギシ時代に抑圧してきた「ありのままの自分」が年齢にふさわしい人格になるには、まだまだ時間がかかりそうだ。ユカリはやがて結婚し、いずれ子どもを産むだろう。そうなったとき、愛情をもって子どもを育てることができるのだろうか。そう思うと、明るい気分になれないのだ。

はたして「実験」は終わるのか？

学校認可の申請を取り下げてからのヤマギシは激変しつつある。脱税、三重県のアンケート調査、ヤマギシ食品の実態が明らかになるにつれ、売り上げが激減していったからである〈注24〉。

の学校から三重県の学校に問い合わせが入っている。

しかし、進行形の虐待こそはなくなったものの、早くも、ヤマギシの子が転校した先の富山県いると言っていいだろう。

八五年から始まった我執抹殺、親子分離の実験場だったヤマギシ学園は事実上解体に向かってれだけの月日を過ごすことができるのだろうか。

望に燃えて村を出る人も少なくないというが、学校に通う子どもを抱えた家族が一〇〇万円でど○万円の生活支度金を渡しているという。「これからは地域でヤマギシズムを広めていく」と希人の肩たたきを急ピッチで進めており、村に持ち込んだ財産返還を請求しないことを条件に一〇さらに、冒頭の悠太のように問題のある子どもを抱えた家族や、中年から初老に差しかかる村ため、隣の六畳間に子どもを住まわせるようにしている。

し通信教育の高等部)、さらには親子一緒の生活に切り替えたのである。親の住まいは六畳一間のそればかりか、人権侵害はないと言い張りながら、強制労働をなくし、高校進学を認め(ただ二〇〇人いた学園の子は半分以下に減った。

を中心に子どもを引き取る動きが顕著になった。ヤマギシも引き止めようとしなかったため、二メンバーを呼び、アンケートの記述式部分を説明した。さすがに驚愕したのだろう、関東の会員三重県はヤマギシの親に実情を知って欲しいと、学校の設立を推進してきた学園の親の中心的りなどヤマギシの動きはあわただしいが、ヤマギシの子どもに関するその後に簡単に触れておく。立どころではなくなったのである。二五〇〇人の村人のリストラや実顕地の土地の密かな切り売二五〇億円の売り上げは今や二〇〜三〇億円にまでなったのではないかと言われている。学校設

「そちらの学校にいた子が転校してきたんですが、いったい、どういう子だったんですか」

二五〇〇人の子どもが受けた心の傷が癒されるのには気の遠くなるような年月がかかるだろう。

〈注1〉「ヤマギシの子どもを救う会」は九七年七月、ヤマギシ学園に入れられている子どもの祖父母たちを中心に結成された。

〈注2〉ヤマギシ会をテーマにした記事は「宝島三〇」（九四年一二月号、九五年一月号、九五年一〇月号、九七年一月号）。「Ｖｉｅｗｓ」（九六年九月号、一〇月号、一一月号、九七年一月号）。「現代」（九七年三月号）。

〈注3〉判決は原告の訴えを棄却し、私の全面勝利に終わった。判決内容は二〇〇〇年四月八日の読売新聞に載り、翌日、共同通信が全国に配信した。当日の出来事は「フライデー」（九七年五月三〇日号）に詳しい。私も「週刊金曜日」（九七年六月二七日号）で詳述した。裁判の過程で祖父母はヤマギシ学園に入れられた孫に六年間に一度も会うことができなかったことが明らかにされた。

〈注4〉日本の学者でヤマギシ会を批判的に見ていたのは埼玉大学教授の山口和孝だけである。「生活教育」（九九年三月号）を参照。ヤマギシ会と知識人との関係については、熊本日日新聞編集委員・春木進の「今でもヤマギシ会を評価されますか？」（宝島社文庫『「カルト」の正体』に所収）が詳しい。

〈注5〉特講は五六年の一年間だけで二二回開催され、二〇〇〇人が受講した。三カ月で世界中というわけにはいかず、五九年から急進拡大運動が提唱され、特講参加者に「ビョウキデタ

オレタ。ムカエタノム」などの電報を打たせ、あわててやってきた親族を監禁し、強引に特講を受けさせた。その過程でのちに「山岸会事件」と呼ばれる殺人事件を五九年に引き起こしている。

〈注6〉イズム・メイト編集部『リアルヤマギシ』（自費出版）

〈注7〉七六年一〇月二五日号の「けんさん」（ヤマギシ会の機関紙）。この時点では、機関紙の編集部の実権は旧主流派が握っていたようだ。

〈注8〉『リアルヤマギシ』。参加者が記載されていない年もあるが、楽園村は毎年開催されていた。その後、毎月開催されるようになった。

〈注9〉広島弁護士会は警告書で学園廃止のことについて触れている。「当会が調査を開始した直後の一九九七年三月、保護者らによって、学園の子どもたちは、他の実顕地内にあるヤマギシズム学園などに住所を移したため、現在学園には、子どもは一人もいません。しかし、学園の敷地建物や設備はいまも子どもたちが住んでいた当時のまま、管理保存されており、今後学園において子どもが生活を行うことも絶無とは言えません。そこで、当会としては、学園において将来二度と上記のような子どもの権利侵害が行われないよう、本警告を発します」。

〈注10〉ヤマギシ会は「家庭研鑽」は月に一回行われていると主張していたが、子どもたちへの聞き取り調査では月に一回は建前であり、実態は二、三カ月に一回だった。それも親が村に来る場合があり、そうなると、会員の子どもが家に帰るのは半年に一回ということもあった。

〈注11〉『洗脳の楽園』文庫版では、北海道大学医学部教授の澤口俊之（脳科学）へのインタビュー

をもとに「特講補論」として特講と脳の関係について触れた。簡単に言えば、筋肉を酷使すると痙攣を起こしたりするのと同じように、脳を必要以上に酷使すると思考機能がパンクし、脳内物質のバランスが崩れる。脳をそのような状態にもっていくのが特講である。

〈注12〉ヤマギシ会は「我当然、執抹殺」と主張するが、我と執着心とは別々のものではなく、密接不可分な関係にある。実際、実顕地では「我抜き研鑽」が行われている。

〈注13〉「やまぎし学園」を支持する知識人にはそうそうたるメンバーが顔を並べていた。遠藤豊（自由の森学園元校長、故人）、宇井純（沖縄大教授）、小倉武一（元農林事務次官）、岡庭昇（文芸評論家）、四手井綱英（森林生態学者）、杉本厚夫（京都教育大教授）、草刈善造（北海道教育大名誉教授）、柴田義松（成蹊大教授）、牛丸仁（児童文学者）、内藤正明（京都大教授）など。新しい教育の試みとして注目された埼玉県の「自由の森学園」（中高一貫校）はなぜかヤマギシ会と関係が深い。複数の教師が特講を受けているし、修学旅行の一環としてヤマギシの別海実顕地を訪問したこともある。それればかりか、ヤマギシ会が赤字に苦しむ自由の森学園の買収を持ちかけたこともある。

〈注14〉「ヤマギシを考える全国ネットワーク」は元参画者、元会員が中心になって九三年に設立された団体である。

〈注15〉標題の「学園等」の「等」は、学園の子どもたちからは隔離され、一人部屋で寝起きし、そこから学校に通っている、学園生扱いにされていない子どもを含めているという意味である。

〈注16〉文章はごく一部を読みやすいように手を加えたが、ほぼ原文通りである。

〈注17〉三重県は事の重大性に気づき、文部省、厚生省に調査結果を報告している。しかし、両省は今日にいたるまで警察に通報することなく何の対策も講じていない。行政の不作為の責任が問われても当然だろう。とりわけ、児童虐待の防止を唱え、虐待に目を光らせるように全国の児童相談所を指導している厚生省の責任は大きい。

〈注18〉三重県警はこのときの出火原因を漏電として処理したが、現場に精通している元村人は首をひねっている。

〈注19〉ヤマギシ会は事故や事件があっても箝口令を敷き、情報が外に漏れないようにしている。中学生の自殺は警察発表によってたまたま明らかになったが、まだほかにもあるかもしれない。いずれも九二年に起きた、豊里実顕地での大量の食中毒の発生、同実顕地での村人（二〇代の女性）の飛び下り自殺は報道されていない。

〈注20〉「調査書に対する回答要旨」（三重県青少年・私学課）

〈注21〉村人がヤマギシを離れても、持ち込んだ財産は返還されない。現在、財産返還裁判は七件が係争中である。私が知っている元村人は生活保護を受けている（単行本刊行時）。

〈注22〉西澤哲著『トラウマの臨床心理学』（金剛出版）、ジュディス・L・ハーマン著、中井久夫訳『心的外傷と回復』（みすず書房）、『子どものトラウマと心のケア』を参照。

〈注23〉ユカリの〝男漁り〟について西澤哲はこう分析する。
「セックスの問題ではなく、包み込んでくれる人が欲しかった。親から得られなかった愛情を、親の代行物としての異性に求めていたと思います。（恋人とのトラブルは、彼女が）依存欲求を親に満足させてもらったことがなかったから、大人としての依存の仕方がわからず、

赤ちゃんのように、付き合っている男性にどっと依存したのでしょう。相手の男性は当然それに耐えきれなくなる。（彼女が）正常な男女関係に至るのはなかなか難しいですよ。よくあるケースでは耐えきれなくなった男性がその女性に暴力を振るう。女性は依存状態だから男にしがみつく。暴力はさらにエスカレートする。しばしば被虐待児が成人したときに見られるケースです」

ユカリの買い物依存について、奥山眞紀子はこう見る。

「ためこみ依存のような症状ですね。依存症の人は何かで心を埋めたいというためこみ欲求というのがあって、ゴミをためこむ人もいます。それと同じなのではないでしょうか」

〈注24〉

ヤマギシ会は村人が持ち込む財産を税務処理してこなかった。九八年に名古屋国税局が調査に入り、村に持ち込まれた財産を贈与と認定し、約六〇億円の贈与税（一部重加算税）を課した。この脱税事件はマスコミが大々的に報じた。また、ヤマギシ会は自分たちの生産物を自然食品のように宣伝していたが、市民団体の追及によってどこにでもある添加物・農薬食品だったことを認めた。売り上げが激減したのはこのせいだと思われる。

エピローグ　ママの魔法がとけますように

オウムの上祐史浩《じょうゆうふみひろ》の出所が話題になっていた九九年一一月、ライフスペースの子どもたちが東京都児童相談センター（東京児相）に保護された。東京児相がカルトの子を一時保護したのは、オウムの子に次いで二度目のことである。

わずか一年前のことなのにすでに忘れ去られてしまったかのようだが、ライフスペースが話題になったのは成田市内のホテルでミイラ化した遺体が発見され、遺族がミイラは生きていると主張したことからだった。これ以降、マスコミは連日のようにミイラ事件、グルこと高橋弘二《こうじ》の経歴や〝定説〟、セミナー受講生の複数の事故死のことなどを報じた。しかし、派手な報道とは裏腹に、こと子どものことになると、オウムと同じで、取り上げるメディアは少なかった。

確かに、ライフスペースと子どもとの結びつきはわかりにくい。もともとライフスペースは一九八三年設立の、当時数多《あまた》あった自己啓発セミナー会社の一つだった。それが、バブル崩壊後の受講者の激減、セミナー主宰者・高橋弘二とセミナー生との共依存関係を背景に、九二年頃から徐々に変質していく。九四年に入ると、髪と髯を伸ばし、黒の服に銀の靴と、装いを変えるなど、高橋弘二がグルとして振る舞うようになり、高橋とセミナー生の関係は急激にグルと信者のそれに変わり、会社そのものがカルト化する。それにともなって、セミナー生は家族の反対を押し切

り、子どもを連れて次々と出家（在家を捨てての共同生活）していった〈注1〉。

こうして、一見結びつきそうもない「自己啓発セミナー会社」と「子ども」とがつながってしまったのである。

「子どもは義務教育など受けなくてもいい。いずれインドにできるサイババの教育システムに入れる」

あとでギャグ化されるまでになった高橋の理解不能な〝定説〟の一つだが、サイババの教育システムといっても高橋の妄言にすぎない。しかし、定説に生きる親たちはこれを真に受け、子どもを学校にやらず、事務所やセミナー施設、マンション、海外の施設に集団で住まわせ、事実上社会から隔離してしまったのである。

子どもが発見されたのは、ミイラ事件がきっかけとなった。脳内出血で入院中の信者を生命維持装置を外してホテルに運び込み死亡させたのは保護責任者遺棄致死罪（あとで殺人罪に変更）にあたるとして、警察は都内のライフスペースの事務所とマンションなどを家宅捜索した。その際、その場にいた九歳から一七歳までの男子一人女子八人の合計九人を保護し、東京児相に移送したのである。

九歳の男の子を除けば、全員が一〇歳以上である。しかし、事務所にはまだ複数の一〇歳以下の子どもたちがいた。私もその数日前に確認している。なぜ、一〇歳以下は保護されなかったのか。ある児相関係者が話す。「警察がその場にいたライフスペースのスタッフに、子どもを保護するので一カ所に集めてくれと指示したそうです。ところで、高橋の〝定説〟に『子どもは一〇歳からはもう大人』というのがあって、スタッフは一〇歳以上の子どもは『大人だ』と信じきっ

ていた。それで、一〇歳以上を出せば大人なんだから保護されることはないと思ったようです」

ライフスペースで集団生活を余儀なくされていたのは、保護された子どもを含め推定で三〇人である。

子どもたちの生活形態は、親子分離の集団生活、子どもの面倒を見るのは女性の世話係というものだった。オウムやヤマギシ会と同じである。

高橋弘二は信者たちにこう語っていた。

「子どもはグルの子、グルの帰依者だ。子どもは親のエゴで育ててはいけない。三歳になったら抱っこをせず、大人になる一〇歳までに自立させる」

三歳といえば親子の間で愛着関係が築かれつつある年齢だ。

グルの子といっても、劣悪な居住空間で、外部から遮断された生活を強いられていただけのことで、九八年夏の二カ月間ほど新宿・曙町《あけぼのちょう》の施設で子どもの世話をしていた人の話を聞けば、ライフスペースの子どもがオウムの子と二重写しになって見える。

「三、四〇坪ぐらいのホールに、二〇人の子どもと約一〇〇人の大人が生活していました。大人は寝袋、子どもは毛布一枚で、そこらへんにゴロ寝状態。あの頃はセミナーの受講生が集まらず収入がないため、貧乏のドン底で、スタッフらは両親や親戚に無心して暮らしていました」

その貧乏たるや、想像を絶する。朝食はなし、昼と夜はカレーライスか雑炊のどちらか。近所のパン屋さんや八百屋さんから屑をもらい、パンのミミは油で揚げ、野菜屑はカレーに使っていた。

「トイレットペーパーやゴミ袋も買えなかった。どうしようもなくなって、トイレにカンパ箱を置き、一〇〇人からようやく一〇〇〇円集めてトイレットペーパーを買った。真夏なのにお風

呂は週に一回。二、三歳の子は栄養不足状態でした。牛乳も買えないので、私がお金を出して買い、ときおり飲ましてやりました」

貧乏な集団であっても子どもの生活に関心が払われていたのならまだ救いがある。ところが、子どもは大人の付属物でしかなかった。大人は深夜二時過ぎまで部屋の明かりをつけたまま作業をしていたから、同じ部屋にいる子どもたちもその時間まで起きている。そのため、午前一〇時過ぎにならないと起きてこない。だらしのない生活だったという。

この元世話係は、東京に来る前、名古屋のアパートでも子どもたちの様子をときおり見にいっている。そこでも同じような生活だったという。

「名古屋のアパートには七人の子どもがいました。まだそれほど生活に窮していたわけではないけど、食べ物は冷凍ものオンリーだった。やはり、夜中まで大人が起きているから、子どもは朝起きることができない。その頃はまだ義務教育は認められていたから、子どもたちはアパートから学校に通っていたけど、いつも遅刻。次第に学校から足が遠のき、部屋でゴロゴロするようになった。心配した担任の先生が訪ねて来られたこともありました」

元スタッフだった女性も、名古屋の様子を少しばかり知っていた。

「私が遊びに行ったとき、子どもは八人いた。三人の世話係がいたけど、主食はカップヌードルばかりのようでした。私のことを知らないはずなのに、私が入っていくと全員がそばに寄ってきて甘えたり抱っこをせがんだ。愛情に飢えているのがすぐにわかりました。世話係の中に明らかに子どもが嫌いな人がいたことが印象に残っています」

オウムとヤマギシの年少児に見られた、見知らぬ大人にベタベタするのと同じ現象である。

子どもたちは学校に行かずに何をしていたのか。前出の元世話係が話す。

「東京では一日二回公園に連れていってやりましたが、外にあまり出すなと高橋が話していましたから、あとは部屋の中にいるだけ。やることは限られていますから、お絵描きをしたり、ホールの中をウロチョロしたり。学校の勉強は一切しませんでした」

九人を保護した東京児相によれば、一般的な児童と比べ二〜三学年下の学力しかない子もいたという。

「飛び回ってはしゃいでいる子もいましたが、かわいそうなのは勇樹ちゃん（当時三歳）だった。身体中に広がったアトピーがひどく、明け方までいつも痒《かゆ》がって泣いていた。私が世話係をしていた二カ月間、毎晩です。うるさくてみんな眠れなかった。愛ちゃん（当時四歳）はセンターに来てから一週間は『お母さん、お母さん』と泣き続けていました。愛ちゃんもそうでしたが、オネショする子が多くて、紙オムツをさせていた。高かったけど、いつもオネショなので（紙オムツは）しかたがなかった」

おそらくストレスによる湿疹、夜尿症であろう。

元世話係は顔を曇らせ溜め息をつく。

「親がスタッフ（事実上の出家者）になってから生まれた子どもが五人ほどいます。あの子たちは社会のことをまるで知らない。今後どうなっていくんでしょうかねえ」

元世話係は高橋弘二の親戚筋にあたり、高橋のことをよく知っていた。

「子どもが好きじゃなかった。自分の子だって母親に任せっきりでしたから。子どもを抱いていた姿なんか見たことがありません。彼にとってライフスペースの子どもは邪魔な存在だったの

も世話係もグル《ぐる》になって……

ではないでしょうか。だから、世話係にはなんの取り柄もない人が指名されていた。世話係もグルに言われてしかたなく子どもの面倒を見ていたように思います。いや、世話係だけでなく、親も自分の子どもに関心を失った様子で、ホールで自分の子どもが泣いていても知らん顔でした」

子どものことに重きを置かなかったオウムと同じである。

ライフスペースにいた三〇人の子どものうち五人は、高橋弘二の指示で一年余りヤマギシ学園に入れられていたことがある。その中の一人、裕（一〇歳）の慌ただしいまでの移動ぶりを紹介しておく。

両親と一緒に暮らしていた裕は、四、五歳の頃にスタッフと子どもが集団生活をする前出の名古屋のアパートに引っ越し、そこから三重県伊賀町の春日実顕地にあるヤマギシ学園、次いで長野県飯田市にある飯田実顕地の学園に移った。ヤマギシを出ると再び名古屋のアパートに戻り、九八年秋にライフスペースの拠点があるスペインのマヨルカ島に移動したあと日本に戻ってくる。カルトに入ると子どもは二の次になるといっても、ライフスペースの場合、子どもはまるでオモチャ扱いなのである。五人のうちの一人は現在一三歳になっているが、その子は一〇歳になっても夜尿症が治っていなかったという。

ライフスペースの海外拠点はスペインのマヨルカ島とアメリカのダラスにあった。そのマヨルカから日本に、ときおり子どもの様子がインターネットのメールで送られてきていた。それを紹介すれば、この集団の子どもへの関心の程度が理解できよう。

「連日、おねしょをしている美樹ちゃん、直人くん、由紀ちゃん（いずれも当時三歳）、今日も、この三人が汚した寝具は、毛布三枚と寝袋一枚とタオルケット二枚です」

「大人の悩みは、おしっことうんちと、そして、夜中に大きな声で、泣くことです。今日は、つれしょんおもらし、洗濯機は休む暇がありません。そして、昨夜は三人、泣きました。石の家（施設は石づくり）は泣き声が響くのです。チビッコも超え時なんですね。彼らの共通点は、『いやだ』と『こわい』です。そして、眼をぎゅーっとつぶって、全身で、力の限り、泣くのです」

「その巨匠（三歳の子どものこと）、今日は、急いだらしいのだが、やっぱり間にあわなかった。巨匠の心配していた通り、彼の足の長さでは、便器にうまく這い上がれなかったらしいのです。巨匠のパンツは床に脱ぎ捨てられ、その近くにはイエロー・オーカー（ウンコのこと）の固まりが、あちらこちらに。そして、その場にもう一人、異色の〝したたかーズ〟（三歳の子ども）がトイレ掃除用のたわしをもって、そのイエロー・オーカーの固まりを叩きながら、『トイレのお掃除をするの』とにっこり笑いかける。ウンコの固まりは、あっちこっちに飛び散るし、トイレじゅうに悪臭が漂う。巨匠のお尻にもべっとりついているし……」（括弧内、引用者注）

ここには、三歳の子が便意を催したらそれを手助けしてやろうとする姿勢がまるでない。子どものトイレのことでは悩みながらも、あくまで傍観者の態度でしかない。傍観者的に面白がっているとさえ感じられる。

先の世話係の話にもしばしばオネショのことが出てくるが、こうまでオネショが多ければ、なぜなのかと考えるのが普通だろう。しかし、ライフスペースの大人たちはまるで疑問に感じないようなのだ。

メールの最初に出てくる美樹ちゃんの母親は、多少は子どものことに関心をもっていたようだ。美樹がスペインから日本に戻ってきてから、高橋弘二にメールでこんな質問をしている。

「(娘の美樹は)肘裏から膝裏に、赤い湿疹のようなものがあり、かゆがっていました。そして、約一〇日前から、全身に、広がって、特に、寝る前に、かなりかゆがります。原因と、対処方法を、教えてください」

アトピーと思われるが、これに高橋は「グル・メッセージ」として箇条書きで答えている。

(1)疲れというか、ストレスというか、梅雨バテの混合なので、ややこしいぞ。
(2)チョコレートまあ、板チョコあたり、食べたいだけ、いくらでも。
(3)飲み物は何でも。生水以外ならいいぞ。
(4)リラックスさせることが、特別大事なので、何がよいか。寝たいだけ、寝てよいぞ。この一言に尽きます。
(5)五日間ほどで、元通りになるはずだぞ。

理解不能というか、頭がくらくらしてしまうようなふざけた回答なのである。ただし、支離滅裂ながら「ストレス」「リラックス」という用語を使っており、高橋は美樹の症状をストレス性のアトピーだと考えていたように思える。不思議なのは、美樹の母親の態度である。湿疹は「梅雨バテの混合。板チョコを食べ、飲み物を飲み、寝れば治る」と言われても、母親はこの「グル・メッセージ」(九九年七月)を〝定説〟(真理)と受け取り、いまだ出家生活を続けているのだ。

ライフスペースの子、中学三年生の高木早苗《さなえ》は東京児相に保護される前に、共同宿舎になっていた新宿のマンションの一室で、父親にあてた手紙の下書きを書いている。カルトの親子関係を

理解する上で重要だと思われるので、全文を紹介する。傍点と括弧内以外は原文のままである。その前に、手紙の内容を理解する上で若干補足説明をしておく。

高橋弘二がグル化して以降、親たちはグルの〝定説〟を忠実に実行するようになる。その一つに、結婚している夫婦は離婚し、別の相手と結婚したほうがいい（ビジョンパートナー）というのがあった。離婚すべき夫婦、離婚後の新しい相手はすべて高橋が具体的に指示し、親である信者はその通り実行した。

手紙の前半はこのことにまつわるものである。なお、早苗には二人の妹がおり、下の妹はスペインからのメールにあった、連日オネショをしている由紀ちゃんである。早苗は東京児相に保護されたあと、祖父母のもとに引き取られている。

「お久しぶりです。元気でしたか？　この数年間、私はスペインに留学したり、日本に戻ってライフスペースで毎日を過ごしていました〈注2〉。

こんな時に連絡をとったりして、迷惑かもしれません。お父さんから連絡してくるまで、連絡はしないようにしようって思っていたんですが……。何ぜかというと、弘二さんが『早苗のお父さんは、今好きな人ができて、早苗たちに会うのがつらいんだ』と言ったからです。『捨てられてあげなさい』と言われたので、そうする事にしました。だから、連絡はしないようにしようって思っていました。最初は驚いたけど、お父さんの人生だし、お父さんが幸せならそれでいいと思います。（会うのがつらいと言われても）私には何がお父さんに辛いのか、わからないけど、お父さんの自由にしてくれたらいいと思います。

捨てられてあげたという事は、いつかお父さんに伝えようと思っていました、あいまいのままより、はっきりした方がすっきりすると思って。

そしてもう一つ大事な用件があります。長い話になるんですけど。

私、ここから出てくらそうと思っているんです。安い部屋をかりて、バイトしながら。で、お金をためて、大験《ママ》（大学入学資格検定）の予備校に行こうと思っているんです。

もちろん、自立のためです。もっと、しっかりした人になるためです。

私は将来税理士になろうと決めているんですけど、それなら、社会のこととかもちゃんと知っておく必要があるし、ちゃんと学校に行く必要があります。

だけど、ここにいるとインドに行かなければならなくて、それも、いつの事かはわからないし、私はインドには行きたくないんだけど、ここにいて日本の学校に行かせてもらうことはできないんです。

あと、ここにいると学校にも行ってないし、ダラダラした生活になってしまうんです。だから、ちゃんとした、生活をできる人になりたいし、それに、お金もありません、あまり。

お母さんには留学をさせてもらったりして、すごくお金のエンジョをしてもらって、今度は、私自身で働いてやっていきたいなって思いました。

学校などに行って、友達などもつくってみたいし。まだ、若いし、いろんなことをやってみたいと思っています。

それに、今ここにいても、弘二さんの役には全然立てないし、弘二さんも役に立てないんだったら出て行ったらいいと、いつも言ってるし。大人になってちゃんと働けるようになって

から戻ってきても、いいと私は思っています。

昔は、不安定な子だったけど、今は健康的になったし、落ちついたし一五歳になって、それに絶対税理士になるって決めているし、そういう目標があるので、大丈夫です。

結構、大変だろうけど、自立のためなので、これぐらいは、しなくてはいけないと思っています。

そんな理由で出て行こうと決めました。もちろん、ちゃんと考えた上で言っています、もう何カ月も前から考えています。

それで、お父さんに協力してほしいことがあるのです。お金とかは、全くいらないからね。八月中は、ずっと学校に行くためにお金を稼ぐつもりなんですけど。安いいい部屋が見つかるまで、お父さんの家に泊まらせてほしいんです（父親はこの時点で在家に戻っていたということなのだろう）。

捨てられた身なので、絶対迷惑はかけま（せ）ん。お金をちょうだいって言ったり、一緒に住ませてなんて言わないので、おねがいします。

こっちには電話できないので、こっちから電話します。お返事ください」

涙も涸《か》れてしまったのだろう。くどさやためらいがなく、「お父さんに捨てられてあげる」と淡々と綴る少女の心中を察すると、胸が塞がってしまう。それでいて、手紙の草稿を読めば読むほど、なぜか不安定で落ちつかない気分になってしまう。お父さんの家に泊まらせてくれるだけでいい、少女の切なくてささやかな願いのせいなのか。

老いた父親が娘にあてた手紙なら、納得できる。

離婚した娘に好きな人ができたことを知った老父が、娘の幸せや自由を願い、老後に不安を感じながらも捨てられてあげると伝える。絶対に迷惑をかけないし、お金の援助も必要としない。新居に一緒に住まわせてくれとも言わない。ただ一つだけ、安いアパートが見つかるまでの間でいいから家に泊めてくれないかと願う。

これなら、悲しい手紙には違いないが、違和感はない。いかにもありそうな〝姥《うば》捨て山〟の話である。ところが、そうではなく、少女が父親の幸せを願って父親に捨てられてあげると綴っているのだ。

手紙に見られるのは、カルト特有の見事なまでの親子関係の逆転である。不安定な気分になるのはそのせいである。

オウムからエホバの証人、統一教会、ヤマギシ会へと取材が進むにつれ、まるで性格の異なるカルト（団体）にもかかわらず、一つの共通項があることに気づかされる。

それは、親子関係がどの団体でも逆転した関係になっている、ということだ。

子どもと親の関係は本来、子どもの欲求に親が応えるのが基本となっている。赤ちゃんは空腹になると泣いておっぱいを求める。おしめが濡れると泣いて知らせる。母親は泣き声によって何を求めているのかを判断し、子どもの欲求に応えてやる。年齢が高くなるにつれ絶対性は薄れていくが、子どもからすれば親は自分のことを守ってくれる絶対的存在であり、親にとっても子どもは絶対的存在である。少なくとも親離れ・子離れの時期まで、親子は絶対的な関係で結ばれて

いる。

ところが、これまで見てきたカルトの親子関係は、親の欲求を子どもが満たすという歪《いびつ》な関係になっている。

カルトが入り込むと、子どもより世界救済（オウム）、地上の楽園（エホバの証人）、地上天国（統一教会）、全人幸福社会（ヤマギシ会）のほうが絶対となるから、親子関係が逆転する。この逆転した関係を子どもが従順に受け入れ、親に合わせた生き方をすれば立派なカルト二世になっていくし、拒否すれば親子関係は「断絶」する。

ある日突然、自分のことを絶対だと思っていてくれたはずの親がカルトに入る。子どもの眼に、親はどう映るのだろうか。

マイケル・ランゴーニは第一章で紹介した『RECOVERY FROM CULTS（カルトからの回復）』で「中二階の存在」として映っているのではないかという。

この表現は日本の会社組織にたとえればわかりやすい。課員（子ども）が課長（親）と仲良くしているところに、いきなり見知らぬ部長（カルト）がやってくる。課長は課員ではなく、ひらめの如く部長ばかりを見上げるようになり、下された命令を課員の欲求を無視して強引に押しつける。課員にとって課長は中二階的な存在に変わる。

それと同じように、子どもの眼に親は中二階的存在として映るのではないかというわけだ。確かに、カルトが入り込むとこれまでの「親―子ども」の関係は「カルト―親―子ども」になるから、中二階の比喩は言い得て妙である。

神野三千子が立正佼成会から統一教会に改宗すると夜も家に帰って来なくなったように、親が

カルトに入ると関心はカルトに向けられ、子どもは二の次にされ、子どもは親の欲求を充足させる存在となる。こうして親子の役割が逆転した状態を英語ではchild abuse（チャイルド・アビューズ）という。

アビューズが「虐待」と訳されたため、身体的虐待（physical abuse）だけが注目されてしまったが、アブノーマル（abnormal 正常から離れた状態、異常）の言葉からもわかる通り、アビューズのアブ（ab）には分離、離脱という意味があり、チャイルド・アビューズを直訳すれば「不適切な子どもの扱い方」「子どもの濫用」ということになる。アビューズは決して身体的虐待だけを意味しているわけではないのである。このことを、トラウマを受けた子どもの治療にあたっている西澤哲（大阪大学助教授）や精神科医の斎藤学（家族機能研究所代表）たちが強調するのは、身体的虐待だけが児童虐待ではないこと、逆転した親子関係が虐待に結びつくことを言いたいためである。斎藤は『虐待』の中で次のように述べている。

「子どもの虐待は英語の『チャイルド・アビューズ』の訳なんですが、本来は子どもの養育に責任を持つ大人の子どもに対する不適切な行動や態度の総称なんです。虐待と訳すと、そこに込められたいろいろな意味が落ちてしまうことに、注意しなければいけない」〈注3〉

カルトの親が自分の欲求実現を子どもに求めるのは、どんなに子どもの幸せを願ってのことであれ、不適切な養育であり、チャイルド・アビューズそのものである〈注4〉。

アビューズには「身体的虐待」「ネグレクト（放置）」「心理的虐待」「性的虐待」の四つがある。この中でわかりにくいのは心理的虐待だが、保育者や教師向けに書かれた『子ども虐待防止マニュアル』ではこう説明している。

「心理的な暴力や心理的な苦痛を与えることをさします。家族の中で常に孤立させられたり、常に差別されたり、罵倒されたり、おびえさせられたりすることなどがこれに入ります。（中略）欧米では最近もっとも注目されている虐待の形で、身体的危険は少ないものの、長期の精神的な問題を考えると、もっと真剣に子どもを守るための介入をすべき虐待といえます」〈注5〉

この分類にあてはめれば、オウム、ヤマギシ会、統一教会は「ネグレクト」、エホバの証人とヤマギシ会は「身体的虐待」ということになる。「心理的虐待」はすべての団体にあてはまる。たとえば、結婚の自由を奪ったり、教団の教えに背けばハルマゲドンによって滅ぼされると子どもを怯えさせるのは「心理的虐待」にあたる。

ところが、ヤマギシ会の子どもは親から事実上捨てられたうえに世話係から暴力を受け、高校進学を禁止されるなど社会から隔離されるといったように、性的虐待以外のすべての虐待を受けている。カルトの子どもが受ける虐待の性格は錯綜《さくそう》しており、団体ごとに子どもが受けた虐待を分類することはできないし、また分類することにケアするうえでそれほどの意味があるとは思われない。

それより、チャイルド・アビューズの意味を念頭に置き、これまで見てきたカルトの子に現れた症状がいかなる意味をもっているのか、カルトを離れてからの子どもたちの状態と将来予測されることを読み解くことのほうが重要だと思われる。

九八年一〇月のことだ。一人の女の子が祖父母らによってライフスペースから救出された。女の子は、元世話係の証言に出てきた「一週間、『お母さん』と泣き続けていた愛ちゃん」である。伯母が保護してからの愛子の様子を説明する。

保護されたときの愛子は薄手のインドの民族衣装に、素足に直接運動靴といういでたちだった。身体はむくみ、痩せていた。祖父母が抱きかかえたとき、すえた臭いを身体から発していた。保護した名古屋から実家のある札幌に向かう機内で着替えさせたが、下着がとても汚かった。その夜、風呂に入れたが、臭いは取れず、翌日にもう一度洗い、それでようやく消えた。あとでわかったことだが、何十日間も風呂には入れられてなかった。

愛子を救出しようと思ったのは、泣きながら「おじいちゃんのところに帰りたい」と電話がかかってきたからだが、札幌に戻り念願が叶ったというのに、愛子の表情は乏しく、笑顔を見せたのはそれから九日後のことだった。

表情が豊かになってからでも、分離不安を訴える言動はしばらく続いた。トイレに一人で行けなかったし、家族の誰かが夜、出かけることになると、「絶対に帰ってきて」と繰り返し訴え、指切りげんまんを何度もせがんだ。母親が子どもを山に置き去りにするという事件が報道されたとき、「愛子のことを捨てたりしないでね」と何度も何度も頼んだ。オウムの元信者、遠山紗綾の子どもが「ママ、どこにも行かないでね」といったのと同じ、分離不安の訴えである。

伯母によれば、愛子を診断した精神科医は「親密感と警戒心が強く、その二つが同居しているのが特徴である」と語ったという。親密感はあのベタベタであり、強い警戒心は愛子にとって外の世界が不安に満ちたものだったからだろう。いずれも、母親との愛着関係が確立されなかったことからくる症状と思われる。

愛子を保護してから、両親は「グルによれば娘は精神薄弱児だ。情緒が不安定なのはそのせい

だ。娘はインドのサイババの教育システムに入れるから返せ」といった趣旨の手紙を送りつけてきた。祖父母は「ここに来れば娘に会わせる」と連絡したが、一度も会いに来なかった。そのうち、ライフスペースの信者が自宅に顔を出すようになった。落ち着きを取り戻していた愛子が異様に怖がるようになった。危機感を抱いた祖父母は、愛子の監護養育権を両親から祖父母に変更することを求める申し立てを行った。祖父母の希望通りの審判が下りたが、両親はその間法廷に、なんと一度も顔を出さなかったのである。もうわが子を自分の手で育てられなくなるというのに、だ。

伯母からひと通り話を聞いたあと、質問はせずに顔を見るだけという約束で祖父母の自宅で愛子に会った。保護されてから三カ月後の九九年の正月明けのことである。自宅の周辺は雪で白一色に包まれていた。愛子はえくぼがかわいい愛くるしい子どもだった。母親が子どもの頃に着ていたという正月の着物を着て大はしゃぎだった。あまりにも愛らしいのでみんなが微笑んだ。

祖父母からすれば、自分の娘に買ってやった三〇年前の晴れ着を孫が身につける。うれしいには違いないが、自分の娘は手の届かないところに行ってしまっている。笑顔しか見せなかった祖父母の心情は複雑だったに違いない。

この日神社で買ったというお守りに、みんなの前で愛子は口に出してお祈りをした。

「ママの魔法が早くとけて、早く愛子のところに戻ってきますように」

〈注1〉ライフスペースの変化は『教祖逮捕「カルト」は人を救うか』(宝島社)を参照。
〈注2〉スペインのマヨルカ島の施設では、一時期、地元の学校に通わせていた。そのため、高木

早苗は「留学」という言葉を使っている。

〈注3〉保坂渉著『虐待』（岩波書店）。西澤は『子どものトラウマ』などでこのことを強調している。

〈注4〉親が自分の欲求不満を子どもに求めるというチャイルド・アビューズは、ファンダメンタルな宗教（あるいはイデオロギー）団体や、近年の「お受験」に奔走する親子関係にも見られる。斎藤は『虐待』の中で「子どもが必要なときに親から受容という情緒的ミルクが与えられないのは、子どもが成長していく上で、それ自体がもっとも基本的なアビューズになるんです。子どもの自己肯定感を傷つける親の態度は、暴力があろうがなかろうが虐待そのものです」と述べている。

〈注5〉奥山眞紀子・浅井春夫・埼玉子どもを虐待から守る会編『子ども虐待防止マニュアル』（ひとなる書房）

巻末資料　一九九八年11月三重県が実施したヤマギシ学園の児童・生徒へのアンケート

ここに紹介するのは三重県内の七つの小学校・中学校に通う小学校四年生以上（一九〇人）と中学生全員（二一七人）に実施した無記名のアンケートの中から、「何か言いたいこと、意見」という項目に書かれたメッセージである。できるだけ具体的なことが記入されている、小学生三五人、中学生五三人の文章を選び、掲載した。

なお、文中伏字になっている部分は三重県私学課によるもの。

【小学生】

2……・友達の家に自由に遊びに行きたい。自転車に自由に乗りたい。お小遣いが欲しい。テレビを自由に見たい。自由に寝たい。人の物に勝手にさわらないで欲しい。持ってきたものを没収しないで欲しい。僕たちの気持ちも考えて欲しい。

8……・お金を持っていたら怒られたりしたし、菓子を食ってたら怒ってきた。けれど大人（世話係）はいつも菓子を食っている。

・ゲームを持っていたら取り上げられる。そのくせ大人は、そのゲームをへちった上にやっているからしゃくにさわる。ある子なんか金歯を抜かれて、返してくれるのかと思ったら、「これお金になるから」と言われたらしい。

・いつも僕らをこき使うくせに、自分は見学、給料くらい欲しい。くれないならもっと楽な暮らしをさせて欲しい。

・もしヤマギシに学校ができても、何もうれしくない。中身が腐ったところがつくった学校へはいきたくない。

13……・私の兄弟も学園にいて、2人とも学園は嫌いです。入るとき母と父が喧嘩して、父が勝手にしろと言ったので、母は学園に入れました。私たちはイヤだったけど、入らなきゃいけませんでした。〇年の頃母に出たい、出たいと言って、転校してもいいと言われたけど、皆と別れるのはイヤだったのでやめました。父もいとこもお

ばさんもおじさんもおじいちゃんも山反（ヤマギシ反対）で、母だけ山賛（ヤマギシ賛成）なので、父より母は嫌いです。私が病気になってなおったので初等部へ帰るとき、おじいちゃんがまだなおっていないから病院へ戻れと言ってくれたけど、結局戻らなくてはいけませんでした。
・お買い物が好きなのにお金を持ってお買い物ができないのですごくイヤです。
・私はやまぎし学校つくってほしくありません。ちゃんとした中学校に行きたいです。

14……・お母さんとかお父さんとか、ずっと一緒にいなくてもいいから、もっと両親と楽しく過ごせる時間を長くして欲しい。
・お父さん、お母さんのやっている仕事は辛くないのかな。

23……・超最悪、ヤマギシなんて学校作るんじゃねえ。絶対に学校の友達と離れたくない。もし学校ができても行かない。どうしても行けっていうんだったら自殺する。絶対にって思うほどヤマギシの学校に行きたくない。

25……・バッティングセンターに行かせて欲しい。
・ソフトボールじゃなく野球にして欲しい。
・差別はしないで欲しい。
・甲子園を見に行きたい。
・家庭研鑽をもっとやりたい。
・地域の人の家で遊びたい。
・コソッとゲームをやらないと盗られたり壊されたりするから、どうどうとゲームなどやれるようにしたい。
・野球の試合を見に行って一人で威張らないで欲しい。
・ときどき兄弟に会わせて欲しい。
・用意、宿題は大人に見てもらうのじゃなくて自分たちでやりたい。
・美化はあまりやりたくない。
・自分の思い通りにならないと殴ったりするのをやめて欲しい。

35……・ヤマギシから出たい。ヤマギシ学校をつくらないでほしい。ここで本当のことを書けても、係に本当のことを言ったら怒られる。どうしてなのか分からない。

40……・ヤマギシを出たい。ペットを飼いたい。おばあちゃんや友だちに会いたい。ヤマギシがなかっ

たらいいのに。ヤマギシに学校ができなかったらいいのに。ヤマギシでも友だちの家に行けたらいいけど、係に怒られたりしたくない。

・友だちといつ別れるかわからない。

・学校に行けない子どもがいて、その子どもは仕事を手伝わないといけないかわいそうな子どもたちがいっぱいいる。

45……・かえりたい、かえりたい……（9回繰り返し）

・乱暴に扱わないで欲しい。ひいきしないで欲しい。地域の人の家にいけるようにしたい。物を投げないで欲しい。お小遣い欲しい。

48……・ヤマギシなんか出たい。実学だってやらなかったら、ちょー怒鳴られるし、日記も読まれるし、テレビも見たいのに見れないし、ビデオだってろくなもの買ってこないし、普通の家ではお小遣いもらえるのに、いっぱい仕事やらされてるのにくれない。しかも友だちの家に行けないし、時間も限られているし、イヤだ。ヤマギシに学校できたって絶対に入りたくない！！！

53……・電話をもっとしたい。

・友達の家へ遊びに行きたい。

・もっと母に会いたい。

・バッティングセンターに行きたい。

・テレビゲームをしたい。

・用意、宿題を自分でしたい。

・動きを勝手にきめて欲しくない。

55……・ヤマギシ学校はできて欲しくない。

・ヤマギシにいつもいるからイヤだ。地域に転校したい。

・学園がイヤだ。どうせあるのなら皆の思うとおりにしたい。たとえば電話はいつでもさせてくれる、実学はやらなくてもいい、怒らないなど思うとおりにして欲しい。

・もっと両親に会いたい。家庭研鑽を長くして欲しい。親が地域にいる人よりヤマギシにいる人の方が家庭研鑽が短いし差別してくる。

・学校の人にヤマギシはいつも物がおさがりとか、服がおそろいとか言われるからイヤだ。

58……・さっさとヤマギシつぶれてほしい。ヤマギシ反対運動があってうれしい。大きくなってヤマギシ出たら反対運動するつもり。世話係みんな死んじまえ。

・今日お母さんに会える日だからチョーうれしい。

・芸能人知らないし、マンガも読んじゃだめだし最悪。
・このアンケート絶対人に見せないでほしい。
61……・親にもっと会いたい。テレビをもっと見たい。サッカーをしたい。

63……・朝ご飯はいつもパンでご飯やコーンフレークも食べたい。
・初等部で係の言うことを聞かないといけないからイヤだ。係に言いつけられて、やらされて、買い物もできないし、お小遣いももらえないからとてもイヤだ。
・服も勝手に決められて、自分がいいやつでもダメって言うし、自分で選べない。どんな服があるかも見せてくれない。教えてくれない。
・3時のおやつが食べたい。菓子パンばかりで、スナック菓子も食べたい。
65……・もっと両親に会いたい。お店などにも行きたい。自分で買い物などしたい。

68……・自由に友だちの家とかに行きたい。テレビも見たい。ゲームもしたい。自分の部屋をつくって欲しい。小遣いが欲しい。買い物に自由に行きたい。飯を自分で提案したい。交流とかやめて欲しいです。はじめからヤマギシに入りたくなかった。死ねー。

70……・ヤマギシをつぶして欲しい。それができないならせめて学園だけでもつぶして欲しい。
・地域に出たい。テレビ見たい。買い物したい。お母さんに会いたい。テレビ見たい。マンガ借りただけで怒るから絶対イヤだ。ヤマギシ超ムカツク。これは皆同じ意見だと思う。
・ヤマギシはけちすぎる。新しい物なんかろくに出してくれない。
・係は自分の子どもでもないのにしかってくるから思いっきりムカツク。これよりもっとムカツクことがあったけど、ありすぎて忘れた。いいことなんてなかった。このアンケートで少しはストレス解消できたかも。
・個別研鑽してて学校休んだときに、勝手に病気にされたからイヤだった。
・○○の女子は○年生以上（こんなちびまで）みんなヤマギシ反対！
74……・前にヤマギシがイヤだと言った子が、すごく怒

られていた。かわいそうだった。
・お金を持っていたとき、棚をみんなあさられてごちゃごちゃにされた。
・親は素直になるために学園に送りだしていると言っているけど、ヤマギシに来ると一生嫌な印象が残って、やすやすと生活しにくい。
・○年のとき風呂の準備けんで遅れたくらいですごく怒られて、水風呂か足洗い湯かどっちかで入りな！　と言われたとき、すごくくやしくて涙がたれた。そのときは○人いたけど、その中の私だけが最後に残されていやだった。ご飯ものどをとおらなかった。

76……・私は別に学校つくらなくてもいいと思う。それに今の学校卒業できなかったらイヤだ。私は好きでヤマギシにいるわけじゃないから関心持てない。お母さんにいやって言ったらたたかれたし、「勝手に決めるな」って言われた。うちらの気持ちわかってくれへんし、聞いてもくれん。そういうことやから言いたくならん。ストレスたまって物を壊すことが多い。それで怒られてますますいらいら。このごろいらいらすることが多くて勉強できないんだけど……。親なんて信用できなくなった。

77……・どこの実顕地もなくなればいい。ヤマギシ賛成の人なんてこの世にいなかったらいい。そのうち学校までつくるとは。うちらのことも考えてやっとるのか。

80……・絶対にヤマギシ学校なんてつくらないで欲しい。ヤマギシから転校したい。ずっとヤマギシにいるなら、絶対ヤマギシから脱走する。早く転校したい。ヤマギシ学校なんてつくるな。絶対に絶対につくらないで欲しい。
・ヤマギシをもっと狭くして、一般の人がヤマギシのあったところを占領して、ヤマギシは片隅で一文無しになって欲しいと思っている。
・勝手に電話もかけられないし、テレビも見れないからヤマギシなんてちょーちょーちょー最悪。ちょー終わっている。くせえヤマギシなんてつぶれろ。
・転校した人もいるのに、何で私はできないのか。ちょー最悪。親がヤマギシなんかに入らなければよかったのに。ヤマギシで辛い思いをしているのに、ヤマギシ学校なんてつくるな。

82……・初等部なんてちょー終わってる。ヤマギシなんてサイテー。転校したい。係に怒られて、殴ら

れて、本も読めない。自由時間が少ない。実学がある。歌の練習がある。お父さん、お母さんは転校させてくれない。それに学校をつくる！子どもなんかただのロボットみたいじゃない。日記も書かなくちゃいけないし、子どもにだって遊ぶ時間がほしいヨ！　実学しているのは係が見ているし、係は実学をやっていない。髪の毛は伸ばせない。むちゃくちゃ最悪。ヤマギシなんてなければいい。ヤマギシ学校つくるの反対！反対！反対！絶対反対！

83……・買い物とか友達の家に遊びに行ったりとか、勝手に行ってもいいようにして欲しい。
・もっとテレビが見たい。兄弟が同じ学校に通いたい。動物園や遊園地にもっと行きたい。
・食事時間、起きる時間、寝る時間を決めないで欲しい。
・ぜんぜん知らない人のおさがりを着たくない。
・ヤマギシを広めないで欲しい！　それかヤマギシをつぶす！

87……・学校が建ったとしても絶対に行きたくない。何でこんな学校を建てるのかを教えて欲しい。友達の家へ遊びに行きたい。何でヤマギシができたのだろう。こんなのつくらなくていい。ヤマギシは決まりが多くて、自分の好きなことができなくてイヤ。ヤマギシなんてなくていいよ。
・このアンケートをとっても学校はできるの？できるのだったらこのアンケート意味がない。

96……・今一般の暮らしがしたい。ヤマギシの学校ちょーつくってほしい。そして入りたい。でもイヤな学校だったら家に帰りたい。

101……・おじいさんとおばあさんに今までよりもっと会いたい。

105……・ヤマギシから出たい。今、金が一文無しだし、自由にどこかに行けないからイヤだ。
・家族と一緒にいる方がずっとましです。それか、私をあの世行きにして欲しい。そうじゃないと死ぬ。

107……・親も子どもの気持ちをわかって欲しい。早くヤマギシを出たい。学校の子の家に遊びに行きたい。テレビ等自由に見たい。子どもに対する暴力をやめて欲しい。ヤマギシの学校なんか建てさせたくない。

108……・服も古いのしか着れないし、自分一人の部屋もないし、お小遣いもないので、ちょーいやです。
・実学もたくさんやらなきゃならないし、冬でもストーブは大きい部屋に一台しかありません。テレビも見たいと思います。
・ヤマギシに入ってから、親は子供の意見をあまり聞かなくなりました。

109……・普通、地域だったら毎日テレビを見られるのに、見られないからイヤだ。
・地域だったらお小遣いやお金を持っていていいのに、ヤマギシはなぜか持っていたら怒られるからイヤだ。
・自分が家から持っていったお菓子を残していたりすると怒るからイヤだ。
・今書いたことがあるから、ヤマギシを出たい。

115……・考えてくる家庭研鑽へ○週間続けていったとき、親に言った。でももし「死にたいぐらいイヤになったら言いな」と言われた。「そしたら段ボールの家でもいいから暮らすよ」と言われた。今は出たいけど、「段ボールの家」で暮らすのはイヤだ。でも、ヤマギシから抜けたい。怒られて遅刻するのもちょーイヤだ。

117……・すぐたたかないでほしい。

120……・金をもらったりして持っているだけで、すぐにとったり暴力を振るったりするのでイヤだ。行くことがあるかもしれないけど、絶対に行きたくないから、絶対にヤマギシの学校なんかできてほしくない。それにお小遣いもくれるようにしてほしい。他には自分でもらったり持ってきたりした物は、係にとられずに自分で管理できるようにしてほしい。

121……・ヤマギシは本当に楽しいです。中等部、高等部や大学部のお兄ちゃんや初等部の皆と暮らせて、とても楽しくて幸せです。

【中学生】

2……・学園では中のことは外に漏れずいいように宣伝している。とても悔しい。本当のことを知って欲しい。
・個別研鑽のとき学校を休まされて暴行を受けるとき、学校への欠席届には「腹痛」「カゼ」などと書かれる。また、女子部では性的な暴行もあると聞く。そんなのは絶対になくして欲しい。自分の人生は自分で作っていきたい。

4……・高校に行きたいけど、ここにいたらいい高校（レベルの高い）へは行けないと思う。できるだけ自分のレベルに合ったところへ進学したい。

6……・学校は絶対作らないで欲しい。
・村から町へ出たい。
・子どもの権利条約を守って欲しい。（子どもの意見を聞いて欲しい。）
・暴力で分からせようとしないで欲しい。
・今の大人は勝手すぎる。（子どもに言っていること自分では守っていない。）
・親がムカつく。親に何も言い返せないから言われるままに動くのは嫌だ。親なんかいらん。
・ヤマギシのいいところなんてほとんどないと思う。何でも思った通りに子どもを動かせるなんて思わないで欲しい。ストレスたまる。もうたまっている。

8……・あんまりアンケートって好きじゃない。ヤマギシで書くならともかく、学校で残るなんて最悪と思う。しかも1時間ぐらい。早く帰りたい。はっきり言って学校よりヤマギシの方が楽しい。しかもわざわざ秘密っぽくしないでほしい。
・学校を建てると言うことは、反対でも賛成でもない。みんなから取り残されるのはイヤだけど、学校だって近くなるし、〇〇中学校の先生よりわかりやすいのならその学校でもいい気がする。

16……・ヤマギシをなくして欲しい。働く時間をなくす。自分で金を持てるようにしたい。友達の家へ行けるようにしたい。ゲーム、ラジカセ、マンガ、テレビ等を使っても怒られないようになりたい。ヤマギシの考え方をやめて欲しい。自由にさせて欲しい。人の物をすぐとらないで欲しい。何でゲームやCDラジオ、マンガなど持っていたらダメなのか。なぜ初等部生は半ズボンなのか。

17……・ヤマギシから出たい。
・親がムカつく。（世話係も）
・マンガを読んだりテレビを見たりしたい。
・ヤマギシは法律とか権利ってのがないんだって。だから「子どもは何もわかってないくせに」とか言ってくる。大人だから……子どもだから……ばっかり。
・お古とか着るのイヤだ。

20……・ヤマギシや学園に入りたい人が入るのはいいと思うけど、入りたくないのに親の意思などで勝

手に入れるのはいけないと思う。そして、たとえ入りたくて入っても、出たいと思ったらいつでも自由に出れるようにして欲しい。

22……・世話係のいない自由な暮らしがしたい。

・学校に長靴で行きたくない。

・好きな時間に遊びたい。

・日記、レポートは書きたくない。

・髪の毛は切りたくないのに、勝手に切る人を呼んで切られる。

24……・親が子どもに何も言わないで、勝手に離婚していてとてもイヤだった。大人の人はあまり子どものことをよく考えていないと思った。

25……・絶対学校はできて欲しくない。

・これまで暴力を振るわれていたのでもうされたくない。

・くそ係死にやがれ。ムカツクンダヨ。

26……・ヤマギシつぶれろ。係はもっと優しくしろ。ゲームさせてくれ。マンガ読ませろ。テレビを見せろ。小遣いくれ。買い物行かせろ。友達の家に行かせろ。作業をなくせ。小遣いくれないのに働かせるとは何事だ。ストレスがたまる。学校つくるな。ストーブ出せ。冬なんて寒すぎて凍え死ぬ。お古ばっかりきせるな。

・これは全部ヤマギシあてです。一般の人もできるだけ上のことに協力してください。

28……・絶対学校つくらないで欲しい。お願いします。

・ヤマギシ超いや！

・何で殴られなきゃいけないの！　何でこんな所放っておくの！　もうこんな所イヤ！

・金のいらないとかいうけど、実顕地内でも金にこだわってたり、車でも乗用車（その辺によくある）とベンツは乗る人が違う。これも変だと思う。とにかくもうイヤ！

・親と一緒に住みたい。親の住んでいるところから学校へ通いたい。そのうち国の言うこと聞かなくなるかも。

33……・はっきり言って学校できて欲しくない。兄弟は小さくて反抗できなくて、そんな学校に入ったらかわいそうだし、わからずに入る人は絶対に後悔すると思う。

・今まで私はすごくたくさん差別されたし、怒られていやだった。友達は、服を破られたり、頭

突きされたり、物をとられたり、すごくかわいそうだった。

・親は高校行きたいと言うと「お父さんたちは高等部しか用意しない」と言って、「それができないならしょうがない」と言うだけで、高校のことなんて全然聞いていない。今は親とも思っていない。でも自分の親を親と思えないのはつらい。自分たちの勝手で子どもまで巻き込まないで欲しい。

・ヤマギシに入って兄弟ともろくに会えなくて寂しい。私の周りの人はどんどん出ていくのに、残されるのはすごくイヤだ。でもそれがヤマギシの暮らしがいい人はそれでもいいと思う。人それぞれだから。でも私は早く出たいと思っている。

35……・「おまえたちが育つのだったら作物全部が枯れてもいい」という言葉を大人の人が言っていたけど、世話係の人はやりすぎだと思う。意味のないことばかりやっていて、これ以上やっても無駄だと思うこともやっている。わざと僕たちを苦しめているような場面もある。

・学園を辞めたいと言って親と話をしに親の所へ行っても、親が実顕地にいる子は、だいたい「今は学園でやる」と言って帰ってくる。

・「やる気のないやつはいなくていい」と世話係は言うけど、内心はそうは思っていないと思う。

・世話係は嘘ばかり言い、親は祖父母の葬式に子どもを行かせることはないし、祖父母の死を隠すこともある。イヤなのに学園にいる子がたくさんいる。

44……・個別研鑽じゃなくても、寒いとき外に出されてずーっと立たされたり、お金を持っていたらすごく怒られたり、ヤマギシにいない人とかに物をもらったら、それを返しに行けとか言われたり、すごくイヤ。

・学校に行くとき雨だったら長靴で行けと言われる。長靴ってすごく恥ずかしい。

・部活もしたいけど途中からは入りにくい。

45……・高等部は朝からずっと忙しいみたいだけど、もうちょっとゆるやかにならないのかと思う。

・音楽専門の学校へ行きたいと思うけど、それは無理なんですか。

・中等部の食事のメニュー、もっといろんなのが出て欲しい。いつも同じのがぐるぐる回ってたりするから。あと、魚をもっと出して欲しい。

魚のしぼうは、とっても栄養にいいらしい。肉のしぼうは、とりすぎるとよくないって家庭（科？）で習ったからね。

46……・ヤマギシ内でとか、ヤマギシに入ることで両親が離婚することがすごく多い。私の親も離婚した。それがすごくイヤだった。

50……・学校を作ることは絶対に反対する。大人は理想の学校と言うけど、子どもにとっては最悪の学校だと思う。行くことになった子がかわいそうだと思う。

51……・ヤマギシの考えには納得することもあるけど、学園についてはあまり賛成することができない。
・親が係を信頼しすぎで、本当のことを知らなすぎると思うときがある。
・学校を作ることを申請してから、だいぶ生活が楽になったと思う。アンケートのこととかがあるからだと思う。
・知って欲しくないことについて聞くと言葉を濁したりする。
・私らの年上の人の方が厳しかったと思う。
・私らの意見も聞いてくれてありがとうございます。

55……・個人的に言うとヤマギシ学園の学校は作らないで欲しい。
・係の訳の分からない考え方やめろと言いたい。男女の差別あるし、自分の子どもじゃないのに勝手にたたいたり、人の物を見たりするなと言いたい。
・ヤマギシの人に洗脳されているような感じがする。同じ考えを持っているから。自分の考えは正しいとか正しくないとかわからないので、自分の考え方は勝手だと思う。同じ考えばっか、きもいわ。
・係とかめっちゃムカツク。大人と子どもの差がありすぎる。大人が偉いという考えがイヤだ。子どもが下の身分みたいで。

56……・僕は昔ヤマギシがイヤでイヤでたまらなかった。そして僕は〇回ほど逃げ出したことがある。そして今年になると中等部は新聞が読めるし、電話もかけれる、朝食もある、作業も夕方はなくなったなどがある。最近全然厳しくなくなって一般と変わらないような感じにしている（やめる人がたくさん増えたからだと思う。）けどそしたら中等部なんてなくてもいいと思う。肩書きだけいいこと言っているけど本当は何をして

いるのか分からない。ただ、領地を広げている気がする。

63……・なんか、学校設立に関係あるのかわからんことばっか。親が子どもの意見なしに離婚したりするのはイヤ。どっちかについていくのも勝手に決められるし。最悪。家庭研鑽行きたくない。

・○○さんってひと、うざい。それに質問してもわけわかんないこと言ってくる。

・何で男女交際したらダメなのかがわからない。つきあっているのばれたら転校させられるし。

・○○さんって人超キモイ。なんなん？　わけわからんし。質問の答えになってねえよ。かばん

・親好きじゃない。何言ってもなまいきって言われるし。ビンタしてくる。「親」って理由だけで。あんたが産んだんかもしんないけど、自分の意志で生きているんですけど、って感じ。家庭研鑽行きたくない。親の顔見るのもイヤ。中等部の方が100×1000000000000倍まし。家庭研鑽行きたくない人は行かなくていいことにして欲しい。meは幸せになりたい。

64……・係の○さんは、自分の思うとおりいかなかったら気に入らない子をけったり、殴ったり、どなりつけたりします。送られてきたお菓子も勝手に食べて、食べかけを渡してくる。美化をやらなかったら殴られて、謝れと言われたり、寒い中外に出され、寝させてもらえない。

67……・何でヤマギシってこんなにイヤな大人がいるのですか。早くやめたいです。中等部も早くなくなって欲しい。学校づくりはやめて欲しい。今、中等部にいるけど、楽しみと言えば寝ることや学校ぐらいです。全然楽しくないし、「金のいらない仲良し楽しい村」と言っても嘘だと思う。とにかくイヤです。

78……・学校許可しないで。私たちはいかなくてもいいけど、後の人は外とのかかわりが全てなくなり世間知らずになる。大きくなって困る。

・(ヤマギシ？)ズムつぶれたら行くとこないで困るけど、今犯罪とかしてへんの？　何も教えてくれやんのナー。

・大人は自分らだけ幸せに余生をエンジョイしている。私たちは大人に振り回されて人生台無しにしている犠牲者。もう一回やりなおしたい。やりたいことできない。大人の理想の子ども像

押しつけられていい迷惑。生きることに楽しみがない。

79……・男女差別がいろんなところで残っている。お客さんの前だと何をしても怒らない。嘘をつくときがある。眉毛の形を整えると無理やりにでも「もうしません」と言わされる。（強制的）

・金を持っているとしばかれる。勝手に手紙をあけられる。タレント関係はダメ。そんなのなくして欲しいと思う。

80……・ヤマギシの係は本当に育って欲しいと思いながらやっていると言っているけど、人によってはそんなのを感じられない人もいるし、愛の鞭みたいな感じで細かいところまでしかっているかもしれないけど、こっちからしたら、それは罰みたいなもので、しかられても気持ちがいがむだけだと思う。だからしかるなと言うわけじゃないけど、娯楽とかを取り上げるのはいけないと思った。毎日がハードすぎる。

83……・とにかく係がいや。毎日11月にある社会博で展示に書いてあることと、実際やっていることが全然違う。展示の世話係のところでは、強制なしとか命令、服従なし、多数決なしとか、ヤマギシの世話係は「やさしい人」というイメージしかないけど実際は全然違う。命令ばっかりして従わないと怒られるし、いつも矛盾したことばかり言ってきて、答えられなかったりしたらいろいろ言われる。

85……・ヤマギシではいろいろと制限されています。たとえばお金は持てません。修学旅行の後とかは、厳重に何を買ったか、それは何円だったかを書いておかなければいけない。

・やれたらいいなと思うこと……お金を持てるようになりたい。お買い物。友達の家へ遊びに行けること。ゲームやマンガ、雑誌、テレビ等何でもどうどうとできるようになりたい。そうしたらもっと、中等部等にすっと入ってくる人がいると思う。

・音楽が自由に聴けるようになりたい。

86……・中等部や初等部がまじめなのは、男の係が力で押さえつけているから。

・ゲームボーイやマンガとかも見ていたら怒られるし、「学園には必要ない」とか言うわりには学園から出れない。

・女子と男子がくっきりと分けられる。好きな子ともつきあえない。
・結婚も研鑽結婚とかいうので好きな人と結婚できないとか。
・男は男らしくがどうのこうのいちいちうるさい。何しろ自分の好きなことができない。

94
・ヤマギシをつぶそう。学校とか言っている場合じゃない。その前にヤマギシをつぶそう。両親(に?)キレる。理由(おれに相談せずに学園に入れやがった)。集団生活がいやだ。ヤマギシをつぶそう。国、県の協力を。

95
・高等部に行ったら、仕事が1日8時間あると言っている。なんでそんなにしないといけないのかと思う。8時間以上働かせておいて、月謝が9万円って絶対金のとりすぎ。9万円も何に使うのかわからん。しかも高等部は本やトランプもできない(読めない)って言ってた。何でそこまで制限されて生きないといけないんだろう。
・中等部はこのごろよくなったけど(電話や新聞)、高等部も8時間労働じゃなくなればいいと思う。1日8時間労働を3年間ずっと続けなきゃいけないなんて、絶対きついと思う。どうして私たちは、進路も自分で決められないし働かないといけないんだろう。高等部で8時間以上労働して何になるんだろうか。ただ子どもを働かせて、野菜とか売って金儲けだけなんかなあと思う。8時間労働きつい! せめて2時間。遊ぶ時間がないのはダメ。

96
・ヤマギシをつぶしたって私らは幸せにはなれないんだから。
・親の悪口を言うのはやめて欲しい。超ムカック。
・勝手に決めつけないで欲しい。知らないくせに。
・マスコミ、学校やヤマギシにこないで欲しい。テレビ、写真勝手に取るな。
・カルト集団と言わないで欲しい。オウムと一緒にするな。同情しないで欲しい。変な目で見ないで欲しい。普通の人間です。かかわんないでほしい。かえって迷惑。(悪口ばっかゆうなら)
・一人一人が違う意見なんだから好都合の意見ばかり選んで採用するな。一人一人の意見なのに。ヤマギシを貧乏にするな。結局子どもにだって害は来るんだから。

104
・あまり世間にヤマギシの嫌なところを言い過ぎると僕たちが学校で嫌な感じになるけど、ヤマ

ギシ批判することで僕たちの生活がどんどんよくなっていくから、そういう面ではどんどん批判されるのはおもしろい。

・将来のことを考えると最悪な気分になって、人生に絶望感を感じる。今ごろヤマギシから出てもイヤだし、ヤマギシにいると人生最悪。

106……・係に制限されることが多すぎる。係に暴行される。少しでも口答えすると殴られる。テレビや新聞が自由に見られない。係の言うことに従うのがイヤ。係を辞めさせて欲しい。僕たちの意見が通せない。個人のことに口を出さないで欲しい。

107……・小中学校は、絶対に作らない方がいいと思う。世間知らずになるし、本当に未来がなくなる。檻の中って感じになってしまう。小中学校に入る人はかわいそうだと思う。

111……・ヤマギシ、ヤマギシって差別しているつもりじゃなくても言われるのが一番いや。同情するなら金をくれ。

112……・ヤマギシは親の離婚、再婚が多すぎると思います。子どものことも考えて欲しい。親にずっとふりまわされている。

・ヤマギシは買い物に行けないからいやだ。このことを係に言ったら子どもに必要ないと言われた。なんかちょうムカツク。

114……・私学課の人たちは、暴力をふるったりするのは係だけだと思っているのですか？

115……・ヤマギシ、ヤマギシって言うな。ヤマギシにだっていいところはたくさんある。

121……・親が離婚したのはヤマギシのせいだ。

・係がいなかったらヤマギシは楽しい。

・おじいちゃんの葬式行けなかったのは何故？

・早く一般に出て兄弟たちと暮らしたい。

・テレビやマンガや雑誌を認めて欲しい。

・ひいきするのはやめて欲しい。

126……・絶対に学校は作って欲しくない。係をなくして欲しい。学園をつぶして欲しい。ヤマギシ自体いらない。早く地域に出たい。もっとご飯おいしいのがいい。係の○○さんやめて欲しい。風呂あったかくてきれいなのがいい。ヤマギシは

生き地獄だと思う。

127 ・お父さん、お母さん等に会えるときを増やして欲しい。
・おじいさん、おばあさんの近くで過ごしたい。
・一人部屋が欲しい。買い物がしたい。お小遣いが欲しい。服の色を自由にして欲しい。マンガ読みたい。毎日自由にテレビを見たい。曲（芸能関係）聞きたい。ヤマギシ学校作らないで欲しい。転校何回もさせないで欲しい。

130 ・ヤマギシをなくしてほしい。
・テレビとかゲームがない。
・殴られたり蹴られたりする毎日が苦しい。いいことがない。おびえながら生活している。

131 ・今はまだマシになったと思う。新聞読めるし、電話もまあできるし、テレビは見れないけどつくし、朝食あるし……。実学が減ったこともうれしい。
・小学校の頃は本当にイヤだった。係が最悪なやつばっかりそろっていた。もう見るのも聞くのもイヤ。
・転校は本人の意思も聞いてからにして欲しい。もう一度前の学校の子にあわせて欲しい。

132 ・ヤマギシの農業中心の変な人間にはなりたくありません。ヤマギシの学校は作らせないでください。

138 ・親のそばで暮らしたい。係がにくい。
・親はヤマギシ賛成で、時々しか会えない私をとてもかわいがり、時には厳しくします。それでヤマギシから出たいとかいうと、親を悲しませるような気がしていつも胸が詰まる。これからそういう自分を変えていきたいと思う。
・親は高等部へ入ったらいいと言うし、もう親は私が「高等部へ入るのです」みたいなことを言っている。

140 ・僕にとって中等部は、遊べるし勉強もできるからいいと思う。

141 ・自分の本当の気持ちを友達には何でも言えるけど、親には言えない。今は高校に行きたいと思っているけど、親はダメって言うし、親と会ったりしたらすごくガミガミとは言わないけど、いろいろ言ってくるし、前は精神的にしん

どくなって胃がおかしくなったりして、自分の中では精神的に殺された感じになっている。
・自分の人生めちゃくちゃだって思う。自分のやりたいことが満足できるまでやれなかったり。マジで殺されたって感じ。自殺しようって何回も思ったし、今でも精神的に辛い。
・ヤマギシ的な考えをやめて欲しいと思う。普通の子から見れば信じられないような生活を送っていると思う。親ももうちょっと、自分が体験してもないのに、やったらいいとか言うのはやめて欲しい。

142……・殴ったり、けったりするのは意味のないことだからやめて欲しい。殺すぞ、しばくぞ等と言わないで欲しい。
・勝手に学校を休む手続きをとらないで欲しい。
・物を勝手にとって勝手に使わないで欲しい。
・いつも不機嫌な顔で人の前にたたないで欲しい。

144……・ヤマギシではお金も持てないし、楽しいことはありません。男女の交際もいけないし、楽しいところがありません。
・学校は作らせない。子どもは奴隷だ。ヤマギシはつぶれろ。

149……・ヤマギシをなくして欲しい。ヤマギシなんて楽しくない。なんで親の都合でヤマギシに入らないけないの。
・親でもないのにたたかれたり、暴力とかは犯罪として逮捕して欲しい。
・自分の人生は自分で決めたい。

152……・進路に悩んでしまう。やりたいことやれない。
・ヤマギシの考え方は間違いとは思いませんが、学園に関してはあまり感心しません。たとえば今年から高等部に行かない3年生は、夏休み家庭研鑽から帰ってきませんが、その中でも高校に行けるって人は（ヤマギシに親がいる人）ほとんどいないと思う。
・私は転校しているうちに、だんだん内気になって、今は暗くなってしまいました。この性格はどう変えたらいいのでしょう。
・もっと言いたいことはあるけど、なかなかかけない。

あとがき

〈単行本あとがき〉

カルトの子どもたちを取材しながら思い出したのは、芥川龍之介の晩年の作品『河童』だった。ひょんなことがきっかけで河童の国に入り込んだ主人公が、河童の国での風習を紹介しながら二〇世紀初めの日本の社会を風刺するという風変わりな小説だが、「我々人間から見れば、実際又河童のお産位、可笑しいものはありません」と、出産については次のように書いている。

河童の国でもお産をするときは産婆を呼んだりして人間と変わらない。だが、人間と違うのは父親が「電話でもかけるように母親の生殖器に口をつけ、『お前はこの世界へ生れて来るかどうか、よく考えた上で返事をしろ。』と大きな声で尋ねるのです」という。それに対して、お腹の赤ちゃんは生まれたいか生まれたくないか理由を述べて返事をする。生まれたくないと答えれば、産婆が生まれないように処置してくれる。

主人公が立ち会ったお産では腹の中の子が「僕は生れたくはありません」と答えた。そうすると、「そこにい合せた産婆は忽ち細君の生殖器へ太い硝子の管を突きこみ、何か液体を注射しました。すると細君はほっとしたように太い息を洩らしました。同時に又今まで大きかった腹は水素瓦斯を抜いた風船のようにへたへたと縮んでしまいました」

人間の社会と違って、河童の国では生まれる・生まれないの選択の自由は子どもにあるというわけだ。

『河童』を再読しながら、カルトの子がもし河童の国でのようにお腹にいるときに生まれたいか生まれたくないか質問されていたらどう答えていただろうかとつい考えてしまった。だが、子どもは初めから「カルトの子」として生まれてきたかったわけではないのだ。生まれてきたら親がカルトに入っていた。あるいは生まれてしばらくしたら親がカルトに熱中するようになり、それに巻き込まれるようになっただけのことだ。

祝福二世結婚を拒否した統一教会の好美は「もし普通の家庭に生まれていたらと、楽しいことを想って寝ていました」と言い、名前を変えたヤマギシの猛志は「ヤマギシを脱走したら友だちのお母さんに親代わりになってもらい、友だちの家で暮らせることを夢想していました」と語っていた。もし、私が取材した子どもたちが、生まれる前に「おまえはカルトの子として生まれてくるが、それでいいかよく考えて返事をしろ」と問われていたら、多くの子が「生まれたくない」と答えていたに違いない。子どもに「あんたの子どもとして生まれてきたかったわけではなかった」と言われることほど、親にとって辛いことはないだろう。

ことさらカルトの親をあげつらうために「河童の国」のことを引き合いに出したわけではない。創価学会に代表される既成新宗教でも原理主義的色彩の濃いプロテスタント福音派の教会でも、子どもを宗教に巻き込む点では同じだし、宗教とは関係のない親でも自分の思い通りに子どもを育てようとする傾向は、出生率が二人を割った七五年以降ますます強くなっている。エホバの証人の広報部長の会田慶介とは九時間に渡って話し合ったが、会田が「どこの家庭でも親が自分の

価値観を教えているではありませんか。それも間違いだというんですか」と反論するほどに、「特定の価値観を子どもに植え付ける」のは、「エホバの証人」特有の教義ではなくなっている。

エピローグでも触れたが、子どもの欲求を無視して特定の価値観を押しつけるのはチャイルド・アビューズである。アビューズが虐待と訳されたことには多くの臨床家が不満をもっており、精神学の佐藤紀子は「児童心理」（九九年四月増刊号）で、直訳なら「児童濫用」、意訳をすれば、「子どもに対する度を超えた支配権の行使」ともいうことになると述べている。

虐待が「子どもに対する度を超えた支配権の行使」というのなら、二歳の子に九九を教える親といった具体例を出さなくても、虐待は案外身近なところでも行われているに違いない。多くの子どもを診てきた臨床家たちが「虐待」の用語にこだわるのは、親が自覚せずに子どもを虐待している場合があり、そのことがあとになって重大な結果を生じさせていることを強調したいからだ。

ある親は子どもにこう語ってきた。「お前が△△学校に受からないと、がっかりしておじいさんは死ぬかもしれないよ」。子どもがその学校に不合格になり、祖父が亡くなった。子どもは自分が祖父を殺したのだと罪悪感に苦しめられる。これは佐藤が心理的、情緒的虐待としてあげている例である。東京医科歯科大学助教授の小西聖子は「児童心理」の同じ号でこんな例を紹介している。

「（他の人を支配しコントロールしたい）一つの例を挙げよう。ある母親は子どもに精神的虐待を行っていた。子どもの行うすべてのことにケチをつけ、『あなたはなにもできない』『いつもまちがってばかりいる』と言い続けた。子どもに友人ができそうになると、その友人が本当はどれだけその子のことを嫌っているのかを何度も子どもには説いた。そのため、いつも子どもには友人が

できなかった。けれども母親は自分が子どもを監禁し、無力化しているとは思っていない。母親は自分はこれまで子どものためを思ってきた、子どものことを非常に気遣ってきたと言っていた」

本文で紹介したカルトの子を他人事として読まれた人もいるだろうが、カルトに見られる歪《いびつ》な親子関係は決して特殊ではなく、一般社会でも見られることである。天童荒太の小説『家族狩り』でも描写されているように、家族は閉じた世界になりがちで誰からもチェックを受けないために、家族そのものが〝カルト化〟し、親が子のではなく子が親の欲求を実現するという「逆転した親子関係」に転化しかねない。カルトの子の取材を通して強く感じたことである。

とはいっても、カルトの子が受けた「子どもに対する度を超えた支配権の行使」はあまりにも特殊である。会田慶介が語るようには一般化できない。特定の価値観の植えつけにしろ、身体的、心理的虐待、あるいはネグレクトにしろ、度を超している。会田の先の反論に答えておけば、親が自分の価値観を子どもに伝え教えるのは自由であり、虐待でもなんでもない。広い意味でその家庭の文化を継承することでもある。しかし、親の価値観、たとえば日の丸、君が代に反対するという考えを子どもに教えるために週に何回か学習会に参加させたり、家庭で時間を決めて半ば強制的に聖書研究ならぬ日本史研究をさせる、あるいは子どもが読んでいる「日の丸・君が代」礼賛本を取り上げるのは「子どもに対する度を超えた支配権の行使」(虐待)となり、子どもの心を傷つける。自分の考えを伝え教えるのは自由と述べたが、不必要に罪悪感や恐怖感を与える教えは心理的虐待につながる。

繰り返しになるが、人がユートピア(地上の楽園)を夢想し、その実現に向けて活動するのは自

由である。コミューンを夢見てヤマギシ会に入り集団農場で農作業するのも、統一教会に入って万物復帰を願って法の範囲内で献金活動にいそしむのも、あるいはハルマゲドンは近いと伝道訪問に汗をかくのも、自由である。レトリックとして言っているわけではなく、大人には自分の生き方――どんなに社会的な批判を浴びるものであったにせよ――を選択する自由はあるし、その権利は守られなければならないと思う。

しかし、自分の生き方に子どもを巻き込む自由は親にはない、と私は考える。いや、親にはその自由があるというのなら、河童の国のように子どもにも生まれるかどうかの権利、親を選ぶ権利を与えなければ不公平というものだろう。そもそも子どもは、全人幸福社会を実現しようとか、文鮮明が選んだ人と結婚し、わが一族の血統転換を図ろうとか、永遠の命を手に入れようとか、そうしたことを希望して生まれてきたわけではないのだ。

そんな権利はないはずなのに、カルトの親たちは自分の生き方に子どもを巻き込んでしまった。その結果、子どもの心を深く傷つけてしまった。みんなの幸福（ユートピア）を考えて活動した結果が、わが子のトラウマとは、笑うに笑えない話である。

だが、そんな皮肉を言っている段階ではない。

多くの「カルトの子」たちがトラウマの後遺症に苦しみ、祖父母や元カルトの親たちはおたおたしている。祖父母は相談しようにも対応してくれる機関がなく、元カルトの親たちは自分自身のことすら整理のつかない状態だ。傷ついている子どもの人数は明確ではないが、ライフスペースが数十人、オウムが数百人、ヤマギシ会が数千人、統一教会とエホバの証人がそれぞれ数万人単位と推測される。

この本の原稿を書いているとき、孫がヤマギシに入れられていた信州在住の祖父母（二三四ページ参照）から「助けてください」という書き出しのファックスが届いた。電話で話を聞くと、前に相談を受けたときより、子どもたちの症状が重くなっていた。長男のほうは夏休みが明けてから完全に不登校になり、リストカットも試みたらしい。普通に戻ったと思っていた弟のほうもつられてか、ときどき学校を休むようになったという。子どもたちの両親はいまだヤマギシの夢が醒めず、不登校にヤマギシでの生活が関係しているとは思っていない。生活費を稼ぐのに精一杯で、積極的に子どものことに関わろうとしない……という話だった。

「これから、どうしたらいいのでしょうか」

そう相談されても私にはどうすることもできない。カルトにいた子どものケアをする専門機関があるわけではないし、ケアについての基本的考え方といった参考図書があるわけでもない。

かえすがえすも残念なのは、第一章でも述べたが、児童相談所が保護したオウムの子を厚生省がチームをつくって調査を行い、報告書をつくらなかったことだ。もし、報告書でもあれば信州の祖父母が参考にするようなことも書かれていたに違いない。この祖父母は、厚生省と文部省にヤマギシ学園の子どもが受けている暴力の実態を調査し、ヤマギシから出てきた子どもの予後をケアする受け皿組織をつくって欲しいと陳情している。児童虐待防止の重要性を繰り返し強調する厚生省だが、宗教的色彩があればアンタッチャブルな意識が働くのか、各論になると何もしない。

一刻も早く、官（厚生省・文部省など）と学（心理学・精神医学・脳科学など）が力を合わせ、子どもたちの心をケアするプロジェクトチームができることを願ってやまない。

本書は多くの人々の協力によって成り立ったものです。プライバシーに関わることまで話してくださった、統一教会、エホバの証人、ヤマギシ会の二世たち、元オウムの家族の方たちに最初にお礼を申し上げます。多くの研究者の方々から貴重な教えを受けましたが、特に西澤哲さんと奥山眞紀子さんには子どものトラウマについて様々なことを教えていただきました。ありがとうございました。

「カルトの子」が最初に掲載されたのは「文藝春秋」九九年五月号でした。発売後に「これをぜひ本にしましょう」と提案されたのは、文藝春秋出版局の藤田淑子さんでした。あれから一年半、いろいろ助けていただきありがとうございました。

（二〇〇〇年一〇月）

〈文庫版あとがき〉

カルトに見られる歪な親子関係は決して特殊なものではない。単行本のあとがきでも触れたが、この懸念はどうやら現実のものとなりつつあるようだ。

全国の児童相談所に寄せられた児童虐待の件数は、カルト二世をインタビューしていた九九年は一万一六三一件だった。それが二〇〇〇年以降、一万七七二五件、二万三二七四件、二万三七三八件と増加の一途をたどっている。虐待の末に死亡するという悲惨な事件も、このところあと

を絶たない。

「うるさいから」「言うことを聞かないから」「食事をきちんと食べないから」。子どもを折檻する動機は様々だが、共通するのは、親が自分の意のままに子どもを従わせようとすることである。これはカルトの親子関係となんら変わるところがない。

増加しているのは身体的虐待ばかりではない。

子どもを思い通りに育てたい。こうした親の欲求は、都市化、核家族化が進み、少子化が始まった七五年以降、ますます強まっている。早期教育の担当者によれば、「頭が良くて、思いやりのある子に育てたい」が教室にやってくる親の共通したニーズだという。これに、たくましく、集団遊びができて、本が読め、音楽や絵画など芸術に親しむ子になって欲しいが加わる。むろん、背景には「幸せになって欲しい」という親の善意がある。

しかし、そんなすべての資質を兼ね備えた子どもはいない。集団遊びは嫌いだが本を読むのは好き。勉強は苦手だが体育だけは好き。物静かな子もいれば乱暴な子もいる。子どもはすべて個性的だ。それにもかかわらず、最近の親は子どもをスーパースターに育てたいと、善意ではあれ強欲だ。

しかし、子どもの誰もが多彩な能力をもっているわけではない。いつしか親の欲求は満たされることなく破綻する。そのときに親は子どもにどういう態度を示すのか。わが子の立場になって、子どもの個性や欲求、気分、感情をあらためて考えるような精神的にゆとりのある親はそれほど多くない。瞬間的に手が出る。心ない言葉を投げつける。子どもへの関心が失せる。あるいはあくまでも意のままに育てようとし続ける。これらはいずれも「虐待」である。片方の親がフォ

ローすれば子どもが受ける心の傷は軽減されるだろうが、両方の親の価値観が一緒だったり、仕事が忙しくまかせっきりだったりすれば、子どもにとっては絶望的だ。

『カルトの子』を読んだ子ども（といっても成人）の何人かから「まるで私のことを書かれているみたい」という感想をもらった。

「親は自然食品の信奉者。駄菓子屋さんのお菓子を食べていると烈火の如く叱られ、無添加食品のみを強要されました。それがトラウマとなってか、抑鬱状態から抜け出ることができません」

「幼稚園を卒園すると、海外留学がいいと、小学校の六年間、むりやりアメリカに行かされました。いまでも親子関係がうまくいかないのはそのときの苦しい体験が根っこにあるからだと思います」

一方、親からはこんな感想をいただいた。

「カルトの親子関係のことが書かれていますが、自分の親子関係、自分の子どもに対する態度について考えさせられ、反省させられました」

この文庫本においても、宗教関係者のみならず宗教やカルトとは関係のない一般の方に、そうした読み方をしていただければ、筆者として幸甚の至りである。

（二〇〇三年一二月）

〈復刊に寄せて〉

初版は二〇〇〇年である。取り上げた団体は、この二〇年で様変わりした。それを説明すれば、ひとつのルポが書けるだろう。

「カルト」の本質は、絶対、相対的絶対ではなく、絶対の絶対——を信じ込むことだ。

絶対ゆえに、子どもにもその絶対を従わせようとする。

そこから悲劇が生まれるのである。

二〇二一年一月末

米本和広

解　説

「痛み」による連帯のために

斎藤 環（精神科医）

私が米本和広氏と最初に面識を得たのは、一九九六年七月、当時氏が精力的に取り組んでいたヤマギシズム取材へ精神科医として協力したことがきっかけだった。私は本来、思春期青年期の「ひきこもり」問題などを専門とする精神科医であり、カルト問題は全くの門外漢だった。しかしその後、まるで米本氏の熱意に感染したかのように、カルトがらみの取材や執筆が増えた。米本氏によると『洗脳の楽園――ヤマギシ会という悲劇』（洋泉社）は、ヤマギシ実顕地への潜入ルポや氏自身が体験した「特講」の胸の悪くなるほど詳細な記述も相まって、きわめて衝撃的な告発本となっている。同書の出現と、これに続く一連の米本氏の活動が、ヤマギシ会を事実上崩壊せしめたと言っても過言ではない。現代において言論がこれほどの有効性を持ちうることに、私はおおいに勇気づけられたものだ。

前置きが長くなったが、本書はある意味で『洗脳の楽園』以上に衝撃的な問題提起をはらむ報告である。オウム真理教、ものみの塔、統一教会、幸福会ヤマギシ会という、近年注目された四つのカルト集団（もはやこの断定に一切の留保は無用であろう）が取り上げられる。焦点は子供たちだ。カルト集団の病理が、いかに子供たちの生をいびつなものに変えてしまうことか。多くの事例に基づきカルトの子供たちの「その後」に迫る米本氏の記述は、凡百の反カルト論を越えて、直接に私たちを説得せずにはおかない。

たとえば、オウムの子供たち。九五年の四月から五月にかけて教団施設に強制捜査が入り、このとき児童相談所が一時保護した子供たちは一〇八人にのぼった。毒ガス攻撃をおそれて外出を禁じられ、きわめて不潔な環境下、子供たちは透きとおるような色の白い子の集団と化していた。そんな状況でも教義は彼らを呪縛する。保護された子供は「ここは現世？」と弱々しく質問し、頭を撫でようとした職員の手は「触るな！　だめだ」と払いのけられた。オウム食と愛情遮断症候群による極端な発育不良。着替えも入浴の仕方も知らず、集団行動もとれない野生児のような子供たち。噛みつきやチックなど、愛着障害による症状に苦しみつつも、彼らが「現世」の魅力によって解放されていく過程は感動的だ。

こんな極端な状況は、いくらなんでもオウムのような特殊な集団だけだろうとお考えだろうか。もちろんそうではない。実質的にはカソリック信者数を上回るというカルト集団・エホバの証人においては、子供への体罰が公然と認められ折檻死事件も起きている。ここでも子供たちは信者である親の愛を得るべく、きわめて大きな犠牲を払わされる。母親に連れられての伝道訪問や、クラスメートの前で立てる「証」が、いかに子供の心を傷つけることか。信仰をめぐって家族はしばしば激しく対立し、ときに崩壊する。実質的に世間から隔離された環境で育った子供は、教団を抜けたとき自らの一般常識のなさに愕然とする。感情や葛藤が子供時代から抑圧され続けたため、成人してからも本当の親密さや楽しさの感覚を持つことができない。そう、カルトは正常な自己愛を破壊し、自己イメージの獲得を著しく困難なものにするのだ。

本書で取り上げられるカルト集団の中でも、とりわけ組織的かつ集団的に虐待を行っている幸福会ヤマギシ会については、もっとも多くのページが割かれている。それまでも体罰の噂はあっ

た。しかし九八年、三重県による実態調査が行われるに至って、その驚くべき実態が初めて明らかになったのである。四〇七人のヤマギシの小・中学生を対象にアンケート形式の調査をした結果、実に八〇％以上の子供が世話係に暴行を受けたと回答した。平手打ち、足蹴り、壁に頭を叩きつける、棒で叩く、食事を抜かれ監禁される、裸のまま屋外に放置される……その大半は些細な違反行為への罰である。これほどの暴力が可能となる背景には、赤ん坊のうちから我執を摘もうというヤマギシの「教義」もあるだろう。しかし最大の要因は、カルト的なものがもたらす「痛みの欠如」ではないだろうか。他者の痛みを理解できないものは、いとも容易に暴力による支配を試みるだろう。

われわれと子供たちを連帯させるもの、それは彼らの痛みに対する共感である。痛みは悪夢を醒ます力を秘めている。いまや私たちは、ここに記された子供たちの痛みを、できるかぎり正確に理解することを試みなければならない。しかし残念ながら、情報はあまりにも不足している。カルトの子供たちに関する研究書が少ないという米本氏の嘆きは、もっと深刻に受け止められるべきだ。オウムの子供たちに関する厚生省の調査は、なぜうやむやに終結してしまったのか。ヤマギシを脱会後の子供たちについてはどうなのか。すでに本書によって端緒は開かれた。あとは多くの心ある専門家によって、実証的な調査研究が少しでも前進することを期待するばかりだ。

（「本の話」二〇〇一年一月号より）

本書は、『カルトの子』（文春文庫、二〇〇四年）を底本にした。

米本和広（よねもと・かずひろ）

1950年、島根県生まれ。ルポライター。横浜市立大学卒業。「繊研新聞」記者を経て、フリーに。著書に『新装版 洗脳の楽園』、『我らの不快な隣人』（以上、情報センター出版局）、『教祖逮捕』（宝島社）など多数。

論創ノンフィクション 009

カルトの子 ——心を盗まれた家族——

2020年 3月 1日　初版第1刷発行
2022年 11月 20日　初版第4刷発行

著　者　米本和広
発行者　森下紀夫
発行所　論創社
東京都千代田区神田神保町 2-23　北井ビル
電話　03（3264）5254　振替口座　00160-1-155266

カバーデザイン　宗利淳一
組版・本文デザイン　アジュール
印刷・製本　精文堂印刷株式会社
編　集　谷川 茂

ISBN 978-4-8460-2014-9 C0036